常艳 —— 著

发展 新质生产力

DEVELOPING
NEW QUALITY
PRODUCTIVE FORCES

新时代新征程的首都实践

CAPITAL PRACTICE IN THE NEW ERA AND NEW JOURNEY

社会科学文献出版社
SOCIAL SCIENCES ACADEMIC PRESS (CHINA)

前　言

　　新质生产力这一概念于 2023 年提出，是习近平总书记基于中国发展实践需求提出的创新性术语，是经济社会各领域发展变革的基本遵循。北京既是我国首都，也是经济体量超过 4 万亿元的超大城市，城市功能在一定程度上具有"生产弱、消费强"的特殊属性，在发展新质生产力方面有独特的使命、要求与重点。

　　本书围绕首都新质生产力发展，从宏观背景、核心要义、重点产业支撑、数据要素赋能、数字经济治理等维度，研究北京作为我国首都，在以中国式现代化全面推进强国建设、民族复兴伟业的关键时期，发展新质生产力的现有基础、面临的问题，并提出对策建议。全书共分为六章：第一章"首都新质生产力发展的宏观背景"从南北区域协调发展、京津冀产业协同等区域分工视角，分析在全球战略资源博弈加剧、国际地缘竞争从海权向陆海并重转变、全球产业链供应链重塑调整等新形势下，首都新质生产力发展的使命和要求。第二章"首都新质生产力发展的内涵与政策环境"从技术创新突破、要素优化配置、产业升级调整、供需协同发力、分配关系变革等维度探析新质生产力的核心要义，并对 2024 年以来国家和北京市级层面出台的系列政策进行梳理，明确首都新质生产力发展的政策导向和重点任务。第三章"首都新质生产力发展的人工智能大模型产业支撑"探析了人工智能大模型产业作为新质生产力发展的重要驱动力，面临的全球变革趋势和挑战以及首都人工智能大模型产业发展现状和存在的问题，从而提出更好促进新质生产力发展的对策建议。第四章"产业融合转型促进首都新质生产力发展"从数字经济与实体经济融合、现代服务业与先进制造业融合角度，探讨首都新质生产力发展。第五章"数据要素赋能首都新质生产力发展"分析了在数据基础制度构建与数据要素市场化配置改革方面，首都开展的先行先试、取得的成效、面临的问题，并提出发挥数据交易牵引城市治理方式变革、牵引产业数字化转型、牵引平台经济规范发展、牵引数字贸易开放发展、牵引存量资产盘活等"五大牵引"功能，从畅通数据交易驱动经济社会数字化转型大循环的高度，强化首都新质生产力培育的数据要素赋能作用。同时，通过与上海（与北京同处国家数据要素市场建设第一梯队）的对比分析，提出加快数据交易所建设、激活做实数据交易市场的务实性举措。第六章"数字经济治理赋能首都新质生产力发展"分析了在习近平总书记关于数字经济治理的重要论述指引下，首都在数据治理、平台经济治理、网络市场监管与服务等方面的探索实践，剖析数字经济治理中存在的主要问题，并提出对策建议，以期为培育壮大新质生产力提供体制机制支撑。

本书紧扣"新质生产力"发展主题，围绕首都城市战略定位，立足北京资源优势与特色，依循"使命要求—政策导向—产业支撑—要素赋能—治理赋能"逻辑脉络，试图解构首都新质生产力发展路径。一是从中华民族伟大复兴战略全局高度，研判北京新质生产力发展的宏观背景与任务要求；二是从央地政策工具箱分析视角，明确北京新质生产力发展的导向与重点；三是从人工智能大模型产业支撑角度，探析驱动新质生产力打造的算力新型基础设施建设、数据新型生产要素开发、算法新型生产工具创新、场景应用商业化抓手；四是从产业融合视角，瞄准产业数字化转型短板与痛点，促进实体经济生产力变革与生产效率提升；五是创新性构建数据交易驱动经济社会数字化转型大循环模型，提出要发挥数据交易关键环节牵引功能，更好培育首都新质生产力；六是从数字经济治理维度，提出深化数字贸易体制机制改革、完善平台经济治理体系、提升京津冀协同治理效能等增强新质生产力培育动力的相关建议。

研究需要持续积累。本书是笔者作为产业经济、数字经济研究工作者，对近年在区域协同发展、产业高质量发展、产业数字化转型、数据要素市场化配置改革、数字经济治理等领域研究成果的阶段性总结，并尝试将这些重点难点问题纳入新质生产力发展的研究框架，为北京发展实践提供具有针对性、可操作性的政策建议。限于理论水平和实践经验，难免存在不足之处，恳请读者批评指正。

2024 年 9 月

目　录

第一章 首都新质生产力发展的宏观背景

发展新质生产力，要厘清当前首都经济发展面临的国际竞争与区域合作新形势，尤其是在中国式现代化全面推进强国建设、民族复兴伟业的关键时期，首都发展的新使命与新要求。

第一节 南北区域协调发展对首都发展新要求

区域协调发展是全面建成社会主义现代化强国、实现第二个百年奋斗目标的应有之义，是保障人民日益增长的美好生活需要得到满足、实现共同富裕的必然要求，是统筹发展和安全、筑牢国家安全防线的关键支撑。改革开放以来，西部大开发、东北振兴、中部崛起、东部率先发展等区域战略效应凸显，京津冀地区、长三角地区、粤港澳大湾区等的带动作用明显，国家经济实力跃上新的大台阶，GDP 突破 100 万亿元。但同时，全国区域发展格局也发生了一些新的变化，经济重心明显向南移动，"南强北弱"① 态势凸显，成为我国区域协调发展中需要关注的重要问题。当今世界正经历百年未有之大变局，全球战略资源博弈加剧，国际地缘竞争从海权向陆海并重转变，全球产业链供应链面临收缩调整。在一个更加不稳定不确定的世界中谋

---

① 当前，南北区域的空间划分一般以全国地理中位线的北纬 35°为界。其中，包括东北、西北、华北（河南、山东）共 15 个省（自治区、直辖市）的以北区域为北方，总面积 580 万平方公里；华东、中南、西南共 16 个省（自治区、直辖市）为南方（不包括中国香港、澳门及台湾），总面积 384 万平方公里。本研究沿用这一划分标准。

求中华民族伟大复兴，首都作为京津冀城市群的核心，要充分发挥辐射带动作用引领北方区域高质量发展，促进南北协调发展、循环畅通，塑造参与国际竞争合作的新优势，确保社会主义现代化事业顺利推进。

一 南北区域差距变动态势分析

改革开放之初，沿海率先发展战略使东部地区一马当先，保持领先地位。伴随西部大开发、东北老工业基地振兴、中部地区崛起等重大战略的深入实施，东部、中部、西部、东北地区 GDP 占全国 GDP 的比重分别从 2000 年的 53.4%、19.2%、17.5%、9.9% 转变为 2023 年的 52.2%、21.6%、21.5%、4.8%，东部、中部、西部区域之间的差距趋于收敛，但东北地区占比下降超过 5 个百分点，区域经济发展中的"东西问题"转变为"南北问题"，南北在多个方面差距明显，北方地区高质量发展面临巨大挑战。

一是全国区域战略位势南移，北方地区带动高质量发展的动力源不足。中心城市和城市群等经济发展优势区域是高质量发展的动力源。在城市群层面，南方地区拥有粤港澳大湾区、长三角地区、成渝地区双城经济圈等 3 个重大战略部署打造的动力源，北方地区仅有京津冀地区 1 个。[①] 在城市层面，2023 年中国百强城市排行榜显示，入围前 10 名城市中，南北城市数量比为 8 : 2，北方城市仅有北京和天津上榜。在县（市）层面，2023 年全国经济规模为 126.06 亿元，54 个县（市）达到千亿级，其中，北方县（市）仅有 11 个，南北县（市）数量比为 3.9 : 1。带动北方高质量发展的动力源明显不足。

二是全国经济重心持续南移，南北差距呈"喇叭"形扩大。自 1952 年成立专门的统计机构建立统计制度以来，我国北方地区 GDP 占全国的

[①] 京津冀地区、长三角地区、粤港澳大湾区按照国家"十四五"规划部署，加快打造全国引领高质量发展的第一梯队；成渝地区双城经济圈按照中央财经委员会第六次会议部署，自 2020 年初以来加快建设、成效显著，2023 年度重庆、四川地区生产总值分别同比增长 6.1%、6%，西部地区重要增长极和新的动力源特征已初步显现。

比重一直低于南方地区，其中，1960 年是北方地区 GDP 占全国的比重最高点（49.9%）。2023 年，北方地区 GDP 为 43.9 万亿元，占全国 GDP 的 35.1%，与南方地区生产总值的规模差距拉大，南北方地区 GDP 比值从 1.39 扩大到 1.85。自 1992 年党的十四大明确提出社会主义市场经济体制改革目标以来，南北地区经济规模占全国的比重差距保持在 13~17 个百分点；① 2013 年中国经济进入新常态，两者差距明显扩大，2016 年北方地区经济规模占全国的比重首次下降到 40% 以下，南北差距呈 "喇叭" 形扩大趋势，2023 年南北经济规模份额差距接近 30 个百分点。

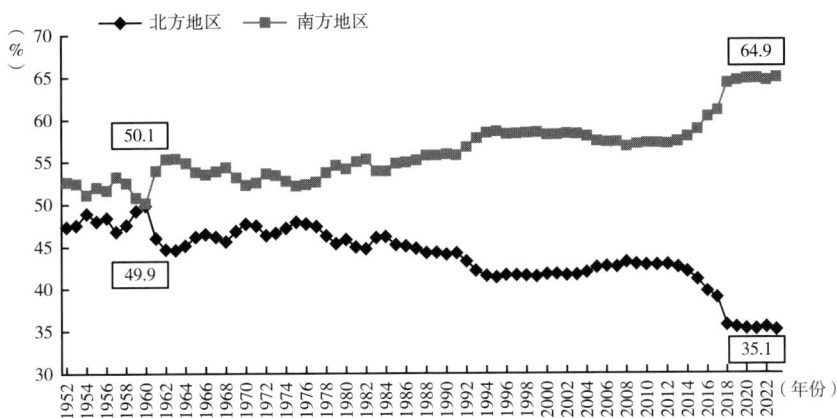

图 1-1　南北方地区生产总值占全国比重情况

资料来源：2022 年及之前数据来自 2002~2022 年全国及各地统计年鉴；2023 年数据来自各地国民经济和社会发展统计公报。

三是经济增长南快北慢，北方经济规模占比下降叠加增速下滑，南北差距持续拉大。2001~2023 年，北方地区名义 GDP 年均增长 11%，低于全国

---

① 2000 年前后，中国出现了重工业化的快速发展与结构调整趋势，在规模以上工业增加值中，重工业的比重从 1997 年的 53.8% 提升至 2003 年的 64.3%，接近 1960 年的记录（66.6%，这一年也是 1952 年至今北方地区生产总值占全国比重的历史最高点）。此外，2000 年前后，西部大开发、振兴东北老工业基地、中部崛起等战略陆续实施，由于北方国企较多，重工业比重高，客观上对北方地区的促进作用更大，缩小了南北经济差距。2005~2013 年，南北差距缩小。其中，2008 年两者差距缩小到 13.7 个百分点，是 1992 年以来的最低值。

平均水平近 1 个百分点，低于南方地区 1.3 个百分点。如图 1-2 所示，仅有少数年份北方地区经济增速高于南方地区，大多数年份增速"南北差距"明显，尤其是 2013 年以来，南北经济增速差距拉大。2023 年，南方地区增速为 5.2%，高出北方地区（4.0%）1.2 个百分点，南方地区经济增速领先优势明显。

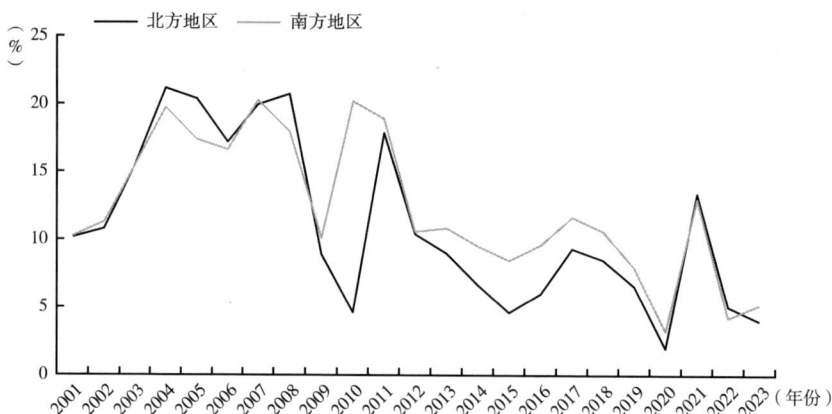

图 1-2　2001~2023 年南北方名义 GDP 增速变化情况

资料来源：2001~2022 年数据来自全国及各地统计年鉴；2023 年数据来自各地国民经济和社会发展统计公报。

四是"人口跟着经济跑"特征明显，需警惕北部地区人口外流、产业外迁对长期经济增长带来的系统性冲击。南北地区人口规模差距由 2000 年的 2.11 亿人上升到 2020 年的 2.65 亿人，近 20 年间差距明显扩大。根据第七次全国人口普查数据，2020 年，北方地区人口近 5.7 亿人，占全国总人口的 40.5%，与第六次全国人口普查数相比份额降低 1.3 个百分点。分省份来看，近两次人口普查的 10 年间，全国人口规模减小的 6 个省份均位于北方地区；增幅低于全国平均水平的 16 个省份中，有 10 个位于北方地区。其中，东北三省 10 年间合计减少约 1100 万人，占当地总人口比重超过 10%，全国很大程度人口流动表现为东北人口外流。全国人口流动迁移大数据显示，北京作为北方地区的中心城市，2019 年人口净流出的 26 万人中，多是流向上海、江苏、浙江和广东等长三角、珠三角地区，与同期向外转移的 48479 家企业迁移方向高度一致，[①] 体现出明显的"人随产业走"特性，需警惕人口外流、产业外迁对生产、消费与基础设施建设运维的系统性影响。

表 1-1　2010~2020 年北方人口变动情况

单位：万人，%

地区	七普人口	六普人口	十年增量	年均增量	增幅
全　国	141177.87	133281.09	7896.78	789.68	5.92
北　京	2189.31	1961.24	228.07	22.81	11.63
天　津	1386.60	1293.87	92.73	9.27	7.17
河　北	7461.02	7185.42	275.60	27.56	3.84
山　西	3491.56	3571.21	−79.65	−7.97	−2.23
内蒙古	2404.92	2470.63	−65.71	−6.57	−2.66
辽　宁	4259.14	4374.63	−115.49	−11.55	−2.64
吉　林	2407.73	2745.28	−337.55	−33.76	−12.30
黑龙江	3185.50	3831.40	−645.90	−64.59	−16.86
山　东	10152.75	9579.27	573.48	57.35	5.99
河　南	9936.65	9402.99	533.66	53.37	5.68
陕　西	3952.90	3732.74	220.16	22.02	5.90
甘　肃	2501.98	2557.53	−55.55	−5.55	−2.17
青　海	592.40	562.67	29.73	2.97	5.28
宁　夏	720.27	630.14	90.13	9.01	14.30
新　疆	2585.23	2181.58	403.65	40.36	18.50

资料来源：第六次、第七次全国人口普查数据。

五是南北地区居民生活水平差距明显，体现在人均 GDP、社会保障等方面。让发展成果更多更公平惠及全体人民是全面建设社会主义现代化国家的必然要求。从人均 GDP 看，改革开放以来，北方、南方差距逐渐缩小，

[①]　北京转出企业流向排名前 10 的省份，共承接了 65% 以上的转出企业，其中 12% 的企业转移至广东省，9.8% 的企业转移至浙江省，9.5% 的企业转移至上海市。

2010 年南方首次反超北方，2023 年南方人均 GDP 是北方的 1.24 倍。从社会保障看，南北地区养老保险失衡是导致社会保障不平衡的主要因素，南北地区养老金结余最高相差 70 倍，基本养老金的大部分结余都集中在南方相对发达地区，而东北等老工业基地，历史包袱比较重，劳动力流出较多，养老金压力一直较大。从生态环境看，《中国生态环境状况公报 2023》显示，168 个重点城市中，环境空气质量相对较差的 23 个城市中 21 个位于北方地区，环境空气质量相对较好的 20 个城市中仅有张家口 1 个北方城市。改善北部地区人民生活水平，增进民生福祉，对于增强该地区吸引力集聚力、提升高质量发展水平而言必要且迫切。

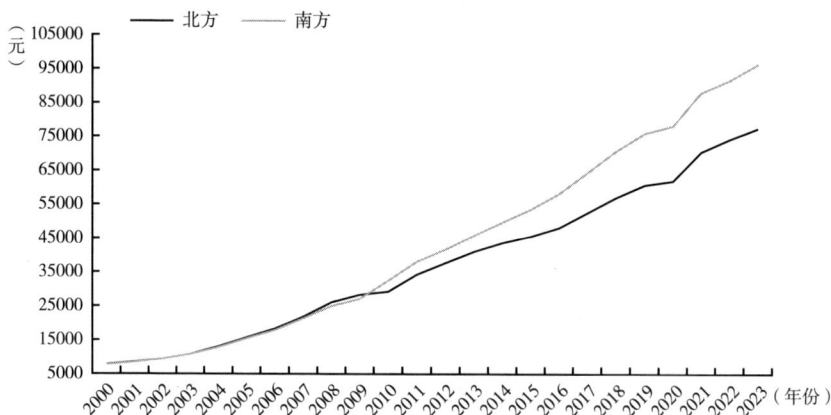

图 1-3 2000~2023 年中国南北地区人均 GDP 变化情况

资料来源：2022 年及之前数据来自 2002~2022 年全国及各地统计年鉴；2023 年数据来自各地国民经济和社会发展统计公报。

二 南北差距扩大的主要原因分析

从提升国家综合国力的全局看，区域发展不平衡是普遍现象，是发挥各地区比较优势、促进各类生产要素流动配置的自然结果。但近年来南北地区差距持续拉大趋势值得警惕，弄清其深层次原因对于在发展中促进相对平衡而言意义重大。

（一）服务国际经济大循环模式主导下，国内产业与国际市场同频共振，南北方因产业分工不同差距逐步扩大

改革开放以来，基于土地、劳动力等生产要素的低成本优势，我国积极参与国际分工，市场和资源"两头在外、大进大出"的发展模式带动产业升级，逐步发展成为"世界工厂"。基于各自比较优势，南方主要布局在中下游，重点发展轻工业、快速消费品产业以及服务业，北方主要布局在中下游，主要提供能源、资源等原材料，重点发展原料加工、装备制造等重工业。2008 年国际金融危机之后，国际原油、原煤和天然气等大宗商品价格震荡下跌，工业生产者出厂价格指数自 2012 年开始连续 6 年走低，北方主要工业品量价齐跌，这是 2013 年成为南北差距扩大节点的重要原因。

（二）国际金融危机后，北方经济发展方式转型更为艰难，新旧动能转换接续不佳，在经济与人民生活水平等多方面与南方差距拉大

2008 年国际金融危机使世界经济出现二战结束以来的首次负增长。中国外贸依存度高达 60% 以上，为应对外部需求骤然减少、经济面临"硬着陆"风险的严峻形势，出台"四万亿元计划"等刺激措施，随后"十大产业振兴规划"出台，主要落地于基建、钢铁、船舶、有色金属、装备制造等北方地区严重依赖的行业，这使得北方仍然得以维持与南方基本相当的经济增速。国际金融危机后，全球经济长期低迷，2013 年中国经济发展进入新常态，2015 年底开启供给侧结构性改革。对南方地区而言，改革开放后大力发展外向型经济，对市场需求较敏锐，通过主动转方式，产业结构不断升级，技术创新能力不断提升。2013 年前后，东南地区通过高度发达的市场机制快速出清过剩产能，大力腾笼换鸟推动产业转型升级，南方内陆省份则依托长江等流域优势承接沿海产业，近年贵州、云南、西藏、江西等省份经济增速持续领跑全国。对北方地区而言，一方面，由于炼铁、炼钢、焦炭、电力等传统产业的去产能、转方式，企业普遍效益下滑，大量原材料企业倒闭，GDP 增速明显下滑；另一方面，北方地区长期依赖重工业和资源型行业，产业结构单一、科技创新能力较弱，产业转型升级艰难，节能减

排压力大，新经济新动能培育难度大。多重因素叠加之下，2013 年以来南北经济差距逐渐拉大，北方地区产业升级相对缓慢。

（三）南方地区内联外通自然条件优越，城市群发达，分工合作更为密切，相较而言北方地区协同发展明显不足

南方地区海运、内河航运优势明显，外联内通自然条件优越，更早更多受益于全球化红利与区域内部协作分工。从全球来看，海运由于运输量大、成本低等优点，成为近代以来支撑国际货物流通的主要方式，也是目前支撑国际供应链网络的主要物流渠道。与美国、俄罗斯等大国不同，中国东部大部分临海，拥有沿海港口。20 世纪 80 年代，我国沿海地区基于区位优势率先对外开放，最早设立的深圳、厦门、汕头、珠海四大特区均在南方，1984 年沿海 14 个开放城市中，9 个在南方，5 个在北方。直至 90 年代中期后才渐次开放内蒙古、东北等内陆边境城市，东南沿海地区率先开放获得先发优势，在外资利用、技术引进积累、基础设施建设、产业集聚、营商环境等方面率先提升，一定程度上造成南北经济分化。在港口发展上，南方相比北方具有天然的优势，世界前五大港口中我国南方地区有 3 个（上海港、舟山港、深圳港），在连接国际、发展外向型经济方面有得天独厚的条件。在内河航运的配合上，大船时代南方长江中下游地区优势突出，得以在沿海带动下培育沿江广阔腹地，促进人口流动、产业转移，带动南方地区内部分工合作水平和综合竞争力提升。北方地区黄河基本不具备航运条件，华北、东北地区的内河受季节影响明显，部分出海口在国外，依托海域条件发展对外贸易条件有限。相比南方，北方内部地域广阔、人口密度低，陆路运输相比海运成本更高，更难受益于全球化红利，地区内部联动协同难度更大。从不同城市的发展崛起看，南部城市多破圈成群，南北方资源集聚利用效率差异明显。其中，珠三角和长三角的城市依靠良好的分工协作，构筑了富有竞争力的都市圈及其破圈连片而成的城市群，共同吸引人口集聚，提升城市竞争力。北方城市区域广、连接弱，每个人口净流入城市伴随诸多人口净流出城市，主要依靠向省内中心城市的再集中构筑中心城市，以实现省内资源的聚集与效率的提升。与南方相比，北方城市集聚资源的范围更小、分工合作水平更低，仅在北京、天津、廊坊等部分地区实现破圈连片。南北城市发育水平的差异也在一定程度上带来了要素流动的差异进而拉大区域间差距。

三　推进南北区域协调发展对首都的新要求

北京作为我国首都，要牢固树立总体国家安全观，心怀"国之大者"，既要充分发挥市场在资源配置中的决定性作用，又要发挥中国特色社会主义制度独特优势更好发挥政府作用，统筹发展和安全，保障战略性资源安全筑牢国家发展生命线，促使创新驱动转型重塑产业发展优势，开拓高质量发展动力源强化辐射带动，加强南北对接对外开放深化国际分工，完善创新体制机制促进共建共富，系统推进南北区域协调发展，确保社会主义现代化建设蹄疾步稳、行稳致远。

（一）承担首都稳全国的关键作用，打造捍卫国家战略资源安全的总枢纽

粮食和能源是关系国计民生的基础战略性资源。新中国成立以来的发展实践表明，越是在国际发展环境不确定性较大的情况下，越凸显粮食和能源的重要性，越需要自力更生保障生产供应。一是配合国家搭建安全可信稳定的战略资源全球数字管理总枢纽，服务好不同情境下的生产、储备、运输、销售等管理调度，把事关国家和人民安全的生命线项目布局在祖国的心脏。二是探索在京建设大宗交易要素市场，更好地对冲国际市场波动，逐步掌握产品贸易规则和国际定价机制主导权，保障战略性物资稳定可靠供应。

（二）实施创新驱动发展战略，带动北方地区产业振兴与优势重塑

充分发挥北京国际科技创新中心作用，带动区域创新资源优化配置，推动北方地区重塑优势，增强竞争力、发展力，实现依靠自身发展留住人才、吸引人才、稳定人口、繁荣经济、共同富裕的良性循环。一是加快组建现代能源系统国家实验室。以国家能源安全需要与"双碳"目标的实现为引领，整合优化能源领域科技资源配置，集中优势资源攻关油气勘探开发等领域的关键核心技术，打造能源领域的创新策源地，助力推进能源

类产业结构优化升级、绿色转型。二是加快制造业核心技术突破。在事关国家安全和发展全局的空天科技、深地深海等前沿领域，积极谋划布局国家重大科技项目，加强原创性引领性科技攻关。在重大技术装备、航空发动机及燃气轮机、北斗产业化应用、农业机械装备等领域组织核心技术攻关，以产业应用牵引技术创新，以技术创新赋能产业应用，实现创新与应用的良性循环。

（三）巩固增强"北京服务"优势，带动新型工业化转型

北京依托科技、信息、金融、商务等生产性服务业资源密集优势，增强服务北方乃至全国新型工业化的作用。尤其要发挥北京在信创产业和服务业等方面的发展优势，以自主安全可靠软硬件输出、服务能力输出带动项目输出、技术输出，在电子信息、智能装备、汽车等产业领域加快提升北方战略腹地的配套能力，增强产业链供应链安全性韧性。紧扣产业链供应链部署创新链，加强科技创新成果转化合作，提升创新支撑力。通过跨区域科技创新券、知识产权协同保护等措施，推动与其他北方城市的软联通，在更深层次构建互补融合的区域利益共同体，带动各地增长联动、利益融合。加快推进京津冀等大型数据中心集聚地区的新基建，支持河北等地骨干直联点建设，引导通过"南数北算"实现"前店后厂"分工协作，带动工业信息化、数字化、智能化转型，全力以赴把结构调过来、功能转过来、质量提上来，推动形成新能源开发、生产、使用上的正向循环，① 为碳达峰碳中和乃至中国引领新能源变革奠定基础。

（四）发挥好首都核心带动作用，推动京津冀成为引领北方高质量发展的重要动力源

国内外理论和实践表明，城市群特别是世界级城市群已成为参与国际竞争与合作的重要载体，也是实现区域相对均衡发展的重要抓手、促进大中小

---

① 以光伏发电为例，中国东北、华北、西北有大量草原、戈壁、沙漠光能资源可利用。在光伏发电设备方面，已具备国产化能力。在入网电价方面，中国光伏在大西北的入网电价已低于煤电。此外，特高压输电5000公里损耗只有1.6%时，可以将北方光电、风电与水电源源不断一路向南输送。

城市协调发展的重要平台。我国三大城市群以全国约 1/20 的国土面积，集聚了全国约 1/4 的人口，贡献了全国四成以上的地区生产总值。相比长三角和粤港澳，京津冀城市群"枢纽"功能发挥仍有较大潜力。北方地区承担着国家粮食生产、生态安全屏障重任，因此，要坚持系统推进和重点突破相结合，聚焦以首都为核心的京津冀地区集中发力，加快产业项目和创新资源要素导入，培育支撑高质量发展的增长极和动力源，引领区域高质量发展。一是深化推动京津冀协同发展。以京津、京保石、京唐秦为重要产业发展轴，加快构建梯度衔接的产业发展格局，打造功能互补、产业配套的现代化都市圈。发挥中关村国家自主创新示范区的先行先试作用，探索顶尖人才、基础研究、成果转化等领域的政策和机制突破，推动区域内创新链、产业链、供应链、数据链深度融合，带动京津冀三地实现增长联动、利益融合。二是加强与山东半岛、中原、关中平原等城市群头部城市的合作，增强北方地区的发展动力。发挥京津冀作为连接南北"纽带"的作用，顺应我国经济南下和北方内源发展趋势，更大力度加强北方沿海与毗邻南方的头部城市的对接合作，形成串联北方、畅通南北的城市发展轴，平衡南北关系、畅通南北循环。

（五）当好共建"一带一路"的排头兵，在更高水平开放中重塑北方开放新优势

目前，北方地区主要以提供能源、资源等原材料的方式参与全球化分工，主导产业集中在原料加工、装备制造等重工业领域，产业链较短、附加值较低。伴随国际地缘竞争从海权向陆海并重转变，[①] 北方地区将在面向东北亚和共建"一带一路"国家开展更高水平开放中深化国际分工，推进商

---

① 从地理区位看，美国远离欧亚大陆，具备"南北无强国，东西两大洋"特征，本土几乎无国防压力，可集中精力向海外扩张。二战后，依托毗邻两大洋的区位条件，美国推动构建起基于海运低成本优势的世界经济贸易体系，并基于海权，布局实施对欧对亚大陆战略，以维护美国全球霸权地位。随着生产力的发展和消费需求迭代的加快，贸易物流的时间成本越来越高，相比海运以"月"为单位的时间周期，陆地运输往往用时为"周"，陆权优势开始凸显。交通物流方式的优势相对变化有可能动摇以海权为基础的世界经济贸易体系，导致美国在欧亚大陆被边缘化，进而影响其全球地位。

品和服务输出，塑造开放新优势。北京要当好"排头兵"，搭好国际竞争与合作交往的桥梁，发挥示范带动作用。一是发挥北京首都国际机场、北京大兴国际机场双枢纽优势，提升国际化运营服务能力，带动北方机场群发展壮大，打造"一带一路"空中走廊。聚焦中蒙俄经济走廊，在能源、市政、环保、轨道交通等领域开展一批示范项目。二是发挥国家服务业扩大开放综合示范区和中国（北京）自由贸易试验区（下文简称"两区"）政策叠加优势，充分利用好服贸会、中关村论坛、金融街论坛三大平台，深入推动与"一带一路"相关地区或城市加强制度型开放交流合作，搭好国际竞争与合作交往的桥梁，形成一批具有示范效应的"北京经验"，为参与共建"一带一路"注入新活力。

（六）坚持体制机制改革创新，促进南北共建共富、逐步共富

南北共同富裕的关键在于产业的发展，为扩大就业、提升收入和强化社会保障夯实基础。而北方经济振兴，最根本还在于加快体制机制改革创新。一是优化营商环境。营商环境是经济发展的"晴雨表"，区域间经济发展的差距也反映出营商环境的差距。要构建统一开放、公平公正、诚实信用的高标准市场体系，强化正向激励和容错纠错机制，鼓励在营商环境优化、要素市场化配置、民营经济发展、行政体制改革等方面敢于作为，重塑投资者信心。二是完善南北区域协调、对口支援、财政转移支付等相关机制。聚焦基本公共服务均等化、基础设施通达程度比较均衡、人民生活水平大体相当等协调发展目标，完善相关体制机制。依托飞地经济、共建园区等多种模式，鼓励引导企业到北方欠发达地区投资兴业，倒逼营商环境优化，提升造血能力。发挥央企、国企的带动作用，强化以企业合作为载体的对口协作，带动北方地区产业转型和人民生活水平提升。

第二节　京津冀产业协同对首都发展新要求

产业协同是实现区域协同的重要支撑，是根据比较优势、形成有序分工

合作、实现区域经济增长的关键抓手。当前，世界面临百年未有之大变局，国际冲突加剧、贸易保护主义抬头、自然灾害频发多发，国际环境突发因素超出预期，安全自主可控成为全球产业链供应链调整的重要影响因素。中国经济发展要形成以国内大循环为主体、国内国际双循环相互促进的新发展格局。在此背景下，京津冀区域协同呈现内部循环增强新态势，对新时代首都发展提出新要求。

一 从企业微观主体层面看区域协同态势

企业是产业活动最基本的组织单元，也是对宏观经济、区域经济形势最敏感的微观主体。因此，企业新增登记注册情况能够综合体现资源配置的区域变动态势。工商登记注册大数据①分析显示，新冠疫情期间，京津冀区域内新增登记注册企业分布于河北的比重明显提升，在保障安全、提升抗风险能力等方面的布局增强，但与长三角、珠三角相比，新增登记注册企业数明显偏少，发展活力不够。北京作为区域核心城市，新增登记注册企业数下降幅度超过京津冀地区平均水平，与沪深两地差距明显，但行业分布更为集中，创新服务功能进一步强化。

（一）京津冀区域层面分析

京津冀新增登记注册企业数下降，但企业存活率提升。2020年1~8月，京津冀区域范围内共新增登记注册企业400845家，比上年同期减少了4.6%，在营企业数为396188家，比上年同期增长了4.3%，企业存活率提高了8.4个百分点。与长三角（包括江苏、浙江、上海等2省1市）、珠三角（包括广州、佛山、肇庆、清远、云浮、韶关、深圳、东莞、惠州、汕尾、河源、珠海、中山、江门、阳江等15市）横向对比来看，京津冀新增登记注册企业数比长三角低58.3%，比珠三角低41.1%，但三者企业存活率大抵相当。

---

① 由于数据可得性及疫情前后对比需要，本研究采用2020年1~8月新登记注册的法人股东类企业大数据进行分析。

表 1-2　京津冀新增登记注册企业数变动

指标	新增登记注册企业数（家）	在营企业		死亡企业	
		数量（家）	占比（%）	数量（家）	占比（%）
2020 年 1~8 月	400845	396188	98.84	4657	1.16
2019 年 1~8 月	420291	379940	90.40	40351	9.60
增长变化（家/个百分点）	-19446	16248	8.44	-35694	-8.44

资料来源：根据企业登记注册大数据整理计算。

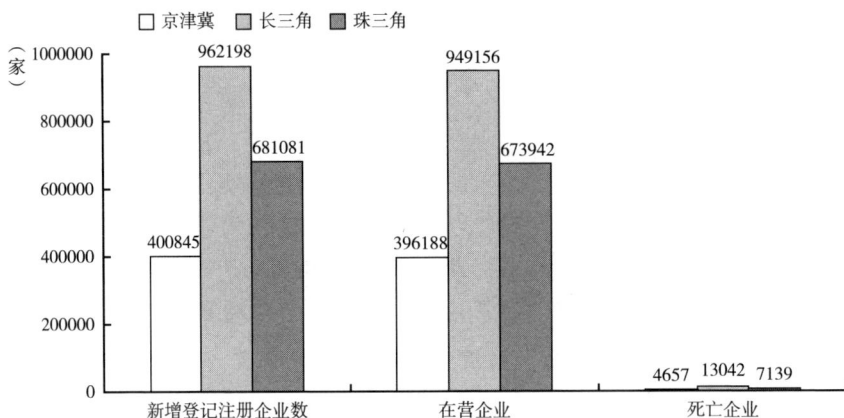

图 1-4　2020 年 1~8 月三大区域新增登记注册企业数

资料来源：根据企业登记注册大数据整理绘制。

京津两市占比下降，河北占比提升。从区域分布来看，2020 年 1~8 月，京津冀区域范围内，北京新增登记注册企业数占区域比重为 26.2%，比上年同期降低了 3.1 个百分点；河北占比为 58.3%，比上年同期提升了 5.9 个百分点；天津占比为 15.5%，比上年同期降低了 2.7 个百分点。

新增登记注册企业的行业分布未有明显变化，批发和零售业位居第一。从行业分布来看，2020 年 1~8 月，京津冀区域内，占比超过 1% 的行业共计 12 个，批发和零售业、科学研究和技术服务业等 7 个行业连续两年占比排名前列，合计占比约 85%，如表 1-3 所示，建筑业、制造业占比均逆势增长，同比提升均超过 1 个百分点。科学研究和技术服务业

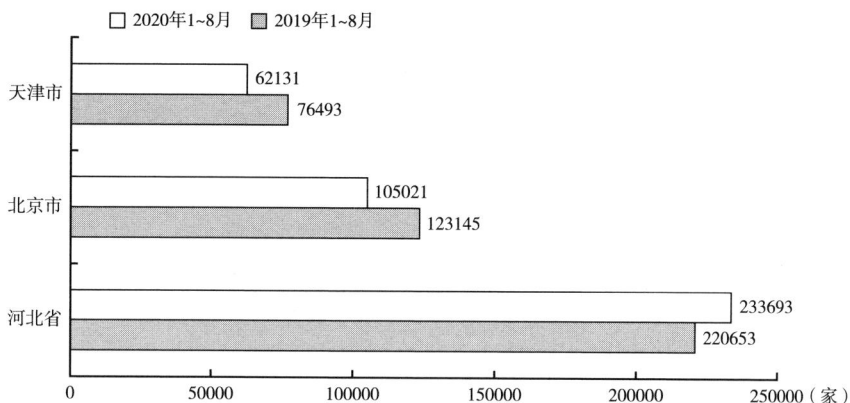

图 1-5　2019 年 1~8 月和 2020 年 1~8 月京津冀新增登记注册企业数

资料来源：根据企业登记注册大数据整理绘制。

位居第二，位于批发零售业之后，企业数双双减少，但与 2019 年 1~8 月相比所占比重均略有提升。租赁和商务服务业与文化、体育和娱乐业占比较上年同期下降超过 1 个百分点。信息传输、软件和信息技术服务业占比略有下降，需持续跟踪关注。

表 1-3　京津冀新增登记注册企业的行业分布

序号	2020 年 1~8 月			2019 年 1~8 月			比例变化（个百分点）
	行业	数量（家）	比例（%）	行业	数量（家）	比例（%）	
1	批发和零售业	103258	25.76	批发和零售业	107679	25.62	0.14
2	科学研究和技术服务业	81091	20.23	科学研究和技术服务业	81536	19.40	0.83
3	租赁和商务服务业	48222	12.03	租赁和商务服务业	56403	13.42	-1.39
4	建筑业	43211	10.78	建筑业	39886	9.49	1.29
5	制造业	33030	8.24	制造业	29042	6.91	1.33
6	文化、体育和娱乐业	13949	4.69	文化、体育和娱乐业	24125	5.74	-1.05
7	信息传输、软件和信息技术服务业	13947	3.48	信息传输、软件和信息技术服务业	17610	4.19	-0.71

注：根据企业登记注册大数据整理计算。

企业注册资本规模结构未有明显变化，仅1000万~5000万元规模企业略增。从企业规模看，2020年1~8月，1万元以上的新增登记注册企业数比上年同期减少了4.8%，其中，1000万~5000万（含）元规模的企业数及占比略有增加，1万~100万（含）元占比提升但企业数下降了4.4%。

表1-4 京津冀新增登记注册企业的规模结构

区间	2020年1~8月		2019年1~8月		数量变化（家）	占比变化（个百分点）
	数量（家）	比例（%）	数量（家）	比例（%）		
总计	349942	100	367607	100	-17665	—
1万~100万（含）元	176079	50.32	184265	50.13	-8186	0.19
100万~500万（含）元	116589	33.32	123414	33.57	-6825	-0.25
500万~1000万（含）元	34327	9.81	36810	10.01	-2483	-0.20
1000万~5000万（含）元	17898	5.11	17827	4.85	71	0.26
5000万至1亿（含）元	3728	1.07	3728	1.01	0	0.06
1亿~5亿（含）元	986	0.28	1192	0.32	-206	-0.04
5亿~10亿（含）元	194	0.06	213	0.06	-19	0.00
10亿元以上	141	0.04	158	0.04	-17	0.00

资料来源：根据企业登记注册大数据整理计算。

（二）北京层面分析

总体来看，2020年1~8月北京新增登记注册企业数仅相当于上海的四成左右、深圳的五成左右，下降幅度超过京津冀平均水平。行业分布更为集中，其中科学研究和技术服务业企业数高居第一，占比提升近3个百分点，创新服务功能进一步强化；信息传输、软件和信息技术服务业的变化趋势与京津冀整体一致，企业数与占比均下降，与沪深两地悬殊（企业数不到深圳的1/10、上海的1/5），需加强关注；金融业、制造业、农林牧渔业占比均低于1%，但企业数逆势增长，表明市场对北京金融服务、工农业生产领域有较好的预期；制造业企业数增长超过1倍，但与沪深两地悬殊（不到深圳的1/30、上海的2/15）。与京津冀总体变化趋势一致，1万元以上注册资本规模的企业数下滑，但大中型企业数逆势增加，反映了市场对北京发展的信心和良好预期，也为北京发挥龙头企业作用、协同整合资源、提升双循环战略枢纽作用提供了良好的基础。

北京新增登记注册企业数下降明显，与沪深差距较大。2020 年 1~8 月，北京新增登记注册企业数为 105021 家，比上年同期减少了 15%，降幅大于京津冀平均水平；在营企业数量为 104202 家，比上年同期减少了 7%，但企业存活率提高了 8.5 个百分点，与京津冀平均水平大致相当。与沪深两地横向对比发现，北京新增登记注册企业数仅相当于上海的 40%、深圳的 51%，但三地企业存活率大致相当。

表 1-5 北京新增登记注册企业情况

指标	新增登记注册企业数（家）	在营企业		死亡企业	
		数量（家）	占比（%）	数量（家）	占比（%）
2020 年 1~8 月	105021	104202	99.22	819	0.78
2019 年 1~8 月	123145	111779	90.77	11366	9.23
增长变化（家/个百分点）	−18124	−7577	8.45	−10547	−8.45

资料来源：根据企业登记注册大数据整理计算。

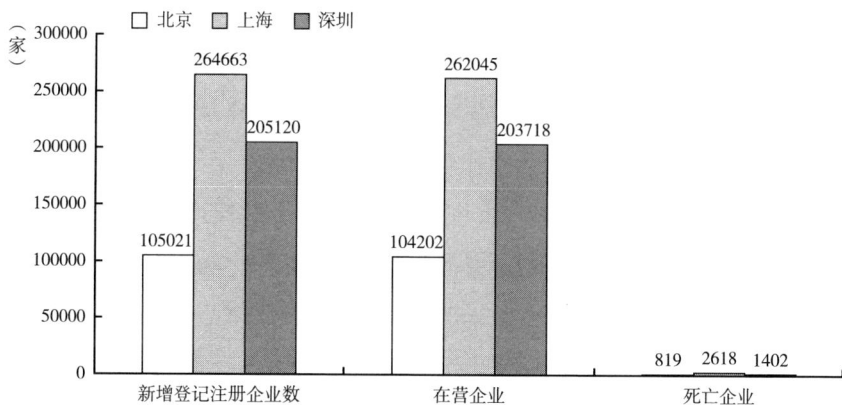

图 1-6 2020 年 1~8 月京沪深三地新增登记注册企业情况

资料来源：根据企业登记注册大数据整理绘制。

从行业分布来看，科学研究和技术服务业占比提升，租赁和商务服务业与文化、体育和娱乐业占比均下降，部分行业占比逆势增长，京沪深三地的行业分布情况差异显著。2020 年 1~8 月，北京占比超过 1% 的行业共计 10 个，科学研究和技术服务业、批发和零售业等行业连续两年占比排名居前，如表 1-6 所示，与京津冀整体相比，产业分布更为集中。其中，科学研究和技术服务业企业数位列第一，与上年同期相比占比增幅（近 3 个百分点）较大；租赁和商务服务业与文化、体育和娱乐业占比均下降超过 1 个百分点；住宿和餐饮业占比下降；建筑业、房地产业，以及交通运输、仓储和邮政业占比上升。值得关注的是，金融业，制造业，农林牧渔业，电力、热力、燃气和水生产和供应业等行业占比虽提升幅度不大，但在企业登记数整体下降的形势下逆势增长，与上年同期相比企业数同比增长分别为 142.25%、128.24%、70.32%、7.74%。信息传输、软件和信息技术服务业企业数与占比均下降，这与京津冀总体变化趋势一致。横向比较来看，京沪深三地新增登记注册企业行业分布差异显著，北京科学研究和技术服务业企业数位列各行业第一，约是深圳的 5 倍，但仅相当于上海的 67%；位居第二位的批发和零售业企业数仅为上海的 29%、深圳的 19%；位居第三的租赁和商务服务业企业数仅为上海的 22%、深圳的 64%；文化、体育和娱乐业企业数为深圳的 2 倍多，是上海的 91%；信息传输、软件和信息技术服务业差距较大，以不足 2000 家、占比不到 2% 列第 9 位，深圳以超过 2 万家、占比超过 10% 列第 3 位，上海则以超过 1 万家企业、占比超过 4% 列第 6 位。就制造业而言，北京与上年同期相比增幅较大，但与深圳超过 6000 家的企业数、3% 的占比和上海 1500 家的企业数、0.6% 的占比相比，北京不到 200 家企业数、不到 0.2% 的占比，差距明显。

表 1-6　北京新增登记注册企业的行业分布

序号	2020 年 1~8 月			2019 年 1~8 月			比例变化（个百分点）
	行业	数量（家）	比例（%）	行业	数量（家）	比例（%）	
1	科学研究和技术服务业	39120	37.25	科学研究和技术服务业	42497	34.51	2.74
2	批发和零售业	18967	18.06	批发和零售业	22880	18.58	-0.52
3	租赁和商务服务业	17549	16.71	租赁和商务服务业	22068	17.92	-1.21
4	文化、体育和娱乐业	10345	9.85	文化、体育和娱乐业	14396	11.69	-1.84
5	建筑业	6364	6.06	建筑业	6477	5.26	0.80
6	房地产业	2573	2.45	住宿和餐饮业	3941	3.20	0.51
7	住宿和餐饮业	2321	2.21	居民服务、修理和其他服务业	2882	2.34	-0.99
8	居民服务、修理和其他服务业	2153	2.05	信息传输、软件和信息技术服务业	2475	2.01	-0.29
9	信息传输、软件和信息技术服务业	1922	1.83	房地产业	2389	1.94	-0.18
10	交通运输、仓储和邮政业	1386	1.32	交通运输、仓储和邮政业	1047	0.85	0.47

注："比例变化"为前列同一产业前后两年占比的差值。

资料来源：根据企业登记注册大数据整理计算。

表 1-7　京沪深三地新增登记注册企业的行业分布对比

单位：家，%

序号	深圳			上海			北京		
	行业	数量	比例	行业	数量	比例	行业	数量	比例
1	批发和零售业	99276	48.39	租赁和商务服务业	79794	30.15	科学研究和技术服务业	39120	37.25
2	租赁和商务服务业	27602	13.45	批发和零售业	64404	24.33	批发和零售业	18967	18.06
3	信息传输、软件和信息技术服务业	21179	10.32	科学研究和技术服务业	58782	22.21	租赁和商务服务业	17549	16.71
4	居民服务、修理和其他服务业	9455	4.61	建筑业	19583	7.40	文化、体育和娱乐业	10345	9.85

序号	深圳			上海			北京		
	行业	数量	比例	行业	数量	比例	行业	数量	比例
5	建筑业	8150	3.97	文化、体育和娱乐业	11321	4.28	建筑业	6364	6.06
6	科学研究和技术服务业	7977	3.89	信息传输、软件和信息技术服务业	10647	4.02	房地产业	2573	2.45

资料来源：根据企业登记注册大数据整理计算。

企业注册资本规模方面，部分大中型企业数量逆势增长。从企业规模看，2020 年 1~8 月，1 万元以上的新增登记注册企业比上年同期减少了 13.14%，其中，1000 万~5000 万（含）元、5000 万至 1 亿（含）元、5 亿~10 亿（含）元规模的企业数及占比均略有增加，与京津冀整体相比，大规模企业增长趋势更为明显，反映北京在吸引大型企业方面优势突出。作为我国首都与区域核心城市，北京是全产业最高等级的功能节点,[①] 辐射联动范围更大，在全球供应链重构、数字化转型大势下，在国内大循环为主体、国内国际双循环相互促进的新发展格局战略调整下，大中型企业数的逆势增长体现了市场对北京的信心和良好预期。

表 1-8　北京新增登记注册企业的规模结构

区间	2020 年 1~8 月		2019 年 1~8 月		数量变化（家）	占比变化（个百分点）
	数量（家）	比例（%）	数量（家）	比例（%）		
总计	94519	100.00	108815	100.00	-14296	—
1 万~100 万（含）元	45755	48.41	54025	49.65	-8270	-1.24
100 万~500 万（含）元	25900	27.40	29794	27.38	-3894	0.02
500 万~1000 万（含）元	13433	14.21	15618	14.35	-2185	-0.14
1000 万~5000 万（含）元	6969	7.37	6957	6.39	12	0.98

---

① 运用企业登记注册大数据，以企业总部—分支法的关联网络分析方法，可通过企业之间的控股关系，识别产业之间的关联情况和城市关联网络等级。

续表

登记注册规模	2020 年 1~8 月		2019 年 1~8 月		数量变化（家）	占比变化（个百分点）
	数量（家）	比例（%）	数量（家）	比例（%）		
5000 万至 1 亿（含）元	1903	2.01	1725	1.59	178	0.42
1 亿~5 亿（含）元	405	0.43	541	0.50	-136	-0.07
5 亿~10 亿（含）元	95	0.10	83	0.08	12	0.02
10 亿元以上	59	0.06	72	0.07	-13	-0.01

注：根据企业登记注册大数据整理计算。

二　从资本要素流动层面看区域协同态势

在各类生产要素中，资本要素流动性高、对市场反应更敏捷，能够及时反映区域资源配置动向。分析企业登记大数据发现，京津冀区域内新增企业资本来源、投资去向空间范围收缩，资本在区域内部循环流动的趋势增强，但核心城市北京与津冀地区的联系亟待增强。

（一）资本来源分析[①]

京津冀区域内资本占比略有提升，与广东、上海等珠三角、长三角核心城市的资本联系减弱；资本来源的行业结构未发生明显变化，近 60% 来自租赁和商务服务业、科学研究和技术服务业两大行业。核心城市北京新增企业资本来源以本地为主，与长三角、珠三角的联系略有减弱，但仍高于周边的津冀地区，一方面表明北京作为我国首都，与全国发达区域的核心城市资本联系更为密切，另一方面也表明核心城市与津冀的资本联系亟待增强，以更好地支撑区域产业的协同发展。雄安新区新增企业资本主要来源于京津冀

---

① 资本来源指企业的法人股东来源，默认计算的企业数量指法人股东累计数，即出资次数。有两种计算方式，本研究以第一种为准：①不同企业有同一个法人股东，计算法人股东的合计数量，如企业 A、企业 B 有相同股东 G，统计结果是 2 个股东；②不同企业有同一的法人股东，计算法人股东的去重数量，如企业 A、企业 B 有相同股东 G，无其他法人股东，统计结果是 1 个股东 G。

区域内投资，且与北京资本联系高度密切；批发和零售业、科学研究和技术服务业的企业投资逆势增长，体现了产业资本对于创新服务、区域安全运行保障领域的投资布局。

1. 京津冀区域层面分析

从京津冀区域层面看，新增登记注册企业资本北京占比超四成，与长三角、珠三角来往密切。从资本来源区域看（仅分析资本方为法人类股东，自然人股东未统计在内），北京占比高达43%，与上年同期相比，资本来源区域结构未有明显变化。

新增登记注册企业资本近56%来自租赁和商务服务业、科学研究和技术服务业，来自批发和零售业的企业投资逆势增长。从资本来源行业看（仅分析资本方为法人类股东，自然人股东未统计在内），2020年1～8月，超过56%的资本来源于租赁和商务服务业、科学研究和技术服务业，分别位列第一、第二。资本来源于批发和零售业的位列第三，比上年同期增长14.1%。与上年同期相比，资本来源行业结构未有明显变化。

2. 北京层面分析

从北京层面来看，新增登记注册企业资本来源以北京本地为主，与长三角、珠三角来往密切。从资本来源区域看（仅分析资本方为法人类股东，自然人股东未统计在内），北京占比为69%，来自广东、上海的资本占比高于天津，来自山东、浙江、江苏等东部发达省份的资本占比高于河北。与上年同期相比，资本来源区域结构未有明显变化。

表1-9 北京新增登记注册企业资本来源的区域分布

单位：家，%

序号	2020年1～8月			2019年1～8月		
	省份	数量	比例	省份	数量	比例
1	北京	11275	68.77	北京	11111	65.76
2	广东	762	4.65	广东	850	5.03
3	上海	734	4.48	上海	763	4.52

续表

序号	2020 年 1~8 月			2019 年 1~8 月		
	省份	数量	比例	省份	数量	比例
4	天津	468	2.85	浙江	611	3.62
5	山东	443	2.70	天津	579	3.43
6	浙江	428	2.61	山东	473	2.80
7	江苏	352	2.15	江苏	412	2.44
8	河北	289	1.76	河北	263	1.56

注：根据企业登记注册大数据整理计算。

北京新增登记注册企业资本近 65% 来自租赁和商务服务业、科学研究和技术服务业。从资本来源行业看（仅分析资本方为法人类股东，自然人股东未统计在内），北京变化趋势与京津冀总体趋势基本一致：2020 年 1~8 月，近 65% 的资本来源于租赁和商务服务业、科学研究和技术服务业，二者占比大抵相当；资本来源于批发和零售业法人类股东的企业数逆势增长，比上年同期增长 3.7%，占比提升 0.5 个百分点。

表 1-10　北京新增登记注册企业资本来源的行业分布

单位：家，%

序号	2020 年 1~8 月			2019 年 1~8 月		
	行业	数量	比例	行业	数量	比例
1	租赁和商务服务业	5363	32.80	租赁和商务服务业	5782	34.29
2	科学研究和技术服务业	5208	31.85	科学研究和技术服务业	5273	31.27
3	批发和零售业	1253	7.66	文化、体育和娱乐业	1293	7.67
4	文化、体育和娱乐业	1222	7.47	批发和零售业	1208	7.16
5	信息传输、软件和信息技术服务业	927	5.67	信息传输、软件和信息技术服务业	990	5.87
6	建筑业	513	3.14	房地产业	588	3.49
7	房地产业	478	2.92	金融业	384	2.28
8	制造业	380	2.32	制造业	372	2.21
9	金融业	349	2.13	建筑业	299	1.77

注：根据企业登记注册大数据整理计算。

（二）资本投向分析

总体来看，京津冀新增企业投资去向的区域结构无明显变化，但北京新增企业投资从主要投向广东转为投向本地与津冀区域，同时与珠三角、长三角省市的来往依然较为密切；投向科学研究与技术服务业的占比明显提升，但投向制造业的企业数大幅下滑，呈现出"强创新服务、弱制造"的特征。雄安新区新增企业外投规模与面向区域收缩，以投向所在省河北为主，投资行业聚焦，结合其投资来源主要为北京，未来需加强联动，发挥好北京的辐射带动、梯度扩散作用。

1. 京津冀区域层面分析

从京津冀区域层面来看，在新增登记注册企业投资去向上北京占比第一，京津冀占七成以上。从投资去向来看，北京占比高达 37.5%，与浙江、山东、广东、上海、江苏等东部发达省市投资来往密切，投向海南的占比提升了近 0.5 个百分点。资本投向区域结构与上年同期相比未有明显变化。

新增登记注册企业投资超过 30% 去向科学研究和技术服务业。从投资去向行业看，科学研究和技术服务业位列第一，租赁和商务服务业位列第二，批发和零售业位列第三，信息传输、软件和信息技术服务业与文化、体育和娱乐业分别位列第四、第五。

2. 北京层面分析

从北京层面来看，新增登记注册企业投资去向本地占六成以上，京津冀占比大幅度提高，投资去向呈现明显的区域化趋势。投向本地的企业数逆势大幅增长，占比高达 61%，比上年同期提升近 60 个百分点。投资去向区域结构发生明显变化，从主要投向广东转为投向本地，但与山东、广东、上海、浙江、江苏等省市的来往依然较为密切，投向海南的占比提高近 1 个百分点。

表 1-11　北京新增登记注册企业投向的区域分布

单位：家，%

序号	2020 年 1~8 月			2019 年 1~8 月		
	省份	数量	比例	省份	数量	比例
1	北京	3308	60.85	广东	23012	81.22
2	山东	309	5.68	北京	513	1.81
3	河北	265	4.87	浙江	431	1.52
4	广东	182	3.35	江苏	393	1.39
5	天津	169	3.11	上海	383	1.35
6	上海	110	2.02	湖南	331	1.17
7	海南	103	1.89	山东	301	1.06
8	浙江	102	1.88	江西	300	1.06
9	江苏	98	1.80	四川	264	0.93
10	河南	83	1.53	广西	263	0.93
11	四川	76	1.40	海南	263	0.93
12	福建	68	1.25	福建	226	0.80
13	辽宁	63	1.16	湖北	187	0.66

注：根据企业登记注册大数据整理计算。

新增登记注册企业投资去向科学研究和技术服务业的占比明显提升，投向批发和零售业的占比明显下降。从投资去向行业看，科学研究和技术服务业位列第一，占比超过 36%，与上年同期相比，占比提升了近 20 个百分点；租赁和商务服务业位列第二，占比超过 20%，与上年同期相比，占比下滑近 2 个百分点；批发和零售业位列第三，占比不到 10%，比上年同期占比下滑近 10 个百分点；信息传输、软件和信息技术服务业位列第四，占比与上年同期相比下降约 4 个百分点；文化、体育和娱乐业位列第五，占比与上年同期相比提升超过 3 个百分点。投向制造业的企业数量大幅下降，占比下滑超过 3 个百分点。

表 1-12　北京新增登记注册企业投向的行业分布

单位：家，%

序号	2020 年 1~8 月			2019 年 1~8 月		
	主要维度	数量	比例	主要维度	数量	比例
1	科学研究和技术服务业	1950	36.03	租赁和商务服务业	6558	23.20
2	租赁和商务服务业	1164	21.51	批发和零售业	5258	18.60
3	批发和零售业	509	9.41	科学研究和技术服务业	4680	16.55
4	信息传输、软件和信息技术服务业	384	7.10	信息传输、软件和信息技术服务业	3137	11.10
5	文化、体育和娱乐业	359	6.63	房地产业	1661	5.88
6	建筑业	265	4.90	制造业	1553	5.49
7	房地产业	200	3.70	文化、体育和娱乐业	906	3.20
8	制造业	120	2.22	建筑业	900	3.18
9	金融业	80	1.48	居民服务、修理和其他服务业	781	2.76
10	卫生和社会工作	78	1.44	住宿和餐饮业	651	2.30
11	住宿和餐饮业	62	1.15	金融业	599	2.12
12	居民服务、修理和其他服务业	55	1.02	交通运输、仓储和邮政业	380	1.34
13	农、林、牧、渔业	51	0.94	卫生和社会工作	355	1.26

注：根据企业登记注册大数据整理计算。

三　从高精尖产业链布局看区域协同基础

产业链在京津冀区域的上下游布局反映了区域分工合作与配套。根据《北京市十大高精尖产业登记指导目录（2018 年版）》（下文简称"高精尖目录"），选取影响国际竞争力与国家安全的三大代表性高精尖行业①，通过 2018 年增值税发票营收大数据，剖析京津冀区域产业链上下游布局情况。

---

① 根据高精尖目录，本研究中新一代信息技术既包括新一代信息技术 21 个行业小类，也包括集成电路 6 个行业小类，共计 27 个行业小类；医药健康包括 16 个行业小类；智能装备包括 80 个行业小类。

（一）新一代信息技术产业

新一代信息技术产业是其他产业数字化、智能化转型的重要支撑，也是实现关键性技术突破、引发生产力变革、促进劳动生产率提升的关键所在。大数据分析发现，北京新一代信息技术产业营业收入高度集中在移动通信网络运营服务业与网络信息安全软件业2个细分行业，占该产业总营收的比重超过九成，以北京本地化配套为主，与天津、河北等地的联系明显不强。

1. 移动通信网络运营服务业

北京移动通信网络运营服务业上游与下游在京津冀区域产业链布局的比重均不到一半。上游看，京津冀采购额占该行业全国采购总额的比重超过四成（41.8%）。其中，北京本地采购金额占比为38.6%，天津占比仅为0.1%，河北占比3.1%。下游看，京津冀区域销售额占该行业全国销售总额的比重为46.8%。其中，北京本地销售额占比为43.9%，天津占比为0.4%，河北占比2.5%。分行业看，移动电信业与移动通信网络运营服务业联系最为密切，上下游占比均超过1/5。商业银行服务对于行业的支撑作用明显，下游占比超过6%。

2. 网络与信息安全软件业

对北京市网络与信息安全软件业上下游的分析发现，京津冀区域上游市场份额超过1/2，下游市场份额超过1/3，但与津冀联系不强，以本地配套为主。上游看，京津冀区域采购额占比为52%，其中，本地采购额占比为49.7%，天津为0.9%，河北为1.4%。下游看，京津冀区域销售额占比为35.1%，其中，本地销售额占比为32.1%，天津占比为2%，河北占比为1%。分行业看，北京该行业与其他未列明信息技术服务业[①]、其他技术推广服务业[②]联系相对密切，其中，其他未列明信息技术服务业上游占比接近

---

① 统计代码为6599，包括其他信息技术服务业（659）中除呼叫中心以外的其他信息技术服务业。

② 统计代码为7519，为农林牧渔技术推广服务、生物技术推广服务、新材料技术推广服务、节能技术推广服务、新能源技术推广服务、环保技术推广服务、三维（3D）打印技术推广服务等7类以外的其他技术推广服务。

15%，下游占比超过6%；其他技术推广服务上游占比接近6%，下游占比超过8%。

（二）医药健康产业

北京医药健康产业营业收入主要集中在先进医疗设备及器械制造业、生物药品制造业2个细分行业，营收占北京医药健康产业总营收的比重分别为48.6%、33.5%，占比合计超过82%。

1. 先进医疗设备及器械制造业

在先进医疗设备及器械制造业方面，北京已与天津形成一定分工，主要提供生产医疗器械的专用设备，上游研发和科技推广应用服务则以本地为主。上游看，北京该行业近一半采购额（49.3%）集中在京津冀区域，其中，本地占比34.1%，天津占比9.3%，河北占比5.9%。下游看，北京该行业15.9%的销售额在京津冀区域，其中，本地占比12.7%，天津占比1.5%，河北占比1.7%。分行业看，京津冀科技推广和应用服务业在上游采购额中占比7%，其中北京科学研究和技术服务贡献了60.8%，形成了对行业的有力支撑。

2. 生物药品制造业

在生物药品制造业方面，北京该行业上下游与津冀两地分工合作较少。上游看，京津冀区域采购额占比54.5%，其中，本地占比46.3%，天津占比2.3%，河北占比5.9%。下游看，京津冀区域销售额占比15.0%，其中，本地占比10.1%，天津占比0.7%，河北占比4.2%。分行业看，科技推广和应用服务业是京津冀采购额最大的行业（16.1%），其中北京贡献了96%，对行业的支撑作用明显。

（三）智能装备产业

北京市智能装备产业营业收入主要集中在工程机械业、高端金属制品业2个细分行业，占该行业北京总营收的比重分别为45.1%、35.6%，二者合计占比超过八成。

1. 工程机械业

北京工程机械业上下游在京津冀区域的占比不足三成，与河北在部分制造环节有一定合作。上游看，京津冀采购额占该行业采购总额的 27.4%。其中，本地占比 14.4%，天津占比 0.2%，河北占比 12.8%。下游看，京津冀销售额占销售总额的 29.3%，其中，本地占比 26.4%，天津占比 0.9%，河北占比 1.9%。分行业看，上游占比最大的是制造业中的其他未列明金属制品制造行业（占上游营收的 8.0%），主要布局在河北；下游占比最大的是科学研究和技术服务业中的其他科技推广和应用服务业（占下游营收的 7.6%），布局在北京。

2. 高端金属制品业

北京高端金属制品业上下游与津冀有一定的分工合作。上游看，京津冀区域采购额占行业采购总额的比重为 51.5%，其中，本地占比 28.5%，天津占比 16.8%，河北占比 6.2%。下游看，京津冀区域销售额占行业销售总额的比重为 42.7%，其中，本地占比 30.7%；天津占比 5.5%；河北占比 6.4%。分行业看，上游占比最大的是制造业中的金属结构制造（占上游营收的 14.1%），其中北京贡献了 78.8%；下游占比最大的是科学研究和技术服务业中的其他科技推广和应用行业（占下游营收的 4.6%），其中北京贡献了 60.2%、天津贡献了 37.4%。

综上，京津冀区域协同呈现新动向。在新增企业登记注册方面，河北的比重明显提高，京津的比重均下降，提升区域保障能力、增强产业链供应链韧性成为企业布局的重要影响因素，但与长三角、珠三角相比，区域新增登记注册企业数明显较少，发展活力仍然不足。北京作为京津冀区域的核心城市，与沪深相比企业新增登记注册数差距较大，需增强对企业的吸引力。在资本要素配置方面，从资本来源看，京津冀区域内资本占比略有提升，与长三角、珠三角核心城市的资本联系减弱，资本来源行业结构与疫情前基本保持一致，六成左右来自租赁和商务服务业、科学研究和技术服务业两大行业。核心城市北京新增企业资本来源以本地为主，但相比津冀地区，与长三角、珠三角等发达区域的核心城市资本联系更为密切，区域内的资本联系亟待增强，以更好地支撑区域产业的协同发展。从资本投向看，京津冀企业投资去向的区域布局无明显变化，但核心城市北京在投资方面与珠三角、长三角省市保持密切联系的同时，从主要投向广东转为投向京津冀区域内，投向产业呈现"强创新服务、弱制造"特征，创新导向进一步强化。在产业链方面，新一代信息技术以本地配套为主，与津冀联系明显减弱，营收占比超过九成的移动通信网络运营服务业、网络信息安全软件业 2 个细分行业也呈现同样的区域分工格局。北京医药健康产业营收中，占比接近 1/2 的先进医疗设备及器械制造细分行业与河北上下游联系较少，与天津在生产医疗器械的专用设备方面有一定分工，上游研发和科技推广应用服务则以本地为主；营收占比接近 1/3 的生物药品制造细分行业上游在京津冀布局超过五成，下游则仅有 15% 在该区域布局，上下游北京与津冀分工合作较少。北京智能装备产业营收超过八成为工程机械、高端金属制品 2 个细分行业，其中工程机械业上下游在京津冀区域内布局不足三成，与河北在部分制造环节有一定合作；高端金属制品业上游在京津冀区域布局超过五成，下游超过四成，与津冀均有一定分工合作。

综上，区域小循环需求有所增加，但区域产业分工合作有待深化，这对新时代首都发展提出新要求。要更好发挥核心带动作用，增强区域经济活力与对企业的吸引力，加紧培育形成新质生产力，以"五群六链五廊"产业协同发展新图景落地为抓手，带动区域生产力变革与产业深度转型升级，促进区域分工、合作优化，提升区域综合竞争力和影响力。

第三节　产业链供应链安全稳定对首都发展新要求

产业链供应链稳定是大国经济安全的基础支撑，也是国际博弈的关键砝码。疫情期间，汽车、集成电路、消费电子、生物医药等产业链供应链受到的冲击明显。北京要把握全球产业链供应链重塑四大窗口期，立足首都定位，发挥龙头带动作用，做实做优"两高两畅"先进制造业，做大做强生产性服务业，在保障产业链供应链安全、构建全国统一大市场、畅通国内国际双循环中发挥枢纽作用。

一　上海是中国制造在全球版图的锚钩，疫情冲击下重点产业过度集中风险凸显

上海作为中国工业第一城，2021年工业增加值（全口径）已突破万亿元大关，既是支撑中国制造大国地位的主力军，也是高端制造全球供应链的重要枢纽。疫情期间，上海汽车、集成电路、消费电子、生物医药等产业链供应链受到的冲击明显，2022年4月全国规模以上工业增加值同比下降2.9%，其中，集成电路、汽车、智能手机、微型计算机产量分别同比下降12.1%、43.5%、3.8%、16.8%，上海制造业重镇地位可见一斑。

（一）汽车产业牵一发而动全身，影响国内国际供应链

汽车产业高度国际化、高度竞争性，代表一国工业发展整体实力。中国既是汽车生产大国，又是汽车消费大国，2021年产销双双超2600万辆（占全球总量比重均在1/3左右），但关键核心零部件、软件及控制系统等仍依赖进口，整体处于由大变强的发展阶段。

上海是全球汽车供应链网络的最大节点。作为外资企业进入中国的第一站，拥有整车销量连续16年保持国内前列的合资企业上汽集团，建有全国第一家外商独资新能源汽车企业特斯拉（排全球新能源汽车销量第一）。围绕2家王牌整车企业，全球前十大汽车零部件巨头有9家在沪设立中国总部，带动长三角地区集聚汽车零部件配套企业超过2万家、占全国的比重超过50%，既服务全国又通达全球。

疫情影响广泛。上海上汽、特斯拉等整车企业每停产1周约损失4.6万台产量、超100亿元产值。2022年4月，在666家首批上海复工复产白名单中，汽车相关企业有250家、占首批复工复产企业数的37.5%，但由于汽车产业链长，三、四、五级中小型供应商复工困难，全国多家整车企业供应受到影响。从全球看，由于上海汽车产业的减产断供，三菱、本田等日系车企的日本工厂被迫停产，美国、加拿大等汽车装配企业订单延误，全球汽车供应链紧张。

（二）集成电路"芯荒"，西方围堵下断供风险加大

集成电路是现代工业的粮食，集成电路不自主则现代工业难以自立自

强。中国是最大芯片进口国，对外依赖度超过90%，芯片自给率低，整体仍处于国产替代的初始阶段。

上海是全国集成电路产业的"核芯"。上海集成电路产业在全国发展最早，也是国家资源和政策重点支持的对象。"十三五"时期，上海吸引了国家集成电路产业基金40%的投资、集聚了全国40%的专业人才、承担了50%的国家重大专项。截至2021年，上海集成电路产业规模超过2500亿元，约占全国的23%，在设计、制造和封测上下游三个环节均处于全国领跑地位，集聚了中芯国际、华力微电子等700多家重点企业。围绕上海，长三角形成了全国最成熟、规模最庞大的集成电路产业集群，上市企业数量占全国的半壁江山。

疫情期间"芯荒"加剧。近年来，随着芯片成为汽车实现电动化和智能化的核心硬件，全球供需矛盾日益紧张。中芯国际、上海华虹等上海龙头企业虽采取闭环生产力保供应，但因人员到岗、物流、产业链协作等受阻而影响产能增长。受长三角上游供货商影响，北京头部企业北方华创等面临缺料减产风险。2022年3月，全国规模以上集成电路产量同比下降5.1%，为2019年第一季度以来最低水平。受疫情影响的减产停产制约国产化替代进程的推进。

（三）消费电子供应链受冲击，加速订单流失

随着新一代信息技术的应用推广，手机、电脑等消费电子产业加快发展，成为工业转型升级和扩大消费的重要抓手。中国是苹果等国际品牌的重要生产基地（配套非核心零部件并组装测试，核心零部件来自自主研发和美日韩等供应商），同时，也拥有华为、小米等国产消费品牌。

以上海为中心的长三角是全球消费电子制造重要集结地。以全球科技第一市值企业苹果为例，95%的iPhone手机及大部分Mac电脑产品均在中国制造，200家中国大陆供货商中，约半数分布在上海及苏州等地，同时也为谷歌、微软、英特尔、华为、小米等消费品牌提供生产配套。疫情影响下，消费电子供应链加速外迁，订单向越南等东南亚国家转移。

（四）生物医药"生产线"就是"生命线"，耗材及设备进口受阻影响医药研发创新

中国是全球医药消费大国，但不是制造大国，原材料和设备主要依赖进口，新药研发处于跟踪追赶队列。

上海是我国生物医药发展高地。截至 2021 年底，上海生物医药产业共有 6066 家企业，企业数量占全国的 14.5%；产业规模迈上 7000 亿元新台阶，占全国的 1/5；全球药企前 20 强中的 18 家、医疗器械前 20 强中的 17 家入驻上海；本土企业，仅张江集聚的医药工业百强企业就约占全国的 1/3；创新药获批上市量约占全国的 1/3（2020 年）。

疫情影响下物料设备进口受阻。上海生物制剂耗材及设备进口优质供应商集聚、药检所进口检验政策优效率高，是全国医药进口头部口岸。疫情影响药品生产保供，迟滞药品研发创新、生产交付进程。生物药械研发创新是跟国际巨头在竞争、抢时间，一旦速度放慢就有可能被挤出赛道。

综而观之，汽车、集成电路、消费电子和生物医药等高度集聚在上海的重要产业具备"两高两畅"的特征。一是创新要求高。四类产业均处于国产化突围关键阶段，破解关键技术、零部件"卡脖子"问题，必须依靠技术创新、高端人才。二是产业链配套要求高。四类产业对上下游配套支撑服务依赖度高，要能获得便捷高效的物料、设备与产品供应。三是投融资要畅通。四类产业均属于高投入高风险型产业，集成电路更是一条产线就需 300 亿~500 亿元投入，而且不确定性极大，对资金融通要求高。四是外贸要畅通。四类产业关键原材料、核心零部件与设备均高度依赖进口，同时，代工、外包生产的各类产品深度供给全球供应链，对交通物流、商务服务等支撑外贸发展的现代服务业要求高。"两高两畅"产业特性叠加上海资源禀赋优势，促使上海成为连接国际至关重要的关口，规模经济效应明显。然而，在新冠疫情等不确定性因素影响下，产业链供应链安全稳定面临挑战。

二 大变局下产业链供应链加快重塑，北京迎来产业发展四大窗口期

当前，世界面临百年未有之大变局，国际冲突加剧、自然灾害频发多发，国际国内环境有些突发因素超出预期。疫情影响下产业链供应链重塑调整进程加快，北京产业发展面临四大窗口期。

（一）空间层面，迎来分散化布局窗口期

相较于成本和市场导向等因素，安全可控在产业链供应链布局中的考量砝码进一步加重，重点产业去中心化、适度分散布局调整加速推进。对北京而言，一是把握国家产业资源争取窗口期。聚焦集成电路等重点产业，争取国家重大工程重大项目重点政策适度倾斜是更好带动京津冀乃至北方区域高质量发展的使命担当。二是把握市场资源入京布局窗口期。北京与上海同属经济体量过 4 万亿元大关的超大城市，具备发展"两高两畅"重点产业的良好基础。全球供应链争夺加剧之际，亟待加快优化创新、投融资等营商环境，加快深化先进制造业与现代服务业融合，吸引集成电路、汽车、消费电子、生物医药优质企业资源入京布局。

（二）技术层面，迎来"数智化"加速转型窗口期

数字化、智能化是有效应对"缺人无人"等非常态情境，实现重点产业闭环生产保供应、远程调度促协同的技术支撑，产业"数智化"转型调整进一步加速。对北京而言，一是把握存量加速改造升级窗口期。转得早、转得快、转得深才能有效构筑竞争力护城河。针对"不会转""不敢转""不能转"等痛点难点，要加快攻坚，对缺资金、缺技术等掣肘要精准施策、精细服务。二是把握首都服务振兴消费扩大窗口期。北京在信创产业和信息、金融、商务等生产性服务业方面优势突出，面对全国"数智化"转型需求大有可为，亟待加大全国市场开拓力度，带动北京相关硬件、软件和服务类消费扩大。

（三）流通层面，迎来外贸营商环境加快变革窗口期

保障原材料、产品流动畅通是供应链稳定运行的基础。对北京而言，一

是把握外贸环境优化窗口期。依托"两区"建设,国际开放合作持续深化,但关键零部件、生物制剂装备等进口流程方面亟待优化,在优质进出口服务商培育集聚方面有待加强(诺华制药等本地企业现需经由上海才能满足优质高效进口)。二是把握航空货运加速发展窗口期。北京"双枢纽"机场是国际货物贸易的第一通道,亟待加快航空货运发展,满足先进制造航空运输要求。

(四)治理层面,迎来重点产业供应链调度总枢纽打造窗口期

不确定性增加的国际形势下,加强重点产业供应链调度管理成为保障国家经济安全的重要内容。对北京而言,要把握国家重点产业数字治理总枢纽搭建窗口期。北京是全国工业互联网发展高地(拥有工业互联网标识解析国家顶级节点),亟待加快建设国家工业互联网大数据中心,推动行业级大数据分中心落地布局,配合国家搭建安全可信稳定的供应链数字治理总枢纽,服务好不同情境下的生产、储备、运输、销售等管理调度。

三 因地制宜,立足北京实际,增强重点产业竞争力

在全球产业链供应链重塑重要窗口期,北京要把握机遇,立足定位,发挥龙头带动作用,统筹发展与安全,处理好国际与国内、集中与分散、当下与未来的辩证关系,以稳产保供、补链强链、风险对冲、物流畅通为原则,做实做优"两高两畅"先进制造业,做大做强生产性服务业,在保障产业链供应链安全、构建全国统一大市场、畅通国内国际双循环中发挥枢纽作用。

(一)集成电路:加强补链强链,夯实高端制造供应之基

一是争取国家政策支持,打造北方"芯"脏和提升集成电路工业母机水平。争取适当放松集成电路窗口指导政策,在制造、封测与设备方面加大投资加快创新扩大产能,进一步壮大北京集成电路产业实力,京沪南北双"芯"共同加固中国集成电路抵御断供围堵之堤。加快北方华创扩产等重点项目建设,系统提升集成电路装备制造业水平,提高进口替代水平。二是重塑北京集成电路研发设计新高地。针对北京集成电路全国占比从 2015 年的

32%下滑到 2020 年的 13%，研究出台北京集成电路研发设计振兴方案，高效有机集成北大、清华、中国科学院、国家实验室等人才及科技力量，实施五年倍增计划，加快建设国家集成电路产教融合创新平台，支持企业将更多资金投向高端人才培养及研发，促进 RISC-V、GPU、CPU、AI 等芯片设计实现突破，努力将北京集成电路占全国比重由 13% 提升至 25%，重塑集成电路研发设计新高地。三是顺应集成电路多元化布局需求，对接引进在京投资发展。针对在沪集成电路跨国企业与本土头部企业外迁扩建需求，引导支持入京布局，丰富产业生态。加快推进集成电路重点项目建设，在关键环节、关键零部件研发制造方面加快突破。四是支持中芯国际等龙头企业研发创新节水技术，进一步降低水耗压力。中芯国际作为北京的芯片制造龙头企业，依托过滤回收技术，建厂 20 年总节水量相当于 12.4 个昆明湖，整体水资源年度回收率达到 60%，相比台积电 86% 的回收利用率还有提升空间。在建和新建项目要加快采用节水技术，为北京集成电路进一步扩充产能提供支撑。五是多措并举稳定上游材料供应，保障集成电路企业生产稳定。组织推动企业加强与日、韩、德等国际半导体巨头合作，通过投资入股、签署大额采购订单等方式，保障产品供应，平抑原材料价格持续上涨影响。六是加快带动北方集成电路产业协同发展，培育壮大区域供应链体系。大力支持在京集成电路制造企业和先进封测企业在津冀落地新增产能，完善集成电路区域配套。扩大京津冀和周边地区集成电路技术技能人才定向培养规模，打造京津冀和周边地区产、教、技、培资源共享平台，支持带动周边地区创新发展。

（二）汽车：瞄准智能网联汽车做强做大，挖掘新消费市场空间

一是支持有竞争力的新势力造车企业在京发展。支持北汽蓝谷等与理想汽车、小米汽车等造车新势力加强战略合作，通过整合、并购、投资等方式融合发展，集中优势资源擦亮汽车品牌，重振北京新能源汽车产业。二是加强京沪汽车核心零配件供应对接合作。引导汽车企业做好生产保供，强化与核心芯片、电池等供应商的合作，适度备份分散风险，最大限度稳定产值。三是完善核心零部件企业配套。瞄准全球汽车零部件百强企业，关键环节特定工艺在满足一定环保条件下，支持在平原新城与周边津冀地区适度布局。四是加快汽车芯片攻关，强化北京智能网联汽车发展优势。实行"揭榜挂帅""赛马"制度等，支持北汽集团联合造车新势力多方参与创新联合体攻关，增强汽车芯片等智能网联汽车关键核心技术突破能力，加快商业化应用。

（三）生物医药：强化创新提升产能加快开放，打造以北京为中心的进出口供应网

一是持续提升创新产品生产力。加强与上海等长三角地区对接，保障生物制剂耗材及设备进口供应。二是做强生物制剂与关键设备进口。依托"两区"开放政策，培育引进生物医药类优质进口供应商，优化药品检验程序，探索进口药品信用监管，允许药品批签发先依据企业自检放行、后续补充法定检验，提高药检所进口检验效率、缩短检验周期。三是不断拓展医药产品出口。助力医药企业拓展海外销售渠道，争取国际合作采购份额，不断强化面向全球的医药出口节点功能。四是加快医药健康类平台企业培育发展。分类打造医药创新、医药制造、医疗服务、医药流通、健康管理等平台企业，推动医药产业数字化转型和链条延伸，打通生物医药产品与服务在线供应渠道，拓展医药产业增长新空间。

（四）消费电子：加强自主创新与品牌打造，挖掘高端制造供应潜能

一是推动龙头企业加强自研。支持消费电子龙头企业加强智能手机关键零部件、操作系统研发攻关，加快显示技术研发和产品创新，提升高端市场竞争力。二是逐步做强消费电子零配件供应生态。探索与长三角电子消费供应商建立对接机制，增强对代工企业的供应链把控度。支持企业加强智能手机、智能家居等矩阵产品生态打造，增强对供应商的吸引力和集聚力。

（五）航空物流：加强货运枢纽建设，畅通高端制造国际国内供应渠道

一是多措并举促进全货机采购。鼓励在京企业联合拓展全货机业务，探索联合跨境电商平台组建专业航空货运企业购买全货机，满足高端工业品航空运输要求。二是优化货运环境，吸引全货机航司主营基地在京落户。加快大兴机场临空经济区生命健康、新一代信息技术、智能装备等产业招商，积

极争取航空货运新势力主营基地集聚。三是依托北京大兴国际机场综合保税区，加快推动航空物流高效便捷安全稳定。用好综保区公共库，为生物医药、高端消费、跨境电商等行业入区发展提供优质仓储空间。加快规划建设重要产业重要物资应急保供中转站。四是加快推动货运无人驾驶突破。探索开辟重要产业园区连接机场绿色通道，实行智能改造、闭环管理，加快推动车路协同、无人驾驶，专设倒载或换挂车头"无接触"货物交接区。探索推动京津冀车路数据授权共享，赋能北京与唐山港空海联运通道打造。

（六）生产性服务业：以工业互联网发展为牵引，做强北京服务扩大消费市场

一是加快推进"数智"改造工程。聚焦"两高两畅"企业，启动规模以上制造业企业智能化诊断评估，制定数字化空间通用技术要求等行业标准，培育一批数字化赋能、智能化运行的标杆企业。二是加快打造一批"数字经济总部"。聚焦"两高两畅"重点产业，鼓励"链主"企业落地一批"数字经济总部"，形成面向重点行业的国内一流工业互联网平台，带动供应链上下游企业数智化转型与供需协同高效对接。三是在京搭建重点行业工业互联网调度中枢。积极主动加强部市合作、央地对接，服务好中央在京机构政务数据授权运营与央企数字化转型，探索建立服务中央、辐射全国的工业互联网治理枢纽，为应对突发冲击、调度保障我国供应链安全提供有力支撑。四是强化金融对产业链供应链稳定的支撑作用。落实好各类纾困政策，创新金融产品，加强资金支持，切实解决企业融资难题、优化对企服务，强化金融对科技创新、保供稳链的支撑保障作用，稳定市场预期、激发市场活力。全力支持北交所做大做强，发挥好北交所服务创新型中小企业直接融资的作用，更好地支撑"专精特新"中小企业高质量发展。五是深化制造业服务业融合发展，拓展生产性服务业市场空间。依托工业互联网平台建设，发挥北京在信创产业和科技、信息、金融、商务等生产性服务业等方面的优势，以自主安全可靠软硬件输出、服务能力输出带动项目输出、技术输出，推动北京生产性服务业作为中间投入深度内嵌全国制造业"数智"链条，增强北京在服务北方乃至全国"数智化"转型与韧性供应链打造中的作用。

第二章　首都新质生产力发展的
内涵与政策环境

新质生产力是习近平总书记基于中国发展实践需求提出的创新性术语，是经济社会各领域发展变革的基本遵循。界定其概念、弄清其内涵是深刻理解新质生产力、更好打造新质生产力的前提。北京作为全国首都，2024年以来面临市场需求总体不足、消费拉动作用尚未充分发挥、企业生产经营困难等现实痛点，需系统梳理国家与市级新近密集出台的系列政策措施，明确政策导向、强化资源联动、加强政策集成，更好地服务首都新质生产力打造。

第一节　新质生产力的内涵与核心要义

一　新质生产力的内涵解读

关于新质生产力的内涵，习近平总书记在中共中央政治局第十一次集体学习时，已给出权威界定，是创新起主导作用，摆脱传统经济增长方式、生产力发展路径，具有高科技、高效能、高质量特征，符合新发展理念的先进生产力质态。新质生产力术语一经提出，便被各界广泛关注讨论，目前，学术界对于新质生产力内涵的解读较为丰富，主流的范式主要包括两类。一是从马克思主义生产力理论、政治经济学理论等经典理论出发，纵向条线上溯源科技革命、产业变革对生产力革新的历史脉络，推演传统经典理论在中国式现代化事业大局中的中国化、时代化拓展。如刘伟提出，新质生产力理论是对马克思主义生产力学说的重要发展，新质生产力从自然形式上包括"质"的变革效率、"量"的合理增长两个方面；横向条线上概览全球竞争格局与发展导向，推演抢占国际竞争制高点、突破"中等收入陷阱"的根本出路，从而深化新质生产力内涵解读。[①] 如王勇提出，新质生产力不是务虚理念而是务实策略，是地缘政治趋紧形势下中国"以攻为守"战略的必要配置，是突围中等收入"三明治困境"的不二之选，内涵更强调"质态"而非"业态"。[②] 二是从系统论出发，构建系统性分析框架，解读新质生产力内涵，如黄群慧从要素、结构、功能等三个维度解构新质生产力系统，具有创新驱动、绿色低碳、开放融合、人本内蕴四个特性，构成区别于传统生产力的鲜明标识。[③]

综合既有研究成果来看，新质生产力是一个相对性概念术语，在与其相反、相对关系的比较协同中凸显其内涵本质。一是新质态与旧质态的比对。如数字经济构成中，数字产业化属于"新质态"，生产率相对更高、更契合新发展理念，需要数字化转型的广大传统产业则是"旧质态"，"先立"新质态、后破"旧质态"是这对关系处理的关键。二是传统增长方式与新发展理念的比对。其中，传统增长方式由传统技术与传统生产要素决定，新发展理念的实现则需要革命性突破的创新技术与新型生产要素支撑，加快推进技术创新、数据等新型生产要素价值释放及与其他生产要素的优化组合配置是关键。三是政府与市场两种主体力量的协同。地缘政治导致越来越多的国际市场失灵，发挥政府主导作用、通过举国体制弥补产品市场、要素流动等领域的扭曲错配是必然选择。同时由于创新的巨大不确定性、不可预见性，需要充分发挥市场作用试错探路，才能更好释放创

① 刘伟：《科学认识与切实发展新质生产力》，《经济研究》2024 年第 3 期。
② 王勇：《新质生产力的战略内涵与关键原则》，载林毅夫等《新质生产力》，中信出版集团，2024。
③ 黄群慧：《读懂新质生产力》，中信出版集团，2024。

新活力。四是"量"与"质"两个维度的协同。新质生产力发展仍然需要抓住 GDP 这个"牛鼻子"，协调各类资源要素配置优化，集成各类政策工具措施，避免各种"合成谬误"，在实打实经济增量创造中优选更先进、更高质量的发展模式。

二　首都新质生产力发展的核心要义

北京作为全国首都，新质生产力发展必须符合该先进生产力质态的共性特征，同时在创新突破、现代化产业体系建设、生产力变革、供需两端互促、生产关系变革等方面有独特的内涵和要求。

一是强化创新的动力支撑作用。创新是发展新质生产力的主导力量，是实现高科技、高效能、高质量等"三高"发展的应有之义，是实现全要素生产率大幅提升的根本支撑。北京是全国创新高地，创新资源丰富优质，在 2024 年胡润研究院发布的《2024 全球独角兽榜》中，北京有 78 家，高居全国之首，在全球仅位于旧金山（190 家）与纽约（133 家）之后；在中国独角兽企业前十榜单中，北京有 3 家，高于上海（2 家）、广州（2 家）、深圳（1 家），体现了北京在全球强大的科技创新能力和市场活力。新质生产力的催生需要技术具有革命性的突破，北京要发挥主力军作用，以建设北京国际科技创新中心为抓手，发挥举国体制优势，在基础性创新、原创性创新、颠覆性创新方面加强攻关，努力破解关键核心技术"卡脖子"困局，为实现科技自立自强贡献首都力量，为实现生产力变革贡献首都力量。

二是强化全要素生产率大幅提升的产业支撑作用。新质生产力提出之初即与战略性新兴产业、未来产业紧密联系。通过产业的升级调整、催生新业态新模式，以实现要素投入效益与生产率的提升，因而，产业深度转型是催生新质生产力的重要载体、实现路径。北京服务业高度发达，2023 年服务业增加值为 37129.6 亿元，占 GDP 的比重为 84.8%，同比增长 6.1%，增速高于同期 GDP 增速，是经济增长的重要支撑，其中，信息传输、软件和信息技术服务业与金融业等行业在全国具有领先优势。同时，瞄准全球数字经济标杆城市建设目标，北京加快数字经济发展，2023 年全市数字经济实现增加值 18766.7 亿元，占地区生产总值的比重为 42.9%。但从战略性新兴产业发展成效看，2022 年全市该产业实现增加值规模为 10353.9 亿元，占GDP 的比重不到 1/4（24.9%），同比下滑 2.3%，其中，规模以上工业战略性新兴产业总产值为 7612.7 亿元，同比下滑 20.7%，优势服务业与制造业的融合、数字经济与实体经济的融合仍然不足，赋能带动作用尚未充分发挥。因而，北京仍要以现代化产业体系建设为抓手，着力破解现代服务业与先进制造业、数字经济与实体经济融合的难点痛点堵点，加快推动旧质生产力向战略性新兴产业等先进质态产业的深层次转型，带动资源要素在产业间、产业内的优化配置，进而实现全要素生产率的提升。

三是强化生产力变革的关键要素支撑作用。生产力的变革本质上是劳动者、劳动资料和劳动对象等生产系统构成元素的创新性组合，也是土地、劳动力、资本、技术、数据等生产要素的突破性优化配置。人工智能产业的发展促进了生产力系统的革命性变革，算力作为新型劳动主体，通过算法新型劳动工具，加工处理数据新型生产要素，形成了更先进、更高效、更质优的生产力体系，驱动各领域各行业智能化变革。其中，数据既是人工智能赋能千行百业的关键（将通用大模型结合各领域专业知识与数据，才能优调出精准度更高的垂直大模型），也是五大生产要素中的新型生产要素，具有表达其他生产要素的特性，能够通过数据要素的流通带动其他生产要素的流动与组合优化，是促进生产力变革的关键要素。我国高度重视数据要素市场化配置改革，北京作为全国人工智能发展高地，在算力、算法、数据等方面依然面临挑战，在数据要素的开放流通交易方面仍有掣肘，需以创建数据基础制度先行区、具有全球影响力的人工智能创新策源地建设为抓手，充分发挥人工智能赋能千行百业的引擎作用，充分释放数据要素对要素配置的革命性重塑力量，为生产力的革新提供有力支撑。

四是强化市场体系供需两端互促的循环支撑作用。供给创造需求、需求牵引供给、供给与需求两端协同发力是发展新质生产力的内在要求。生产力变革产生的高品质供给需要通过需求才能转化为实实在在的利润，进而激励生产再扩大、创新再投入，最终实现供需互促、产销并进的良性经济循环。

进入中国式现代化发展新阶段，居民需求更加丰富多元，从"有没有"向"好不好""优不优""潮不潮"转变，对新兴消费、服务消费的需求尚未得到充分满足。在当前内需相对疲软的总体形势下，北京作为超大城市、国际国内商品和服务的消费集中地，针对需求痛点优化消费供给、打造消费新场景有利于创造更多商品、设备和服务需求，同时挖掘消费潜能能够更好消化产能、激发生产活力，并通过消费反馈生产环节，促进供给结构的进一步优化调整，实现新质生产力供需高质量平衡与循环畅通。

五是强化生产关系变革的体制支撑作用。本质而言，生产关系是生产过程中形成的社会关系，包括生产、分配、交换和消费等共同组成的生产关系体系。按照唯物史观的基本原理，生产力决定生产关系，生产关系要适应生产力发展，生产力的变革也将引发生产关系的变革。新质生产力的发展将更高效利用资源、具有更高全要素生产率，从而做大可供分配的收益蛋糕。分配关系事关广大人民切身利益，在变革导向上，"十二五"以来国家层面已着手推动"国富"追赶向"民富"发展转变，提出居民人均可支配收入增长与经济增长基本同步、劳动报酬提高与劳动生产率提升基本同步的规划目标。北京作为全国首善之区，要以创建国家共同富裕示范区为抓手，在新质生产力发展、经济增长过程中，注重居民人均可支配收入增长与劳动报酬的提高，通过分配机制的变革探索，为新质生产力发展成果分配改革贡献首都力量。

第二节　首都新质生产力发展的根本目标

中国式现代化是全体人民共同富裕的现代化。一方面，新质生产力的发展作为服务于中国式现代化发展目标的重要抓手，能够促进劳动生产率增长、做大做优"共同富裕"的蛋糕，同时先进的技术与生产力关系变革也有利于切好分好"共同富裕"的蛋糕，促进收入分配制度改革。另一方面，高水平的共同富裕让人民拥有更多可支配收入，激发更多对美好生活向往的物质与精神需要，从需求侧牵引生产要素的配置优化、产业的转型升级、生产力的根本变革，是发展新质生产力的持续动力。因而，二者在逻辑上互为促进互为支撑、一体两面相互衔接，新质生产力发展的最终目标是让全体人民更有获得感。北京作为全国首都，在《中华人民共和国国民经济和社会发展第十四个五年规划和 2035 年远景目标纲要》（下文简称"十四五"规划）中明确提出，要创建国家共同富裕示范区，到 2025 年，实现居民人均可支配收入增长与经济增长基本同步、劳动报酬提高与劳动生产率提升基本同步等"两个同步"，这是首都坚持共同富裕方向、提升民生福祉的重要体现，也是发展新质生产力的根本目标。

一 居民收入增长与经济增长同步分析

（一）近10年居民收入增长与经济增长基本保持同步，但受疫情影响出现短期波动

1. 自"十二五"提出"两个同步"目标以来，居民收入增长与经济增长基本保持同步

1979~2010 年，全市居民人均可支配收入增速与 GDP 增速经历两个明显不同的发展阶段。第一阶段（1979~1997 年）为剧烈波动起伏期，如图 2-1 所示，改革开放初期，经济发展基础薄弱、人民物质生活匮乏，GDP 增长、收入增长都呈现较大的波动，同步程度也变化较大，二者差额在 -13.2% ~ 12.9% 波动。第二阶段（1998~2010 年）为相对平缓期，GDP 保持了近 20 年稳定两位数的高速增长，对比而言收入虽然也基本保持了 8% 以上的增长水平，但波动较大，二者差额在 -5.8% ~ 3.5% 波动。

近 10 年居民收入增长与经济增长基本保持同步，"十二五"是重要分水岭。伴随经济增长由高速增长阶段转向中高速增长阶段，我国经济发展经历"三期叠加"，进入新常态，为了让经济发展的成果更好地惠及人民，规划政策导向从"国富"追赶向"民富"发展转变，国家"十二五"规划明确提出"两个同步"，而后在党的十八大、十九大报告中又进一步明确。"两个同步"目标提出后，经济的稳定增长、收入分配格局的持续优化推动北京居民人均可支配收入与 GDP 增长进入基本同步阶段，增速差不超过 0.4%（除 2011 年为 0.6%），与全国基本相当，明显好于上海与浙江（最

大增速差分别为 2.1%、1.1%）。

2. 新冠疫情对居民收入与经济增长同步短期冲击明显

新冠疫情对全市居民人均可支配收入与经济增长持续保持同步带来挑战，2021 年同步水平为近 10 年最差。2020 年，受新冠疫情影响，居民人均可支配收入、GDP 增速双双骤降至低点[①]，分别为 1.1%、0.8%，二者保持了低水平的同步。2021 年，得益于低基数和工业高位增长[②]的拉动，GDP 增速大幅反弹至 8.8%，高于全国平均水平，这主要受疫苗"偶然性因素"的影响[③]。在调涨最低工资标准、养老金和保险金标准等多项稳岗就业政策的保障下，全市居民人均可支配收入增长 6.8%，但由于局部疫苗"偶然性因素"对整体收入增长的影响甚微，居民收入与 GDP 增速差达到 1.7%，为近 10 年差值"谷底"，差于全国、上海和浙江（分别为 0、-1.4%、-0.3%）。2022 年，受疫情冲击，GDP 增速降至 0.7%，居民人均可支配收入增速也随之下降为 1.4%。2023 年，是新冠疫情防控转段后恢复发展的第一年，居民压抑的消费需求快速释放，生产与需求各领域持续改善，GDP 增速与人均可支配收入增速回升，实现居民收入与经济增长的同步发展。

总体来看，疫情冲击对全市居民人均可支配收入与 GDP 同步增长的冲击是短期性、暂时性的，2020~2023 年，北京的 GDP 增长呈现出"W"形特征，即 2020 年下滑幅度最大、2021 年恢复最好，2022 年下滑较大、2023 年恢复较好的变化规律，反映了首都经济社会发展的特殊性，在疫情期间执行更为严

---

① 回顾改革开放以来的 40 余年历程，1981 年 GDP 出现 -0.5% 的特殊增速，原因在于特殊历史背景下启动的经济改革：自"文革"后，经济开始缓慢恢复，GDP 增速逐年提升，到 1978 年改革开放初期，党的十一届三中全会对整个经济提出"调整、改革、整顿、提高"调整措施，我国经济开始进入调整阶段，之后 GDP 增速开始出现下滑，在 1981 年前后基本实现市场出清，完成了改革开放后的第一轮周期，经济增速也达到了历史最低点。1989 年居民人均可支配收入增速跌至历史最低 -3.8%，原因在于经济过热和通货膨胀，零售物价指数出现多年来未曾有过的 18.5% 上涨幅度，经济发展陷入困境，收入下滑。

② 2021 年，在低基数效应、疫苗生产等因素综合影响下，北京工业增加值增速保持高位，全年规模以上工业增加值同比增长 31.0%（可比价），高于上海 20.0 个百分点，高于全国 21.4 个百分点，出现十多年来少有的速度快、效益好的特征。

③ 科兴中维、国药北生研两家疫苗企业产值接近 2500 亿元，对工业增长的贡献率在 90% 以上。

格的管控措施，与全国及浙江相比，北京全市居民人均可支配收入、GDP 增长受疫情影响波动明显更大（见图 2-1 至图 2-4）；与上海相比，北京居民人均可支配收入、GDP 增长的波动幅度前期较大、后期较小。2020 年，北京 GDP 增速同比下滑 4.9 个百分点（高出全国 1.2 个百分点、比上海高 0.6 个百分点、比浙江高 1.7 个百分点），人均可支配收入增速同比下滑 5.5 个百分点（高出全国 1.8 个百分点、高出上海 2.2 个百分点、高出浙江 2.3 个百分点）；2021 年，北京 GDP 增速同比反弹 7.3 个百分点（高出全国 1.5 个百分点、高出上海 0.9 个百分点、高出浙江 2.4 个百分点），人均可支配收入增速反弹 6 个百分点（与全国平均水平相当，高出上海 1.5 个百分点、高出浙江 0.4 个百分点）。在疫情冲击下，2022 年，北京 GDP 增速同比下滑 8.1 个百分点（高出全国 2.7 个百分点、高出浙江 2.6 个百分点、比上海略低 0.3 个百分点），人均可支配收入增速同比下滑 5.4 个百分点（高出全国 0.2 个百分点、高出上海 0.7 个百分点、比浙江略低 0.3 个百分点）。2023 年，全市 GDP 增速同比反弹 4.5 个百分点（高出全国 2.3 个百分点、高出浙江 1.7 个百分点、比上海略低 0.6 个百分点），人均可支配收入增速反弹 3.8 个百分点（高出全国 0.6 个百分点、高出浙江 0.7 个百分点、比上海略低 0.8 个百分点）。

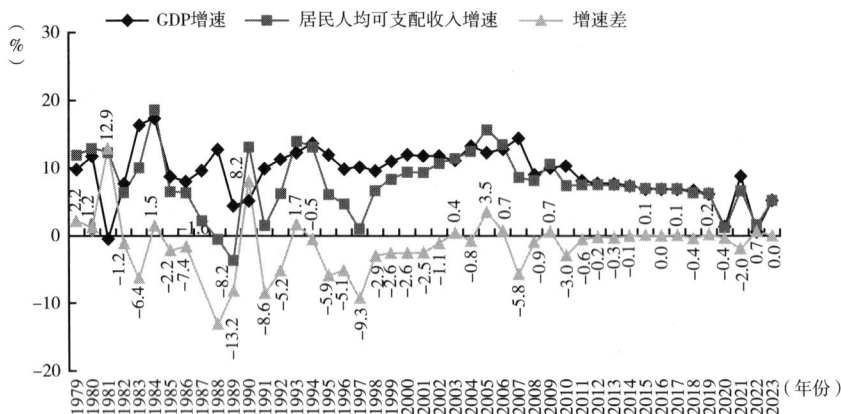

图 2-1　1979~2023 年北京 GDP 与居民人均可支配收入增长趋势

资料来源：2023 年相关数据为北京市 2023 年国民经济和社会发展统计公报数据，其余年份数据皆为历年统计年鉴数据。

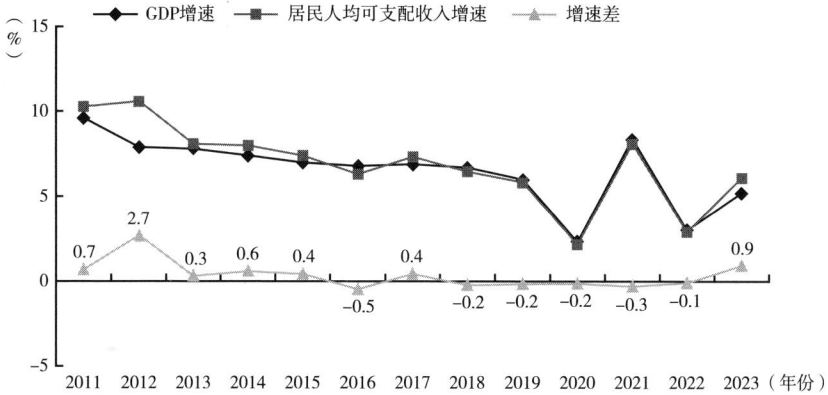

图 2-2　2011～2023 年全国 GDP 与居民人均可支配收入增长趋势

资料来源：2023 年数据为同年国民经济和社会发展统计公报数据，其余皆为历年统计年鉴数据。

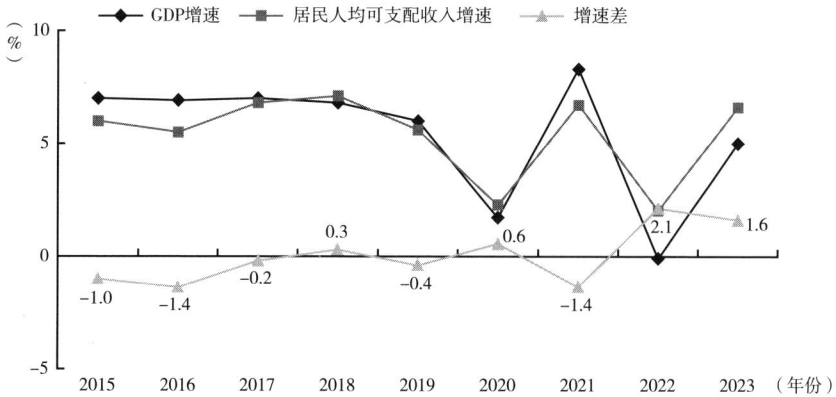

图 2-3　2015～2023 年上海 GDP 与居民人均可支配收入增长趋势

资料来源：GDP 增速为历年统计年鉴数据（2023 年数据为公报数据），收入增速为历年公报数据。

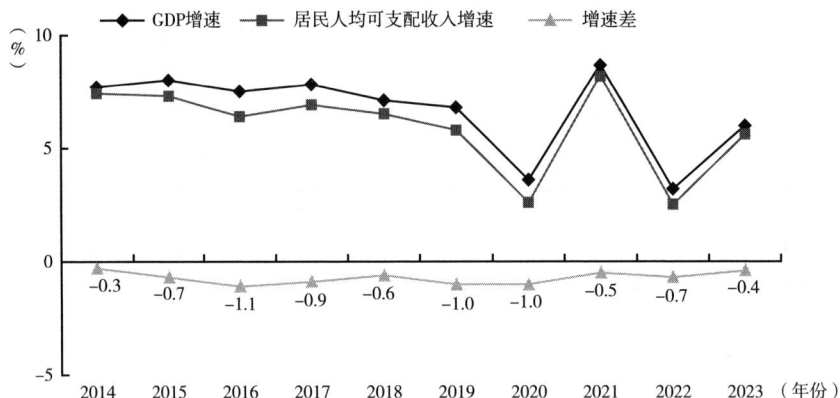

图 2-4　2014～2023 年浙江 GDP 与居民人均可支配收入增长趋势

资料来源：GDP 增速为历年统计年鉴数据（2023 年数据为公报数据）。收入增速为历年公报数据，2014 年前按城乡住户抽样调查结果公布城镇和乡村相关收入数据，未公布全市居民人均可支配收入数据。

同时也需要看到，疫情冲击下，与 GDP 增速相比，全市 2020 年居民人均可支配收入增速下滑幅度大了 0.6 个百分点，2021 年反弹幅度小了 1.3 个百分点，2022 年人均可支配收入增速下滑幅度收窄了 2.7 个百分点，2023 年反弹幅度收窄了 0.7 个百分点。体现经济形势转差时，收入下滑幅度相对更大；经济形势向好时，收入增速反弹幅度更小，表明虽然"国富"是"民富"的前提，但收入恢复增长难度要明显大于 GDP 增长，需要给予更多关注、创新思路、多措并举促进居民收入稳定增长。

（二）从世界城市发展规律看，未来北京经济增长与居民人均可支配收入增长保持同步仍然是大趋势，加大增收力度是关键

近 20 年世界城市经济增长与居民人均可支配收入增长较为同步，经济增长总体略快于收入增长。欧美等发达国家在二战后经历 20 年左右的经济高速增长后，于 20 世纪 90 年代进入稳定低速增长阶段，在国富的同时，也加快完善福利制度，居民人均可支配收入保持一定增速。总体来看，2000 年以来，纽约、伦敦、巴黎、东京等世界城市经济增速与居民人均可支配收

入增速较为同步（见图 2-5 至图 2-8），经济增速普遍快于居民人均可支配收入增速，但除少数年份外，差值不超过 4 个百分点。[①] 经济增速与收入增长形成相辅相成、互为带动的良性循环。只有加快经济增长，增加社会财富总量，才能保证收入的持续增长；同时，收入的增长可以带动消费水平的提升，是促进经济增长的重要因素。

　　未来全市实现经济增长与居民人均可支配收入同步是大趋势，居民人均可支配收入仍有较大增长空间，要注重加大增收力度。"十二五"以来，北京经济已从高速增长阶段进入个位数增长阶段，结合世界经济发展规律，从疫情冲击以来的实际情况看，经济增速与居民人均可支配收入保持一定程度的同步增长仍是大势所趋，同时也将面临经济增速总体上快于收入增速的挑战。当前，北京收入增长仍有较大提升空间，2023 年，北京居民人均可支配收入大致仅相当于 2020 年巴黎的 47%、2023 年纽约的 14%。要深入贯彻落实"实现居民收入增长和经济发展同步"，在收入分配方面发力，让发展成果更多惠及全体人民。

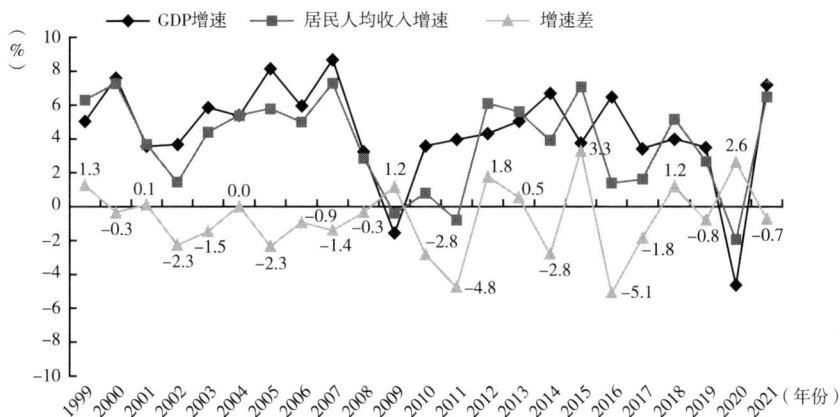

图 2-5　英国伦敦 GDP 与居民人均收入增速差情况

资料来源：英国国家统计署（ONS，Office for National Statistics）。

---

　　①　纽约在 3 个百分点以下，巴黎在 3.4 个百分点以下，东京在 3.6 个百分点以下。

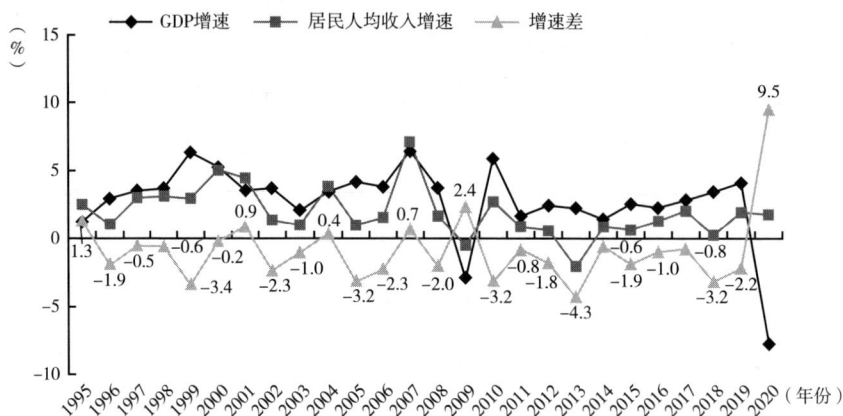

图 2-6 法国巴黎 GDP 与居民人均收入增速差情况

资料来源：法国国家统计与经济研究所（INSEE, The National Institute of Statistics and Economic Studies）。

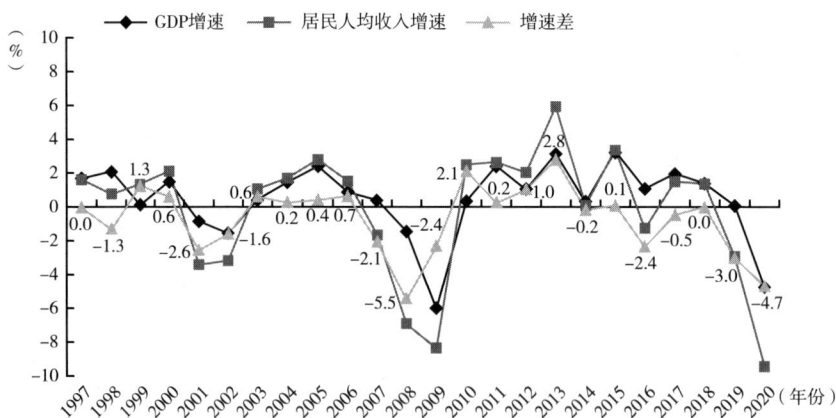

图 2-7 日本东京 GDP 与居民人均收入增速差情况

资料来源：日本内阁府的经济社会综合研究所（ESRI, Economic and Social Research Institute）。

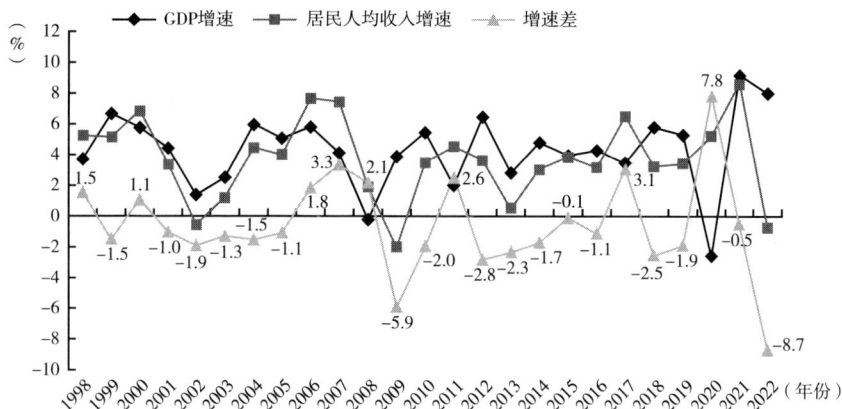

图 2-8　美国纽约 GDP 与居民人均收入增速差情况

资料来源：美国经济分析局（BEA，U. S. Bureau of Economic Analysis）。

（三）工资性收入与转移净收入占收入比重之和超过八成，是收入增长的"压舱石"，但四类收入来源均有较大提升空间

"十三五"以来，北京居民人均可支配收入稳定增长，由 2015 年的 48458 元提高到 2023 年的 81752 元，年均增速为 6.8%（名义增速），低于全国年平均增速 7.5%。从四类收入占比看，结构相对稳定，其中，工资性收入占比最高，2023 年超过 60%；转移净收入占比位列第二，2023 年超过 20%；财产净收入占比位列第三，2023 年超过 15%；经营净收入占比最低，2023 年仅为 1.3%。北京居民收入结构相对稳定，工资性收入、转移净收入占比位列前 2，合计占比超过 80%。

1. 工资性收入是全市居民收入最大来源，但增速慢于经济增速，加大力度促就业

工资性收入是经济增长成果的第一次分配，当前是全市居民收入的第一大来源，2023 年占全市居民人均可支配收入的比重超过 60%。从绝对量看，2022 年超过 4.7 万元，居全国第二位，略低于上海（48941 元，京沪差距为 1183 元）、远高于其他省市。从增速看，2015～2023 年均增长 6.9%，比同期 GDP 名义增速慢了 1.2 个百分点。新冠疫情期间，全市出台多项稳岗促就业政策，多措并举促进工资性收入增长，2023 年工资性收入拉动收入增

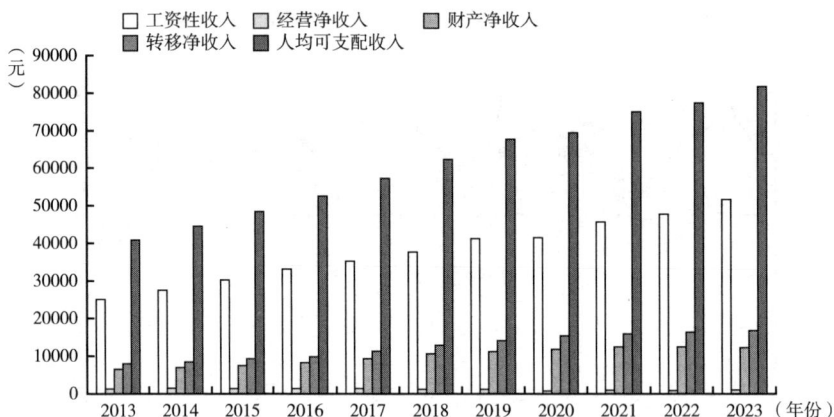

图 2-9　北京居民人均可支配收入结构情况

资料来源：2023 年相关数据为北京市 2023 年国民经济和社会发展统计公报数据，其余年份数据为相关年份统计年鉴数据。

长作用明显，贡献率达 89.3%。但与 2021 年、2022 年名义经济增速相比（分别为 13.4%、4.8%），同期工资性收入增速（分别为 10.2%、4.6%）分别慢了 3.2 个百分点、0.2 个百分点。

城乡口径工资收入增速明显低于行业工资收入增速。分析工资收入结构，从行业看，法人单位平均工资由 2015 的 9.76 万元上升到 2022 的 17.85 万元，年均增长 9.0%，比同期 8.6% 的 GDP 增速快了 0.4 个百分点；从城乡区域看，2015~2022 年①，城镇居民家庭人均工资性收入年均增长 6.7%、农村居民家庭人均工资性收入年均增长 7.0%，比同期 GDP 增速分别慢了 1.9 个百分点、1.6 个百分点，城乡统计口径工资性收入比同期法人单位工资收入增速慢了超过 2 个百分点，原因可能在于：一是城乡居民仅部分受雇于正式法人单位。受雇于个人或从事兼职、零星等非正式劳动所得工资、补贴等收入与福利水平增速低于受雇于法人单位，导致城乡口径增速明显偏低，推动城乡更多人群获取正式工作、提升灵活就业收入福利水平仍有较大

———————

① 自 2015 年，《北京统计年鉴》将可支配收入结构从工资性收入、财产性收入、转移性收入、经营净收入统一调整为工资性收入、财产净收入、转移净收入、经营净收入。为保持统计口径的一致性与数据的可比性，该部分选取 2015~2020 年作为分析周期。

潜力。二是统计监测样本选取代表性有待提高。全市住户收支与生活状况调查所涉及 5000 户城镇居民家庭、3000 户农村居民家庭，总体样本量偏少，若法人单位正式就业选取样本少，非正式就业占比偏高，则城乡居民工资性收入存在被低估的可能。

城镇居民工资性收入明显高于农村居民，农村居民收入仍有较大提升空间。2022 年，全市城镇居民人均工资性收入超过 5.1 万元，农村居民约为 2.5 万元，二者差距从 2015 的 1.7 万元增长到 2020 年的 2.6 万元，但 5 年间二者比值基本不超过 2.2。城乡居民工资性收入差距对城乡居民人均可支配收入差距的贡献接近 54%，这主要由城乡劳动力资源禀赋差异所致，农村居民受教育水平与职业技能较低、择业范围较窄，制约了农村居民工资性收入增长，加强就业培训、拓展就业空间有利于进一步促进农村居民增收。

2. 转移净收入是全市居民收入第二大来源，增速慢于经济增速，且与上海差距较大，仍有较大增长空间

转移净收入是全市居民收入的第二大来源，2023 年占居民人均可支配收入的比重超过 20%。从增速看，近年北京不断加大第二次分配力度，2015～2022 年，全市居民家庭人均转移净收入从 9297 元增长到 16336 元，年均增长 8.4%，比同期 GDP 增速慢了 0.2 个百分点。同期，城镇居民人均转移净收入从 1 万元增长到 1.8 万元，年均增长 8.2%；农村居民人均转移净收入从不到 2000 元增长到超过 4000 元，年均增长 12.7%，增速明显高于同期 GDP 增速。从绝对量看，2022 年超过 1.6 万元，居全国第二位。但与上海相比，北京职工最低工资和城乡最低生活保障标准低一成左右，一般性财政支出中社会保障和就业支出规模也更小，京沪转移净收入差距不断扩大，2013 年北京与上海基本相当，2022 年北京比上海低 2066 元，仍有较大增长空间。分城乡看，2022 年，农村居民人均转移净收入为 4420 元，城乡差距明显。

从贡献率看，工资性收入与转移净收入在拉动收入增长中具有互为托底、相互对冲的作用，是稳定居民增收的关键支撑。2015～2019 年，工资性

收入的增长贡献为45%～70%，转移净收入的增长贡献为12%～32%，贡献率变化不稳定，两种收入对增长的贡献率一般呈反向变化（如图2-10所示，一种收入对可支配收入增长的贡献率下降时，另一种收入贡献率则提升），二者贡献率之和稳定在77%以上。2020～2023年，工资性收入贡献率先大幅下滑再明显回升，转移净收入贡献率先大幅提升再急剧下滑，波动趋势相反、幅度较大，但二者贡献率之和超过83%。因而，当经济下行，工资性收入降低时，在社会保障、就业促进等方面的财政支出要加大力度，稳住居民增收的基本盘；当经济向好，工资性收入提升时，财政在社会保障等方面的转移支付压力就相对较小。

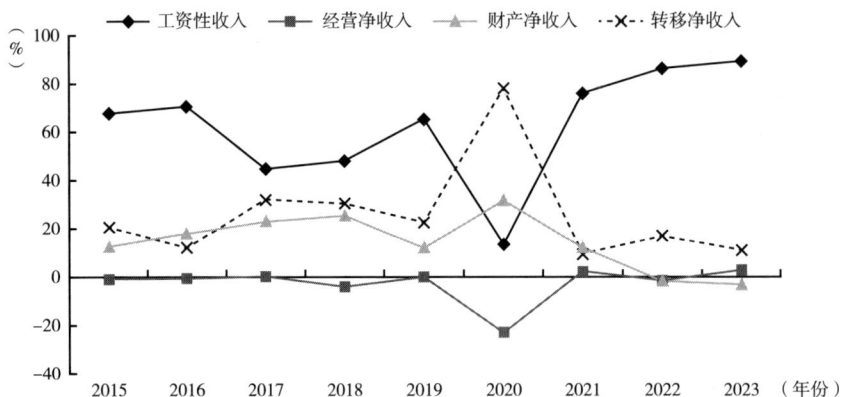

图2-10 2015～2023年北京四类收入对全市居民人均可支配收入的贡献情况

资料来源：2023年相关数据为北京市2023年国民经济和社会发展统计公报数据，其余年份数据为相关年份统计年鉴数据。

3. 财产净收入是全市居民第三大收入来源，增速慢于经济增速，高房价高房租是维持高财产净收入的主要原因，农村居民财产净收入提升亟待挖潜

财产净收入是全市居民收入的第三大来源，近年来占全市居民人均可支配收入的比重稳定在15%。从绝对量看，2022年超过1.2万元，稳居全国第一位。从增速看，全市人均财产净收入从2015年的7499元增长到2022年的12418元，年均增长7.5%，低于同期8.6%的GDP增速1.1个百分点。北京居民财产净收入提升主要来自出租房屋净收入、自有住房折算净收入增

长（2020 年，两项收入占浙江财产净收入的比重接近 83%，北京则更高），2021 年居民人均出租房屋净收入拉动财产净收入增长 3.2 个百分点。北京的高房价、高房租客观上造成了与其他省市之间在财产净收入上的差距，2020 年比上海高 1885 元、比浙江高 5653 元，但这与居民生活质量的真正提升不能完全画等号。

分城乡来看，2015～2022 年，北京城镇居民人均财产净收入年均增长7.2%，低于同期 GDP 增速；农村居民人均财产净收入年均增长 16.7%，高于同期 GDP 增速。2022 年农村居民人均财产性净收入为 3556 元，仅为城镇居民的 25.8%，占农村居民人均可支配收入的 10.2%、低于城镇居民的16.4%。农村巨大的集体资产和农民"沉睡"的财产暂未有效转化为农民的财产净收入①，抑制了农民收入的增长。

4. 经营净收入在全市居民收入中占比极小且增速为负，远低于沪、浙等其他省份，仍有较大提升空间

在全市居民人均可支配收入构成中，经营净收入是唯一连续多年出现负增长的收入类别，占比从 2015 年的 3% 下滑到 2023 年的 1%。从绝对量看，2022 年北京市居民人均经营净收入 903 元，仅为浙江的 9.1%、上海的59.2%。分城乡看，农村居民人均经营净收入相比城镇居民而言更有优势，二者比值从 2015 年的 1.5 逐年提升至 2022 年的 2.4，2019 年绝对差距达到近年最高值 1228 元。从增速看，全市居民人均经营净收入从 2015 年的 1421元下滑至 2022 年的 903 元，年均下降 6.3%。受疫情影响明显，相比 2019年，2022 年全市居民人均经营净收入下滑近 1/4，其中，城镇居民同比下降26.9%，农村居民同比下降 18.2%。若剔除疫情因素影响，2015～2019 年全市居民人均经营净收入年均下滑 4.1%，其中，城镇居民年均下降 6.2%，这可能是由于北京产业结构优化调整后，在城镇地区从事经营活动的门槛更高，经营净收入下滑；相反，农村地区人均经营净收入年均增长 3.6%，虽

---

① 2020 年底，全市已完成农村集体产权制度改革的 3927 个村集体经济组织中，只有 1433 个实现股份分红，占 36.5%，股份分红总金额 55.3 亿元，人均分红 4208 元。

低于同期经济增速，但仍具有较大的发展潜力，需充分挖掘经营三次产业的增收潜力。

二 劳动者报酬与劳动生产率提高同步分析

（一）北京劳动者报酬增速总体高于社会劳动生产率增速，同步情况良好

1979~2020 年，除少数年份外，北京劳动者报酬增长快于社会劳动生产率增长（见图 2-11）。自"十二五"规划提出"两个同步"目标后，2011~2020 年，全市劳动者报酬年均增长 10.3%，社会劳动生产率年均增长 7.5%，前者比后者高出 2.8 个百分点。从变动趋势看，"十二五"时期，二者增速差在 1.9%~8.2% 波动，"十三五"时期则在 0.5%~1.9% 波动，劳动者报酬增速与社会劳动生产率增速差值变小，同步情况向好[①]。

劳动报酬是居民可支配收入最主要的来源，近年北京劳动者报酬增长快于社会劳动生产率增长，主要得益于三个因素。一是产业结构转型升级。不同行业劳动者报酬占总收入的比重不同。"十二五"以来，北京服务业占 GDP 的比重从 2011 年的 78.5% 提高到 2022 年的 83.9%，有利于劳动者报酬占比提升。二是较为充分的市场竞争。若竞争不够充分，部分垄断企业获取较高利润，带来劳动者报酬在总收入中比重降低，劳动报酬增长就可能滞后于劳动生产率的增长。三是就业政策的促进作用。为中低收入者创造更多就业机会，特别是通过一些措施来增加政府支出从而创造更多的就业，有助于提高劳动者报酬增速。

（二）北京劳动生产率仍处于中高速稳步提升阶段，仍有较大提高空间

劳动者报酬的增长后劲从根本上取决于社会劳动生产率的持续增长。从劳动生产率增速看，如表 2-1 所示，"十二五"以来，北京劳动生产率整体进入个位数增长阶段。2011~2020 年，全社会劳动生产率年均增长 6.4%。放眼全球，进入 21 世纪以来，纽约、伦敦、欧盟等人均 GDP 达到 25 万~35 万美

---

① 2022 年、2023 年《北京统计年鉴》不再发布劳动者报酬数据，2020 年为最新数据。为更好地开展同步性分析，本研究中劳动报酬与社会劳动生产率统一采用 2020 年数据。

元时，劳动生产率进入中低速甚至是负增长阶段（见图 2-13）。2011～2018
年，相比纽约 3%、伦敦 -0.3%、欧盟 1.2% 的年均增速，北京劳动生产率仍
处于中高速增长阶段。从绝对值看，2020 年，北京社会劳动生产率为 28.5 万
元/人，不到纽约的 1/3、伦敦的 43%、欧盟的 62%，提升仍有较大空间。

表 2-1　1978～2020 年北京社会劳动生产率增速变化情况

单位：%

年份	社会劳动生产率	第一产业	第二产业	第三产业
1978～1990 年	10.4	22.0	6.5	12.6
1991～1995 年	24.5	18.9	22.8	25.4
1996～2000 年	17.9	0.7	15.9	19.7
2001～2005 年	7.5	5.8	11.5	3.7
2006～2010 年	12.1	8.7	15.4	10.9
2011～2015 年	7.8	8.0	8.7	6.8
2016～2020 年	7.4	4.5	7.4	7.1

资料来源：历年《北京统计年鉴》数据。

（三）北京未来社会劳动生产率提升主要取决于第三产业劳动生产率

从国际经验看，全社会劳动生产率与第三产业劳动生产率高度趋同。
分产业来看，如图 2-11 至图 2-16 所示，伦敦第三产业劳动生产率超过
第二产业，伦敦两大产业劳动生产率高度趋同，表明第三产业发展水平
高、第二产业和第三产业融合程度较深，因而社会劳动生产率高度发达。
欧盟地区德国等制造业发达，第三产业劳动生产率低于第二产业，但由于
第三产业增加值占 GDP 比重大，社会劳动生产率依然与第三产业劳动生
产率趋同，然而第三产业发展水平还不够，社会劳动生产率仅为纽约的
53%、伦敦的 69%。

北京第三产业劳动生产率低于第二产业，服务业有待进一步优化升级。
早在 2014 年，全市第三产业占比就已超过 80%，但第三产业与第二产业劳
动生产率的差距反而越来越大（见图 2-12），2020 年，全市第三产业劳动

生产率为 28.8 万元/人，仅为第二产业的 86%，二者差值超过 4.5 万元/人。在第二产业通过高精尖产业发展快速提升劳动生产率的同时，第三产业的转型优化未能跟上，第二、第三产业的融合还不够，制约了社会劳动生产率的提升。与国际发达水平相比，2020 年，北京第三产业劳动生产率仅为纽约的 1/3、伦敦的 2/5、欧盟的 60%（2018 年），优化升级潜力大。

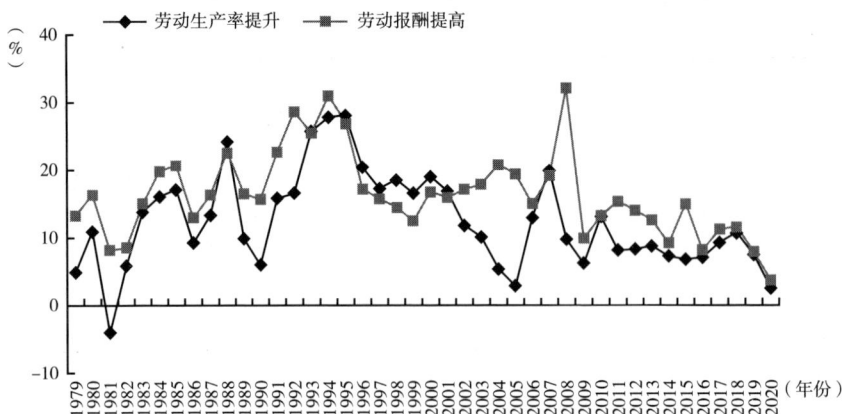

图 2-11　1979~2020 年北京劳动者报酬增长与社会劳动生产率增速同步情况

资料来源：历年《北京统计年鉴》数据。

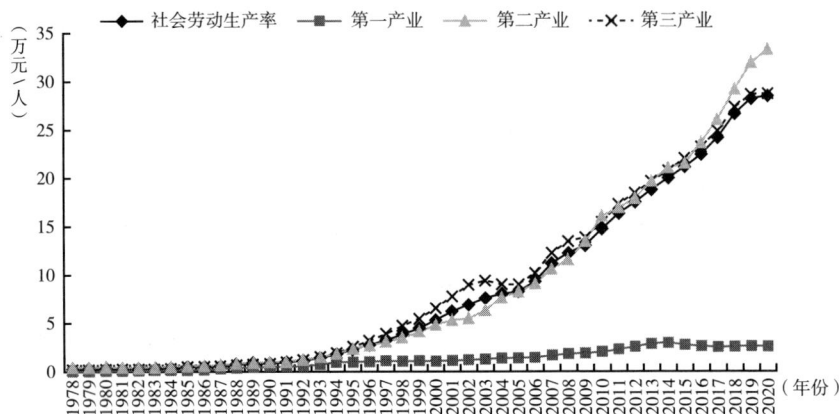

图 2-12　1978~2020 年北京劳动生产率变化情况

资料来源：历年《北京统计年鉴》数据。

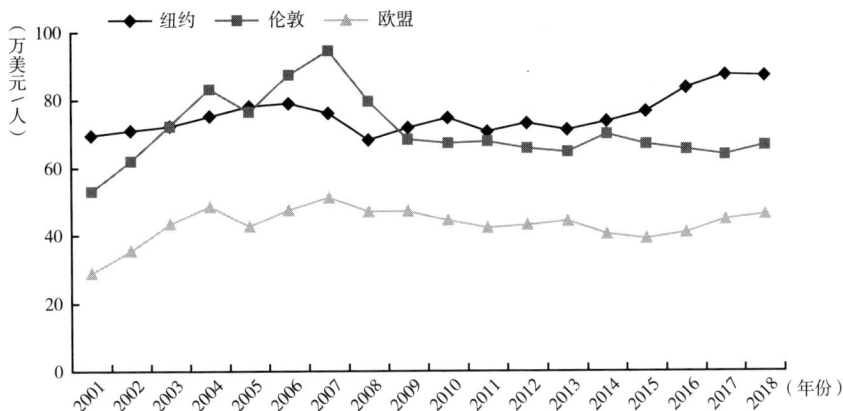

图 2-13　2001~2018 年纽约、伦敦、欧盟社会劳动生产率变化情况

资料来源：根据各城市、地区官方统计数据整理绘制。

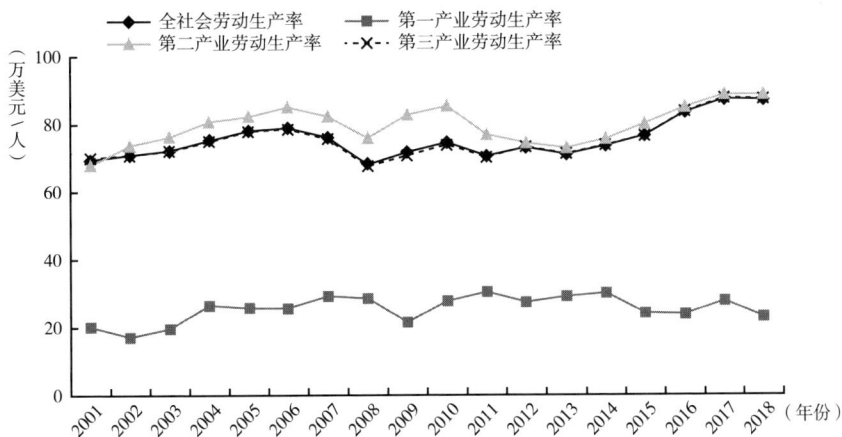

图 2-14　2001~2018 年纽约社会劳动生产率变化结构

资料来源：根据纽约相关官方统计数据整理绘制。

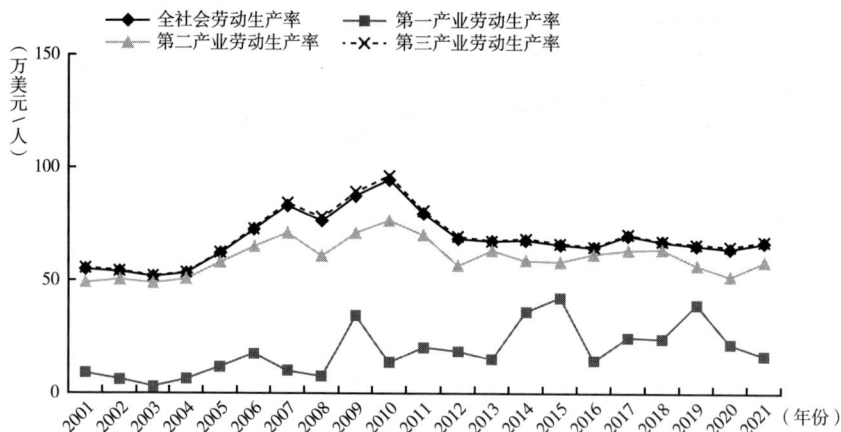

图 2-15　2001~2021 年伦敦社会劳动生产率变化结构

资料来源：根据伦敦相关官方统计数据整理绘制。

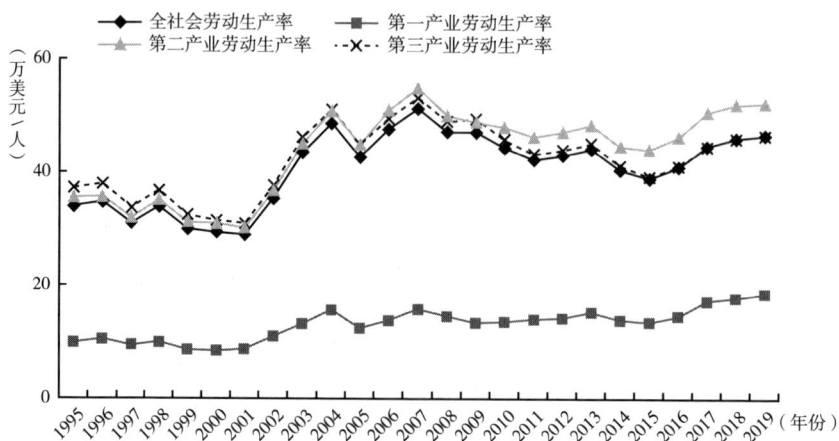

图 2-16　1995~2019 年欧盟社会劳动生产率变化结构

资料来源：根据欧盟相关官方统计数据整理绘制。

三　对策建议

从居民收入增长与经济增长同步情况看,当前北京居民人均可支配收入增长与经济增长基本保持同步,2020 年虽受疫情冲击出现波动,但从纽约、伦敦等世界城市发展规律看,未来实现经济增长与居民人均可支配收入一定程度同步仍是大势所趋,同时,针对经济增长总体略快于收入增长的现实情况,要多措并举加大增收力度,尤其是要从产业结构转型升级角度提升行业收入水平。从劳动者报酬与劳动生产率同步提高情况看,当前北京劳动者报酬增速总体高于社会劳动生产率增速,同步情况良好,但劳动者报酬增速相比社会劳动生产率增速的优势收窄趋势明显,要增强劳动者报酬增长后劲,促进社会劳动生产率持续增长是关键。国际比较发现,北京劳动生产率仍处于中高速稳步提升阶段,提高仍有较大空间,要顺应国际规律,着力提升以第三产业为主的劳动生产率。

(一)多措并举促进收入增长

面对收入增长慢于经济增长、受疫情冲击收入增长恢复难于经济增长的现实挑战,要有针对性地从工资性收入、转移净收入、财产净收入、经营净收入四个方面加大增收力度。

1. 加强就业促进工作,推动工资性收入加快增长

一是做好高校毕业生、退役军人、农村转移劳动力等重点群体就业工作,促进创业带动就业、多渠道灵活就业,千方百计促进就业实现增收。二是着力提升农村劳动力技能水平,促进农民增收。以市场需求为导向,通过订单、定向、定岗培训等形式以及远程教育、现场教学等方式,加强针对性技能培训,助力农民进城务工,提高工资性收入。引导农民树立正确就业观,切实减少农村"闲人现象"。三是加大市场化改革力度,创造更多就业机会。加快数据等资源要素市场化配置改革,推动国资国企数字化转型,通过结构优化、业态升级、保持经济平稳健康发展等创造更多就业岗位。

2. 加大财政投入力度，促进转移净收入持续增长

一是对标上海，提高最低生活保障水平，更好发挥经济形势趋弱时转移净收入的托底作用。按照 2023 年末享受城乡居民最低生活保障 6.9 万人、京沪保障水平人均相差 115 元计，补齐约需财政投入 793.5 万元。二是加大对灵活就业人群的公共服务力度。组织开展平台灵活就业人员职业伤害保障试点。放宽灵活就业人员参保条件，组织未参保的灵活就业人员，按规定参加城乡居民基本养老、城乡居民基本医疗保险，实现社会保险法定人群全覆盖。三是逐步提升农民社会保障水平。深入落实《关于全面推进乡村振兴加快农业农村现代化的实施方案》，到 2025 年基本实现将北京就业农村劳动力纳入城镇职工保险体系。四是建立健全大数据精准识别救助对象工作机制，提高帮助救助工作成效。

3. 拓展多元化渠道，加大财产净收入挖潜力度

一是丰富居民财产性收入来源。鼓励有条件的企业用足用好股权、期权等各类中长期激励工具。完善资本市场和投资者保护制度，创新更多适应家庭财富管理需求的金融产品。引导居民盘活闲置资金、资产，多措并举增加居民财产净收入，逐步改变北京高房价高房租拉动财产净收入虚增的状况。二是加大力度促进农村"沉睡"资产的财产化。持续推动农村集体产权制度改革，促进分红收入增长。有序推进农村土地适度流转，试点在平原地区深化开展规模化生产经营。有序推进宅基地腾退后转为建设用地，纳入城乡统一规划管理。鼓励金融机构创新"支农兴村"金融服务，盘活农村存量资产。

4. 优化营商环境，促进经营净收入增加

一是深化落实《北京市营商环境创新试点工作实施方案》，为市场主体开展经营提供更好环境。持续深化商事制度改革，让更多市场主体"准入即准营"。二是发挥农村比较优势，实施农产品区域公共品牌提升工程，在设施农业、畜牧业、现代种业、林果花卉业等优势产业和主导产业中选定一批产业基础好的优质农业精品，打造农产品区域公共品牌，实现"三品一标"农产品全覆盖，持续稳定提高农村居民经营净收入。实施乡村旅游品质提升工程，以精品民宿为突破口，强化民宿与乡村资源及周边核心景区、重大功能性项目联动发展，围绕"民宿+"创新消费场景，丰富多元化供给。提升农业农村的组织化水平，引导合作社通过组建联合社的方式，进行跨产业、跨区域产品开发与品牌推广，凝聚发展合力。

（二）加大力度提升劳动生产率

面对北京劳动者报酬增速相较于社会劳动生产率增速优势收窄的现实挑战，在保障政府、企业、居民三方初次分配结构合理前提下，促进社会劳动生产率持续增长是增强劳动者报酬增长后劲的关键。针对北京社会劳动生产率远低于发达国家水平的发展现状，要加快产业转型升级，尤其是占比最高的服务业的优化发展。

1. 持续推进制造业数字化、智能化转型

制造业是服务业发展的基础和前提。一是加快推进"数智"改造工程。启动规模以上制造业企业智能化诊断评估，制定数字化空间通用技术要求等行业标准，培育一批数字化赋能、智能化运行的标杆企业。二是加快打造一批"数字经济总部"。鼓励制造业"链主"企业落地一批产业链"数字经济总部"，带动供应链上下游企业数智化转型与供需协同高效对接。三是服务国家产业链供应链"双链"安全管理需求，在京搭建重点行业工业互联网调度中枢。服务中央在京机构政务数据授权运营与央国企数字化转型，探索建立服务中央、辐射全国的工业互联网治理枢纽，提升北京工业发展能级，不断提升第二产业劳动生产率。

2. 加快推进服务业数字化、智能化转型升级

一是支持数字化、智能化楼宇改造，赋能远程办公、在线办公，畅通疫情防控等情境下商务服务等产业发展。二是持续发挥北京在金融方面的发展优势，加强发展供应链金融，加快提升服务业中占比最高的金融业的劳动生产率。三是加快数字文化发展。服务北京文化中心建设，深化落实《关于推进实施国家文化数字化战略的意见》，加快推动文化、旅游等产业数字化转型和生产率提升。四是发挥拥有全国规模最大、类型最多、层级最高的数据资源优势，聚焦政务数据、健康数据、文化数据、高教数据及出行领域，

推动数据流通交易共享，孵化壮大平台企业发展，促进服务业能级提升和劳动生产率提高。

3. 深化制造业服务业融合发展，带动服务业劳动生产率持续提升

依托工业互联网平台建设，发挥北京在信创产业和科技、信息、金融、商务等生产性服务业等方面的优势，以自主安全可靠软硬件输出、服务能力输出带动项目输出、技术输出，推动北京生产性服务业作为中间投入深度内嵌全国、全球制造业"数智"链条，带动服务业更大范围数字化转型与更广范围提供服务，促进劳动生产率向国际较高水平跃升。

（三）持续完善相关体制机制改革配套

1. 加快完善收入分配机制

要以资源要素市场化配置改革、国资国企改革为抓手，激活市场主体活力，做活民营经济。同时发挥好社会保障、收入分配等社会政策的调节作用，解决好包括初次分配和二次分配、三次分配在内的整个社会分配合理化问题，"做大蛋糕"的同时，通过深化分配制度改革、优化公共服务供给"分好蛋糕"，让改革发展成果更多更公平惠及全体人民，实现"两个同步"。

2. 着力加快农村地区相关制度改革

一是构建各类市场要素进入农村的制度保障，让资本、技术、人才流入农村、留在农村无后顾之忧。二是强化"有效市场、有为政府、政企联动"协同发展体制机制和制度体系，为农村地区就业增收、经营增收、资产盘活、社会保障提供有力支撑，不断缩小城乡差距，推动共同富裕。

3. 持续完善居民收入统计监测机制

推动城乡居民人均可支配收入统计抽样样本的调整和完善，以更精确地反映城乡居民实际收入水平。创新采用大数据、区块链、新支付等方法方式，不断提高收入统计的科学性、准确性，为监测新质生产力发展根本目标的实现进度提供数据支撑。

第三节　首都新质生产力发展的政策环境

从全球来看，美国及部分新兴市场经济体的韧性超出预期，中国加大财政支持力度，为此国际货币基金组织（IMF）2024年1月上调全年世界经济预期增速至3.1%，比2023年10月的预测值高0.2个百分点，其中，中国预测值保持不变，仍为4.7%。从国内看，诸多研究均认为当前实际经济增速与潜在经济增速存在缺口，需积极作为使增速保持在5%左右，为各领域改革与现代化目标实现提供有力支撑。政府工作报告提出2024年5%左右的经济增长目标，明确了积极进取、奋发有为的总体工作导向。针对内需相对疲软、房地产风险加大、企业信心和消费信心不足等关键痛点，2024年以来央地密集出台系列政策，为加快发展新质生产力、促进经济回升向好提供支撑。

一　国家层面相关政策导向

（一）强化宏观政策逆周期和跨周期调节

1. 货币政策

在1月社会融资规模增量（6.5万亿元）创历史同期最高水平的基础上，2月央行降低法定存款准备金率0.5个百分点，一次性释放长期流动性超过1万亿元，2月末社融规模同比增长9.9%。目前，银行业法定存款准备金率平均达7%，后续仍有降准空间。同时，将设立科技创新和技术改造再贷款项目，继续实施支持碳减排再贷款项目，为新质生产力发展提供更强的货币政策支撑。

2. 财政政策

在结转使用2023年第四季度5000亿元国债基础上，新增发行超长期特别国债1万亿元，以政府支出先行带动社会投资。全年将适度扩大财政支出规模，对大规模设备更新和消费品以旧换新予以支持，并在税费优惠、政府采购等方面对各类经营主体一视同仁，支持巩固外贸外资基本盘，增强国内国际两个市场两种资源联动效应。

（二）促进房地产市场平稳健康发展

房地产行业的产业链条长，与上下游的前后向联系紧密，对众多产业的创新改造、优化调整具有重要的带动作用。国务院常务会议明确要求，要持续抓好保交楼、保民生、保稳定工作，进一步推动城市房地产融资协调机制落地见效，加大高品质住房供给，加快完善"市场+保障"的住房供应体系。

1. 土地供应

2024年1~2月，全国国有建设用地供应总量6.7万公顷，同比增长4.8%，其中，房地产用地供应量为7666公顷，占比为11.4%；住宅用地交易量4845公顷，同比减少18.8%，其中，一线城市住宅用地增长39.5%、三线城市住宅用地降低36.4%，土拍分化加剧，房企投资更加聚焦一线城市、优质区域。

2. 住房

《关于金融支持住房租赁市场发展的意见》围绕大城市新市民、青年人等群体住房问题，支持各类主体新建、改建和运营长期租赁住房。

3. 房地产利息

2月，在1年期LPR维持3.45%不变的基础上，一次性下调5年期LPR25个基点（为3.95%），创2019年LPR形成机制改革以来最大降幅，带动全国多地银行房贷利率下调，提振房地产市场信心和住房消费信心。

（三）加快推动产业创新转型

产业创新是新质生产力发展的重要支撑。

1. 未来产业

《关于推动未来产业创新发展的实施意见》明确提出，前瞻部署未来制造、未来信息、未来材料、未来能源、未来空间、未来健康等6个新赛道，并提出实施"科技产业金融一体化"专项、引导地方设立未来产业专项资金等系列保障措施。

2. 制造业

工业和信息化部、国家发改委联合印发《制造业中试创新发展实施意见》，提出到 2025 年，重点产业链中试能力基本全覆盖，并通过将中试纳入"科技产业金融一体化"专项强化资金保障。

3. 航空产业

工业和信息化部等四部门联合印发《通用航空装备创新应用实施方案（2024—2030 年）》，提出到 2030 年形成万亿级通用航空市场规模，并通过首台（套）重大技术装备保险补偿、政府采购等措施加大政策支持力度。

4. 国企创新

国务院国有资产监督管理委员会按照"四新"（新赛道、新技术、新平台、新机制）标准，遴选确定了首批启航企业（多为近 3 年成立的初创企业），重点布局人工智能、量子信息、生物医药等战略性新兴产业和未来产业，通过管理上充分授权、要素上充分集聚、激励上充分保障，打造国企创新"独角兽"和科技领军企业。

5. 绿色发展

国家发改委印发《绿色低碳转型产业指导目录（2024 年版）》，鼓励金融机构为符合目录要求项目或活动提供金融支持，并为各地方、各部门建立健全相关产业支持政策提供依据。

6. 标准制定

《贯彻实施〈国家标准化发展纲要〉行动计划（2024—2025 年）》提出，在集成电路、半导体材料、生物技术、人工智能、智能网联汽车、北斗规模应用等关键领域加快制定一批重要技术标准，并建立国家标准立项预评审绿色通道，推动形成标准研究成果的比例达到 50% 以上，助力产业创新突破。

（四）促进消费稳定增长

消费是新质生产力发展的重要牵引，将从增收入、优供给等方面综合施策，挖掘消费潜能，从消费终端带动新质生产力发展。

1. 扩大内需

国务院印发《推动大规模设备更新和消费品以旧换新行动方案》，提出有序推进重点行业设备、建筑和市政基础设施领域设备、交通运输设备和老旧农业机械、教育医疗设备等的更新改造，并开展汽车、家电、家装厨卫等消费品以旧换新。

2. 消费金融

国家金融监管总局发布《消费金融公司管理办法》，对注册资本、持股比例、经营范围、风控管理等提出新要求，以规范发展、保障消费者权益。

3. 优化支付服务

国务院发布《关于进一步优化支付服务 提升支付便利性的意见》，明确要求推动一线城市、国际消费中心城市等发挥优化支付服务的示范带头作用，更好满足老年人、外籍来华人员等群体多样化的支付服务需求。

4. 汽车贷款

中国人民银行、国家金融监管总局联合印发《关于调整汽车贷款有关政策的通知》，鼓励金融机构结合汽车以旧换新等细分场景加强创新，适当减免提前结清贷款产生的违约金，更好地满足合理汽车消费需求。

5. 体育赛事

体育总局等部门联合发布《关于开展"体育赛事进景区、进街区、进商圈"活动的通知》，要求将体育赛事活动举办地从体育场馆扩展至具备条件的景区、度假区、体育公园、商业中心、步行街等区域，将赛事活动带来的"流量"转换为经济的"增量"。

（五）支持中小微企业发展

中小微企业是发展新质生产力的重要微观主体。

1. 创新

国家知识产权局等五部门联合印发《专利产业化促进中小企业成长计划实施方案》，提出建立专利产业化样板企业培育库，按需匹配专利预审及概念验证等专利服务、银行内部评估快贷等投融资精准服务、进入区域性股权市场规范培育等资本市场服务，并利用中央财政资金支持渠道，加强投入保障。

2. 融资

国务院办公厅印发《统筹融资信用服务平台建设 提升中小微企业融资

便利水平实施方案》，要求深化信用大数据应用，深入推进"信易贷"，为中小微企业提供高质量金融服务；国家金融监督管理总局发布《关于做好2024年普惠信贷工作的通知》，要求加大首贷、续贷投放，并突出支持小微企业科技创新、专精特新和绿色低碳发展，强化对重点产业链供应链上下游、外贸、消费等领域小微企业信贷供给保障。

（六）适应新质生产力的新型生产关系加快构建

党的二十届三中全会胜利召开，从推进中国式现代化的全局高度，对建设全国统一大市场、营造公平竞争市场环境等方面作出进一步深化改革的系统性部署，《公平竞争审查条例》正式施行，传统招商引资模式正面临重大变革，对加快建设高效规范、公平竞争、充分开放的市场环境提出新要求。创新政府性基金投资等更规范的市场化工具成为各地集聚优质资源、优化营商环境的重要方式，全国近 700 个城市[①]中，已有 516 个设立基金或政府类LP（有限合伙人）。

二　北京市级层面政策导向

（一）持续推动首都高质量发展

《进一步推动首都高质量发展取得新突破的行动方案 2024 年工作要点》提出 5 方面 50 条任务，京津冀协同方面要推动 6 条产业链图谱落地，建立"龙头企业＋产业基金＋项目"的产业发展模式；创新驱动方面要"一园一方案"推进中关村分园管理体制机制改革，深化园区考核评价；产业发展方面要推动更多垂类模型在政务、医疗、工业、教育、文化、生活服务等领域落地，打造机器人、商业航天等未来产业集聚区，在强化民生保障的基础上财政支出倾向科技创新和产业创新，更加注重擦亮首都绿色底色，将出台加快建设国际绿色经济标杆城市实施方案；创造新需求方面要出台推动旅游业高质量发展实施办法等政策，积极争取超长期特别国

[①]　相关数据来自 ChinaVenture 投中集团旗下专业金融数据库 CVSource。700 个城市包括直辖市、地级市和县级市。

债，加快落地"三大工程"、城市更新等重大项目，集中实施一批科技含量高、示范带动强的科技创新产业项目，研究制定北京市推动设备更新和消费品以旧换新行动方案；改革开放方面要实施好人才、科技创新、产业生态等"北京服务"八大行动，建立线下线上深度融合的企业"服务包"平台。

（二）强化投资支撑

1. 产业基金

着眼全球科技与产业竞争，成立信息产业、机器人、先进制造和智能装备、绿色能源和低碳、人工智能、医药健康、商业航天和低空经济、新材料等 8 支政府投资基金，总初始规模 1000 亿元，重点支持 8 个领域的战略性、前沿性、关键性股权融资项目，常态化支持企业创新发展、成果转化。截至2024 年上半年，已完成对机器人、人工智能、信息产业、医药健康等 4 支产业基金的第一批资金投入。

2. 政策资金

市经济和信息化局联合市财政局发布《2024 年北京市高精尖产业发展资金实施指南》《2024 年度北京市支持中小企业发展资金实施指南》，其中，高精尖产业资金重点支持科技创新、特色产业集群、数字经济、智能化绿色化改造、工业空间腾退等方面，中小企业资金重点支持绩效评价奖励、服务券补贴、特色产业集群奖励、"首次贷款"补贴、"专精特新"发展等方面。

（三）加快产业高质量发展

1. 制造业

市经济信息化局印发《北京市绿色制造单位培育管理暂行办法》，提出建立工厂绿色分级评价机制、绿色制造名单培育机制，并落实国家相关"企业绿码"配套支持政策；印发《北京市制造业数字化转型实施方案（2024—2026 年）》，提出到 2026 年实现规模以上制造业企业全面数字化达标。

2. 航天产业

《北京市加快商业航天创新发展行动方案（2024—2028 年）》首次提

出"建设具有全球影响力的商业航天创新发展高地"目标，立足做优做强"南箭北星"，辐射带动其他区域。

3. 人工智能产业

加快制定人工智能产业高地、国家人工智能训练场、算力基础设施建设等相关政策，对标人工智能大模型国际先进水平推动更多垂类模型落地。

4. 空间载体

市经济和信息化局发布《北京市老旧厂房更新导则》，老旧厂房可以经依法批准后合理利用内部空间进行加层改造，更新后引进项目要聚焦新一代信息技术、医药健康、智能装备等高精尖产业领域，实现高端化、特色化发展。

5. 对外开放

市商务局发布"全球服务伙伴计划"，面向科技服务、文旅服务、信息服务、金融服务、教育服务、健康医疗服务、专业服务、航空服务、商贸服务等九大服务业重点领域集聚全球服务企业与机构，鼓励自贸试验区率先为科技服务、商务服务、高端产业服务伙伴提供有针对性的配套服务保障。

（四）大力促进消费发展

1. 住房消费

市住房城乡建设委调整通州区商品住房购房资格政策，释放副中心职住平衡住房消费需求；市住房公积金管理中心发布《关于住房公积金支持北京市建筑绿色发展的实施办法（征求意见稿）》，对使用住房公积金贷款购买二星级以上绿色建筑、装配式建筑或者超低能耗建筑的缴存职工上浮贷款额度，释放房地产市场政策进一步宽松信号。

2. 汽车消费

市商务局发布《关于实施二手车经销支持政策的通知》，对符合条件的二手车经销企业给予资金支持，畅通汽车置换消费链条。

3. 接触性服务业

市商务局等九部门印发《推动北京餐饮业高质量发展加快打造国际美食之都行动方案》《关于推动北京餐饮业高质量发展支持政策的通知》，开展美食聚集地打造行动，鼓励支持创建特色餐饮聚集街区、"餐饮+文旅体"融合发展、餐厅改造提质升级，以提升北京餐饮竞争力、影响力、品质化、国际化水平。

4. 网络消费

市商务局发布《关于培育促进网络消费发展的通知》，对商品或餐饮第三方互联网平台企业、通过网络平台开展自营销售企业、电商服务企业给予奖励；《关于促进北京市直播电商高质量发展的若干措施（2024—2025）》提出到2025年北京纳统直播电商交易额达1.5万亿元，促进新型消费提质扩容。

5. 商业品牌

市商务局《关于发布2024年度鼓励发展商业品牌首店首发项目申报指南的通知》提出，支持品牌首店、旗舰店、创新概念店引进与新品发布活动。

6. 设施支撑

市商务局印发《北京市传统商业设施更新导则》，重点对传统商圈和传统商业设施更新改造进行引导，推动商文旅体融合发展，推动消费新业态、新模式、新场景普及应用。

7. 支付服务

市政府办公厅印发《北京市关于进一步优化支付服务提升支付便利性工作实施方案》，将39个涉及境外来华人员的重点商场、10个旅游景点、198家酒店纳入优化支付环境重点任务，满足多样化消费支付需求。

综上，从政策层面看，央地协同通过系统化政策工具箱促进新质生产力发展。在供给侧，明确产业发展导向，规划引导未来产业、航空产业、人工智能等新质态产业加快培育壮大，促进制造业等旧质态产业强化中试创新环节、加快绿色化数字化转型，防止涉及面广的房地产业风险扩大并加大高品质供给，从绿色低碳发展、标准化发展、对外开放与空间集聚等方面支持更多产业优化调整。在需求侧，引导生产性设备、生活性产品与服务加快更新以旧换新，释放消费力，助力企业实现从商品到货币的"惊险一跃"，畅通生产消费链条，从提供信贷、优化支付、创新场景、设施更新改造、空间扩展、权益保障等多维度激励消费、牵引生产，形成供需两端共同发力的政策闭环。同时，在货币政策、财政政策宏观调控上释放宽松信号、提振信心，并通过设立科技创新、技术改造、碳减排再贷款等多元化举措，引导产业与企业向新质生产力投资、扩大再生产；通过财政支出、政府采购、税费优惠等措施拉动盘活需求。此外，更加注重支持中小企业发展，通过专利产业化、融资支持等方式，助力企业降低成本、加强创新，优化营商环境。

下一步，建议从如下方面落实落细政策、加快首都新质生产力发展。一是用好资金政策。围绕科技创新转化、城市更新、绿色低碳转型等领域加紧谋划项目，积极争取超长期特别国债。聚焦能源资源消耗行业设备、住房和市政基础设施领域设备、交通运输设备、教育医疗设备等市级重点更新改造领域，组织推动大规模设备更新和消费品以旧换新。按照专利产业化促进中小企业成长计划实施方案要求，筛选培育一批高成长性、专利密集型的中小企业。对利用工业腾退空间与老旧厂房开展先进制造业项目、智能化数字化改造达标、重点领域升规稳规的工业企业，以及购买数字化服务的"专精特新"企业，主动匹配市级高精尖产业资金与中小企业支持资金。二是加强金融机构服务产品创新。用好区域综合性城市更新投融资新机制，支持金融机构通过延长宽限期和贷款期限提供匹配城市更新项目现金流特点的金融产品。发挥现代创新产业发展基金的引导作用，加强优质项目培育筛选，争取国家制造业转型升级基金、中小企业发展基金以及市级4只产业基金投入。加强房贷产品创新，畅通"先卖后买"信贷机制，缩短住宅项目去化周期。做好国家科技创新和技术改造再贷款、碳减排再贷款、大规模设备更新和消费品以旧换新信贷服务。三是加快推动现代化产业体系构建。顺应"智能化、绿色化、融合化"产业变革趋势，把战略性新兴产业与未来产业发展统筹研究谋划，在京津冀区域范围内按照产业图谱加快推动分工合作，促进高端产业、优质企业加快形成集聚。加快推动人工智能大模型产业集聚区建设，加强应用场景创新，促进更多垂类模型落地应用。支持企业参与各类标准研究制定，提升产业发展标准化水平。推动老旧厂房改造更新，为特色产业发展集聚提供更多优质空间。四是按照北京市国际消费中心城市建设总体部署，围绕拓展商业空间、提升业态品质、丰富消费场景等方面，纵深推进促消费工作。推动二手车、批零、餐饮、网络消费等消费奖励政策落地，深化开展汽车、家居、家电等耐用品以旧换新，促进汽车贷款等金融产品创新匹配，促进大宗消费、绿色消费。推动直播电商发展，探索打造示范案例与场景，加强培育招引直播电商优质企业，促进新型消费发展。引导传统商圈、传统商业设施加快更新改造，创新消费内容、场景、业态，通过文商旅体深度融合，延长消费链条与消费时间，丰富优质消费供给。积极落实优化支付服务的相关要求，重点推动重点商圈、景点提升多元支付服务便利度。五是加强企业服务。响应"全球服务伙伴计划"，研究强化自贸区金融服务、科技服务、商务服务等重点领域企业服务配套政策，市区联动加强全球优质企业招引。支持金融机构面向科技创新、专利转化、重点产业链供应链上下游等领域中小微企业加强信贷服务，解决融资痛点堵点。落实好人才、科技创新、产业生态等"北京服务"八大行动，以企业"服务包"政策为抓手持续优化对企服务。六是推动重点改革事项落地落实。坚决贯彻落实《中共中央关于进一步全面深化改革 推进中国式现代化的决定》，科学谋划进一步全面深化改革重大举措，坚决破除妨碍推进中国式现代化的思想观念和体制机制弊端，着力破解深层次体制机制障碍和结构性矛盾，为首都新质生产力培育壮大提供强大动力和制度保障。坚决贯彻落实中共中央政治局会议"要强化行业自律，防止'内卷式'恶性竞争"的精神，深入贯彻落实加快建设全国统一大市场意见的实施方案，加快构建与新质生产力发展相匹配的市场经济体制机制，借鉴"广州招商引资 20 条"（见专栏 2-1），以重构招商引资体系为改革抓手，统筹完善高精尖产业政策体系、优化创新生态和营商环境、改革投融资体制等重点领域和关键环节改革，为首都新质生产力发展注入强大动力。

专栏 2-1 广州市招商引资体系改革经验

广州市招商引资工作在全国处于前列。2023 年，全市实际利用外资约

483.2亿元，约占全省的30%、占全国的5%，居全国第5位。2024年1~5月，全市新设外商投资企业3235家，增长48.7%；实际利用外资130.55亿元人民币，其中，制造业实际利用外资增长53%。随着"税收优惠"式、"奖补"式招商引资的落幕，对于在后招商时代"招什么""怎么招""靠谁招"，广州有了"新打法"，于6月发布《关于新时期推动招商引资高质量发展的工作意见》（即"广州招商引资20条"），以整体性、全局性的招商思维，支撑打通全产业链路招商，抢占新一轮投资发展高地。其改革创新主要体现在以下几个方面。

一是组织架构上，构建"1+3+3"协同作战招商体系。对标国际招商成功典范爱尔兰投资发展局（IDA），挂牌成立市投资发展委员会（简称"投发委"）办公室，既包含引导和服务投资，也包含城市与企业双向奔赴、共同发展，打造广州全球招商引资新IP。建立由市委书记、市长领衔的市投资发展委员会"抓总"，推动解决项目落地过程中的重大问题；市投资发展委员会办公室、各区、国企招商平台三大招商主体，是招商"主力军"；行业主管部门、各类投资主体、招商中介机构3类协同主体"联动"，重构集成式体系化的招商格局。

二是发力方向上，瞄准细分赛道加强招引。投发委办公室对外设置重点产业分局、新兴产业分局、未来产业分局，将以"按产业分、按企业跑、按项目招"思路，多层次推动招商。每个产业均将明确产业基础、细分赛道、承接区及特色园区，逐个产业制定特色招商方案，并适时发布产业链细分赛道投资机遇。

三是模式创新上，推行"政策+基金+应用场景"新模式。按照"制定产业规划—打造产业园区—出台产业政策—配套产业基金—实施产业招商"的路径，打造重点产业全链条发展体系，并建立定期征集、统一发布的城市机遇和创新应用场景机制，以大市场吸引大企业、以大机会吸引大项目。

四是空间载体上，加快标志性产业园区（特色产业园区）建设。建立可供招商土地清单，新建一批"工业综合体"、专用型厂房、产业保障房，提升重大平台载体承载力。同时，高标准建立招商数智化系统，基于大语言模型技术、产业大数据、空间大数据，优化提升收集项目、研判项目、管理项目等多种功能，提供 AI 投资分析及辅助办公服务，整合优化招商网络平台。

五是服务保障上，优化全流程闭环服务。出台重点产业与产业功能区发展重点指引，优化招商项目"招引、决策、落地、投产、达产"全流程闭环服务，推进项目注册、供地、审批、通关、筹建等一盘棋综合服务保障。

第三章　首都新质生产力发展的
人工智能大模型产业支撑

　　大模型是大规模语言模型（Large Language Model）的简称，也称基础模型（Foundation Model）、预训练模型（Pre-trained Model），最早出现于2017年谷歌实验室项目"谷歌大脑"的一篇论文中，[①] 是"大数据+大算力+强算法"结合的产物，其根本特征是"涌现"出了早先算法模型不具备的优秀深度学习、复杂推理等能力，能够理解和自动生成自然语言文本，并通过上下文知识推理、模拟人类创造力，因而，成为生成式人工智能演进的核心和关键。人工智能大模型是新质生产力发展的重要驱动力，通过促进生产要素的创新性配置变革、大幅提升生产效率、激活数据要素乘数效应发挥等方式，培育发展新动能。随着国内大模型产品陆续通过备案向市场开放服务，人工智能大模型产业进入应用落地新阶段，将加快推动新质生产力打造。北京作为我国首都、国际科技创新中心，是国际竞争中占领人工智能大模型制高点的主力军，但当前在算力、算法、数据与应用等方面仍面临掣肘，需加快破解，带动首都新质生产力加快培育。

---

①　"大模型"最早是在2017年 Google Brain 的论文"Attention is All You Need"中提出的，是指深度学习在自然语言处理领域的最新技术，为深度学习打开了一个新世界的大门，其一经推出，便引起广泛关注。受其启发 OpenAI 在2018年6月发布了初代 GPT 大模型，紧接着在2018年10月谷歌发布了 BERT 大模型。时至今日，基于通用大模型进行调参已成为自然语言处理任务的首选范式。

第一节　人工智能大模型产业发展的全球趋势

2022年，美国OpenAI公司生成式对话工具ChatGPT的爆火，掀起全球大模型发展热潮，国内大模型也进入发展爆发期，呈现"百模大战""千模大战"白热化竞争态势。2023年8月，我国首个人工智能产业规范性政策《生成式人工智能服务管理暂行办法》正式施行，全国首批8家大模型产品通过审核备案，并陆续向市场开放服务，大模型产业竞争从"比拼模型参数"阶段进入"比拼应用落地"阶段，呈现新的发展特征与趋势。

一　大模型成为人工智能时代的操作系统，未来可能所有应用都将基于大模型开发

大模型的出现推动人工智能技术架构从原来的芯片、操作系统、工具和应用4层架构演变为芯片、框架、模型、工具和应用5层架构。

底层是芯片层。主流芯片从CPU变成GPU（图形处理器），如英伟达的A100芯片、百度的昆仑芯。

芯片层之上为框架层。当前全球主流的开源深度学习框架包括美国企业Meta的PyTorch、谷歌的TensorFlow及我国的百度飞桨等。

框架层之上为模型层。如ChatGPT和文心一言大模型就在模型层。大模型作为人工智能时代的操作系统[1]，向下决定了底层的芯片架构与开源框架，向上发育出相应的数字工具与服务应用，对数据算法算力等生产要素、芯片与软件等软硬件进行了优化组合与配置。

模型层之上为工具层。包括将大模型融合到应用所需的一系列工具能力，如开发工具链Langchain、做数据标注的模型工具链等。

最顶层为应用层。包括各种各样的人工智能原生应用，这也是数字经济

---

[1]　不同技术时代有不同的操作系统，需要不同的底层架构支撑及不同的服务应用。

与实体经济深度融合的关键一层。随着大模型的加快落地，未来可能所有应用都将基于大模型开发。

二　中美是全球大模型竞争的主要对手，美国起步早、基础厚，中国奋起直追、发展迅速

从全球已发布的大模型分布来看，中国和美国大模型发展大幅领先，二者大模型数量比重合计超过全球的80%。其中，美国大模型数量占50%，早在2020年就已推出15款大模型；中国大模型数量占30%，从2020年开始进入高速发展阶段，2023年前5个月推出19款大模型，超过同期美国的18款[①]，大模型数量进入全球第一梯队。

从竞争生态看，美国在芯片、框架与模型层等基础层占据先导位置，并通过对华实施芯片限制[②]等措施，抑制国产大模型的发展步伐。中国大模型能力大多为初步可用但不及GPT3.5、GPT4，这在一定程度制约了工具层和应用层的快速发展。

从产业进程看，中国C端（个人用户）大模型应用由于合规等影响尚未大规模放开，少部分合规模型将获得发展先机；B端（企业用户）应用需求释放将助推大模型加快落地，带来工具层和应用层的快速发展。

三　"通用大模型+垂直大模型"并行发展是全球科技巨头的典型竞争策略

通用大模型是"万事通"，主要基于广泛的公开文献、网络信息与语料库训练，但也存在明显缺陷：专业知识与行业数据积累不足，数据噪声较大，导致模型针对性与精准度不够，制约实际场景问题解决能力。

垂直大模型是由通用大模型与各领域专业知识、数据结合训练而成。一方面有利于优调、精调出政府通、行业通、企业通等实用性更高的大模型，

① 唐涛：《大模型开启AI新时代》，《中国安防》2023年第9期。
② 如国内企业只能购买英伟达顶级A100GPU的降低版本A800。

另一方面也具有保障独有数据资产安全①、控制训练成本等诸多优势。如OpenAI发布的GPT4由8个垂直模型构成；Meta发布的开源大模型中，一个方向是把大模型越做越大，另一个方向则是把大模型做小，应用在垂直领域；国内以腾讯、百度为代表的头部企业也"两条腿"走路，② 在释放大模型服务能力的同时，加快面向行业的垂直大模型应用落地。

四　云计算是大模型时代的刚需，仍是各大科技巨头的竞技赛场

训练大模型需要巨大的算力支撑。以GPT大模型为例，其算力基础设施至少需要上万片英伟达旗舰数据中心显卡GPUA100，每片英伟达顶级GPU的采购成本达8万元、GPU服务器成本超过40万元，所需的庞大资金投入使市场进入门槛较高。

高性能、高弹性和高稳定的算力需要借助专业的云服务。在大模型的训练和使用过程中，需要大量异构算力的支持，对网络速度与稳定性要求也很高，加上GPU服务器比一般服务器的稳定性更低一些，服务器的运维更需要专业化的云服务。

大模型时代的云计算仍是绝对的巨头赛场。正如同淘金热下挖到第一桶金的是卖铲子的商家——在当前大模型底层和应用层利润实现均有较高不确定性的总体形势下，云厂商以规模化与专业化优势提供更低的算力成本、更优的算力服务，分得大模型市场的"第一杯羹"。如美国亚马逊通过云服务

---

① 私有数据是企业最重要的资产。即便GPT系列大模型能够以中心化的能力帮助垂类领域训出大模型，对客户来说，凭此形成的竞争力也很危险——这将是一种"吸星大法"，如果自己的数据和经验最终也能为别人所调用，将使行业领先者的竞争壁垒下降。因而，考虑到商业竞争，同行业公司在部署大模型时，都要求数据本地化，并不会上传到公域去训练，故部署通用大模型并不能直接解决问题。在用自己数据语料库做大模型训练的过程中，也遇到非常多问答杜撰的现象，真正落到应用上，需要考虑的不是模型大小，而是解决问题的能力。

② 如腾讯于2023年4月发布面向大模型训练的新一代HCC高性能计算集群，整体性能提升了3倍；6月，举办行业大模型技术峰会，公布腾讯云在行业大模型方面的技术方案，在智能应用升级、产业客户场景的应用进展，以及如何降低企业构建大模型及AI应用门槛。百度则基于"文心大模型"推出"文心千帆"大模型服务平台，支持用户开发垂类大模型。

（AWS）提供计算底层支撑，与正在蓬勃发展的工具层人工智能合作伙伴共同分享收益。国内市场以字节跳动为代表，旗下火山引擎依托云端推出大模型训练云平台，统计显示，目前国内大模型领域的数十家企业，近七成基于该算力平台开发训练大模型（如清华智谱 AI、昆仑万维、毫末智行等科技企业），云端算力分配与调用服务能力成为字节跳动、百度、腾讯、阿里等巨头新一轮云服务市场竞争领域。

五 人工智能人才不可或缺，人才储备池成为大模型竞争的重要"基石"

大模型热潮下人才稀缺问题首当其冲。大模型赛道竞争白热化[①]引发新一轮"抢人大战"，重金揽才、相互挖角屡见不鲜，人工智能人才供需矛盾日益凸显。《麻省理工科技评论》指出，在人才、数据、资本和硬件为四大因素的人工智能生态系统中，人才的重要性最为突出。浙江大学中国科教战略研究院课题组 2022 年发布报告显示，在人工智能领域，美国无论是科研人才还是产业人才、基础人才、拔尖人才在数量上均占据领先优势，中国的优秀人才则密集分布在高校和科研机构，产业界人才缺口较大。

高端人才稀缺、应用人才稀缺是两大突出问题。从全球看，ChatGPT 团队是各方争相对标的"梦之队"，在 87 人核心团队中，平均年龄仅 32 岁，本、硕、博人数相对均衡，几乎各占 1/3。从国内人工智能人才供给来看，本科人才是主体，占比 62.7%；其次是硕士研究生，占比 22.1%。脉脉数据显示，国内人工智能行业算法方向招聘难度最大、热度最高，在最难招的前十名岗位中占据 7 席，其中，近九成算法工程师需要硕博学历，高学历人才缺口明显。此外，随着大模型软件成熟定型获得市场认可后，中后期应用人才需求显著上升，拥有丰富专业知识的产业人才更有助于大模型在各行各业迅速落地、打开局面，校企联合培养人才工作亟待加强。

---

① 百度、阿里、讯飞等多家老牌互联网公司高调投入大语言模型赛道，随后，光年之外、深言科技、百川智能等初创公司也相继宣布获得亿元级资金支持。

第二节　人工智能大模型产业的应用变革

一　大模型原生应用的变革趋势

大模型的突破是人工智能 1.0 时代进入 2.0 时代的重要标志。在人工智能新时代，以通用大模型为操作系统的人工智能应用即"原生应用"，与 1.0 时代的人工智能应用相比，显示新的变革趋势。

一是人机交互模式新变革降低应用门槛。大模型强大的理解和生成能力，使得通过"纯自然语言"调动原生应用的方式成为现实，相比过去"命令行"、GUI（图形用户界面）等方式，门槛明显降低。同时，生成式大模型操作系统重构了信息搜索、筛选、决策等环节，文本、图片、视频等多模态平台搜索之间的联通壁垒被打破，有利于用户加快智能化变革，从而优化生产流程、减少人力成本、实现更高效生产。

二是数智化转型成本降低、效率提升。以百度原生应用 App 为例，接入文心大模型后，数字人"形""神"皆备。在"形"方面，可用原来 1/3 的成本、1/10 的制作周期，渲染出媲美好莱坞级别的高清 3D 数字人，以"小时级"实现超写实数字服装制作和穿着。在"神"方面，接入大模型能力让数字人不仅积累更全面的行业知识，还能快速融会贯通，以支持金融销售、带货主播、导游等不同场景人设塑造，实现形神兼备、真实自然的互动效果，加速金融、电商、文旅及元宇宙等相关产业数智化转型。

三是 MaaS（模型即服务，Model-as-a-Service）模式有助于加速企业数智化转型。为加速推动大模型落地应用，主流大模型平台加快构建 MaaS 服务体系，提供模型层、工具层、应用层一体化生态（百度、腾讯、阿里等头部云服务更是有实力构建"芯片层—框架层—模型层—工具层—应用层"全流程、智能化闭环服务路径），基于用户自有数据与场景需要，以更低门槛、更低成本、更高效率助力打造实用性更高的垂直领域应用大模型和智能应用，有利于破解过去企业面临的"不会转""不敢转""不能转"数智化痼疾。

二　大模型应用落地部署的主要模式

随着大模型应用门槛降低与商业化推广加速，加快推进模型部署是必然趋势。按照模型部署模式的不同，可以分为中心化和非中心化两种。其中，中心化模式即调用通用大模型或第三方公有垂直模型的 API 接口去构建业务功能、实现场景应用；非中心化模式则是根据使用场景和功能，以专有数据、私有数据微调、精调优化，拥有一个甚至多个专属模型或私有化模型。① 不同规模企业、不同行业领域对于模型部署模式的倾向不同。

（一）行业巨头及大中型机构部署非中心化模型

非中心化模型部署市场潜力巨大。国内最大的创新者社区"极客公园"通过访谈硅谷与中国近 100 位大模型相关创业者、投资人、大厂决策层后发现，与美国类似，中国非中心化模型的市场占比将会更高。在特定行业领域，非中心化模型是必然选择。一是存在行业巨头、集中化程度高、市场竞争程度高的垂直领域。如在电商、社交、游戏等领域，行业巨头绝不会把业务功能与应用部署在第三方大模型上，在维护竞争力护城河的要求下，必须构建专属模型。② 其根本逻辑在于，数据是这些行业的关键、核心资产，由于通用模型不具备服务某一领域的能力，必须接入私有数据、专有数据后，才能训练出具有专业服务能力的行业模型，但一旦模型能力部署在第三方并由全行业共享后，意味着在一定程度上竞争壁垒的消弭，因而，必然形成各家行业巨头在数据墙内训练自用模型的市场分布格局。二是涉及高敏感、高

---

① 业界普遍认为，只需在百亿参数规模上进行特定领域的知识增强，便能够在特定功能上比通用模型更有效。

② 短视频巨头字节跳动自研"云雀大模型"是最典型的案例，作为首批获备案的 8 家大模型产品之一，目前在抖音、今日头条等旗下产品都有所应用，拥有超过 10 亿用户，每天处理超过 100 亿次调用请求。

价值数据的行业领域。如在政务等保密安全要求高的领域，往往需要部署专有模型。此外，在集成电路、医疗、金融、通信、汽车等领域，大中型机构既不愿意把高价值、高隐私数据提供给中心化大模型，也有能力承担更高成本的数智化转型，因而也会选择部署专有模型。

非中心化模型市场增长迅速，部分服务类企业发展前景较好。一是以科大讯飞、华为等为代表的国产大模型头部力量①，在国产自主创新平台上，提供国产软硬件一体化的专属大模型解决方案，主要目标市场是金融、国央企等重点行业用户。二是致力于提供专属大模型部署的新锐服务力量。在AI大模型领域崭露头角的公司主要从智能文本处理、自动化平台等模型部署工程关键环节入手，在专属大模型领域快速发展，服务对象主要为大中型企业。对于该类新锐企业而言，核心的诉求是尽快形成自主可控供应链，通过与高校、科研院所等科研力量以及上下游产业链信创力量等联合创新，在国产算力、推理芯片、文本处理、数据管理等领域加快技术突破，形成自主可控知识产权。

（二）依托一站式云平台推广中心化模型应用

以各大云厂商为代表的市场力量加快推广中心化大模型应用。赛迪顾问相关研究显示，2023年以来，中国云厂商相继发布大模型产品，并借助云平台推动模型的服务化（MaaS），形成云服务市场新的增长点，预计全年大模型云服务市场规模为261.5亿元，占国内云服务市场的比重将达到10.3%②。依

---

① 阿里、腾讯、百度等各大云厂商也是专属模型部署的重要力量。由于各大云厂商与部分行业巨头或大中型机构存在业务竞争关系，在部署专属模型时会更倾向于选择非竞争性服务方。科大讯飞与华为两家国产代表性公司强强联合，围绕"安全可控""场景驱动"，推出"星火一体机"大模型产品。在算力安全层面，星火一体机基于昇腾AI硬件、昇思AI开源框架，提供业界领先的大模型训练、推理能力，为大模型全流程创新提供坚实的自主创新算力底座。在内容安全方面，星火一体机基于讯飞星火认知大模型，针对污语料和幻觉问题，形成立体化的"内容安全机制"。星火一体机的训练和推理一体化部署，能用于问答系统、对话生成、知识图谱构建智能推荐等领域。在单卡算力上，这个平台对标英伟达A100，让企业可以在国产自主创新平台上更方便、更自主、更安全可控地私有化部署大模型。未来，科大讯飞与华为将联合攻关算力国产化核心难题，实现从单点算力到集群算力、从节点创新到系统创新。

② 详见赛迪顾问报告《IT 2023》，https：//business.sohu.com/a/713913359_ 121118710。

托云平台，中心化大模型的主要服务对象是营销、办公、文旅等集中度不高的行业领域，或金融、交通、制造、能源等中小微用户，通过降本增效吸引应用扩大。其根本逻辑在于，通用大模型是一项高耗能、高投入的"长期事业"，在高企的算力、场景、研发壁垒之下，并不是所有企业都适合自研大模型、部署专属模型。借助中心化大模型，有针对性地解决场景应用问题，是更经济的参与方式。

"模型商店"是云厂商大模型服务的主要形式，将进一步强化云厂商竞争优势。阿里、腾讯、华为、百度、字节等云厂商虽然侧重各有不同，但均通过搭载多个模型提供服务（既包括第三方模型，也包括自研模型），本质上相当于"模型商店"①。如抖音依托火山引擎，开发"火山方舟"Maas 一站式服务云平台，集结多家大模型对外输出服务，广大 B 端用户选择适合的模型调用。在此过程中，云厂商犹如使用"吸星大法"，成为用户数据与知识经验的集散分发者，模型、算力与数据的优势进一步巩固强化，并通过模型调用、模型开发等服务获得业务增长。

三　大模型原生应用落地关键场景

全国首批 8 个获批大模型产品中，北京市在营销、办公、视频、科研、医疗健康等垂直领域应用处于全国头部。首批通过国家生成式人工智能服务管理备案的 8 家大模型产品主要集中在京沪两市（见表 3-1），其中，上海有 3 个；北京有 5 个，开发企业集中分布于海淀区。从应用场景看，北京已拥有全国最大的自然语言、图像视频、知识图谱、医疗健康、音乐生成平台，在服务营销、办公提效、视频服务、科研问答、医疗健康、音乐服务等垂直领域场景应用优势突出。

---

① "模型商店"服务方式与全球云厂商大模型业务模式基本一致。作为全球云服务的领跑者，占有 48.9% 市场份额的亚马逊围绕 B 端，推出大模型服务 Amazon Bedrock，其中既包括自研的大模型，也与 AI21 Labs、Anthropic、Stability AI 等基础模型提供商广泛合作，助力企业的生成式 AI 应用，降低所有开发者的使用门槛。

表 3-1　国家首批备案大模型产品基本情况

大模型产品	大模型特点	推广应用情况	应用场景
百度"文心一言"	基于百度飞桨平台的自然语言生成大模型,可根据用户输入生成各种类型内容,如广告、故事等	是目前国内最大的自然语言生成平台,已向全社会开放,拥有超过1000万用户,日生成超过1000万篇文本	服务营销、办公提效、生产优化等
抖音"云雀"	基于字节跳动自研的深度学习框架 OneFlow 的自然语言理解和生成大模型,可以提供多种语音和文本服务	是目前国内最先进的多模态人工智能平台,已在抖音、今日头条等字节旗下产品中应用。拥有超过10亿用户,每天处理超过100亿次请求	视频、音乐、游戏等
商汤"日日新"	基于自研深度学习框架 MegEngine 的图像和视频生成大模型,可以提供多种视觉服务	是目前国内最领先的图像和视频生成平台,拥有超过500万用户,每天生成超过500万张图片和视频	客服、咨询、社交等
中国科学院"紫东太初"	基于中国科学院紫光集团旗下紫东太初自研的深度学习框架 ZDNet 的知识图谱和推理大模型,可提供多种知识服务	是目前国内最权威的知识图谱和推理平台,已在中国科学院各研究所和项目中应用。拥有超过100亿个实体和关系,每天回答超过100万个问题	知识问答、智能推荐等
百川智能"百川"	基于自研深度学习框架 BCNet 的医疗和健康大模型,可提供多种医疗和健康服务	是目前国内最专业的医疗和健康平台,已在多家医院和健康机构中有所应用。拥有超过1000万份医学影像和病历,每天服务超过100万个患者和用户	智慧医疗、智慧健康等
智谱 AI"GLM"	基于自研深度学习框架 GLMNet 的音乐和声音生成大模型,可提供多种音乐和声音服务	是目前国内最创新的音乐和声音生成平台,已向公众开放,拥有超过100万首原创音乐和歌曲,每天生成超过100万个声音	音乐创作、声音转换等
MiniMax"ABAB"	基于自研深度学习框架 ABNet 的动漫和游戏生成大模型,可提供多种动漫和游戏服务	是目前国内最有趣的动漫和游戏生成平台,已在多家动漫和游戏公司中应用。拥有超过100万个动漫人物和游戏场景,每天生成超过100万个动漫和游戏内容	动漫、游戏等
上海人工智能实验室"书生通用"	基于自研深度学习框架 ShuShengNet 的通用人工智能大模型,可提供多种通用人工智能服务,如语言理解、视觉识别、逻辑推理等	已在多个人工智能领域的评测中取得优异成绩。拥有超过1000个人工智能任务和数据集,每天处理超过1000万个人工智能请求	阅读理解、文本分类、情感分析等

资料来源:根据国家网信办发布的名单及相关公开资料整理。

　　北京是人工智能产业发展高地，应用层发展较快。《中国新一代人工智能科技产业发展报告 2023》显示，全国 2200 家人工智能企业中，北京有 618 家，占全国总人工智能企业数的 28%，高居全国第一。《AIGC 产业链北京市专精特新企业图谱》显示，北京有 57 家优质专精特新企业处于生成式人工智能产业链关键层级，处于应用层的企业有 22 家，占人工智能高精尖企业数的 39%，高于算力层的 25%、数据层的 19%、模型层的 18%，平均营业收入超 1 亿元。[①] 其中，海淀区有 7 家，应用场景主要分布于虚拟人、智能营销、智能医药、视音频、智能编程等领域；朝阳区有 5 家，应用场景主要分布于虚拟人、智能客服、智能金融、智能信息搜集整理等领域；丰台区有 3 家，应用场景主要分布于智能健康、智能科创与工业制造等领域；西城区、东城区、石景山区、通州区、经开区、房山区、顺义区各有 1 家，应用场景分别为智能医疗、智能机器人、智能安防、智能客服、虚拟人、智能金融、智能教育等领域。

表 3-2　AIGC 产业链北京市应用层专精特新企业情况

应用场景	企业名称	注册地	优势细分领域
虚拟人应用	海百川	朝阳区	搭建 AI 影视级视觉生成系统，是元宇宙虚拟人技术服务方、生态打造者
	中科深智	经开区	生成式 AI 虚拟人和 3D AIGC 领导者
	迈吉客	海淀区	在实现虚拟和现实的仿真融合与交互控制方面积累深厚
	红棉小冰	海淀区	虚拟形象孵化
营销应用	智齿博创	朝阳区	面向全球，提供智能客服一体化解决方案
	百炼智能	海淀区	国内 B2B 智能营销先行者，推出营销大模型"爱迪生"
	睿科伦	海淀区	会话智能和私域大模型解决方案提供商
医药应用	哲源科技	海淀区	以计算医学技术赋能药物研发平台
	胡桃医学	丰台区	智能生命健康监护
	左医科技	西城区	通过"AI+数据"，打造智能机器人全科医生

---

① 北京市经济和信息化局：《AIGC 产业链北京市专精特新企业图谱》，https：//jxj.beijing.gov.cn。

应用场景	企业名称	注册地	优势细分领域
金融应用	众信易保	朝阳区	智能保险科技服务商,致力于为保险中介机构、保险公司和代理人提供"职域营销+智能运营"的综合保障服务
	感易智能	房山区	研发金融信息认知大模型,依托 AI 技术为金融机构提供数智化服务
	心流慧估	朝阳区	依托心流智能股权价值服务系统,解决中小企业融资难问题
企业应用	中关村科金	通州区	提供智能云呼叫中心、全媒体智能客服、音视频智能云等一站式解决方案
	睿企信息	东城区	提供安防人工智能解决方案
对话应用	贪心科技	顺义区	专注 AI 教育
	光年无限	石景山区	主要从事机器人人工智能及机器人操作系统的研发及商业化应用
其他应用	八月瓜	丰台区	聚焦知识产权,研发推出"擎策"大模型,可分别对科技创新主体评价和科技创新成果评价等两种主要应用场景实现自动生成分析报告
	美摄网络	海淀区	智能视音频解决方案服务商
	中工互联	丰台区	聚焦工业制造的工业大模型解决方案提供商,主要服务电力、化工、食药、装备制造、能源等行业
	硅心科技	海淀区	开发了国内首款基于代码大模型的智能编程系统
	印象笔记	朝阳区	信息搜集整理智能服务商

资料来源:根据北京经信局《AIGC 产业链北京市专精特新企业图谱》发布名单及相关公开资料整理。

第三节　人工智能大模型产业的数据服务变革

一　数据的重要性及服务变革趋势

(一)人工智能的突破得益于高质量数据的发展

数据作为大模型时代的关键"燃料",直接决定着大模型的专业度与精准度。在人工智能大模型开发应用过程中,数据贯穿大模型预训练、监督微调、强化学习、迭代应用等整个流程，推动人工智能从"以模型为中心"向"以数据为中心"的方向转变，其重要性体现在多个方面。

一是从大模型竞争力看，参数规模与训练数据规模是判断的重要标准。2018 年以来，大模型训练使用的参数与训练数据规模持续增长。其中，2018 年的 GPT-1 参数规模为 1.17 亿，训练数据规模约为 5GB；2020 年的 GPT-3 参数规模为 1750 亿，相比 GPT-1 增长了近 1500 倍；训练数据规模达到了 45TB，较 GPT-1 增长超过 9000 倍，推动大模型的升级与能力提升。

二是从大模型的最新进展看，性能更强的大模型更依赖于高质量的训练数据。人工智能和机器学习国际权威学者吴恩达（Andrew Ng）提出"二八定律"：80%的数据加 20%的模型可构成更好的 AI，因而，在模型相对固定的前提下，通过提升数据的质量和数量能够提升整个模型的训练效果。如与 GPT-2 相比，GPT-3 对模型架构只进行了微改，但收集了更大规模的高质量数据进行训练。

三是从产业链成本构成看，数据层的价值含量高。《AIGC 产业链北京市专精特新企业图谱》显示，在北京 57 家人工智能大模型专精特新企业中，数据层（主要包括数据收集、数据标注等服务）企业有 11 家，占人工智能高精尖企业总数的 19%，高于模型层企业的 18%；产业链价值占比 23%，虽低于 AI 芯片、AI 服务器等硬件算力层价值（占比 65%），但高于模型层的 12%（主要包括人力、电脑设备等成本）。数据层企业平均研发强度超 20%（研发投入/营业收入），平均营收增长率约为 60%，具有创新性强、成长性强等发展特点。

（二）大模型数据服务的变革趋势

一是数据行业从劳动密集向知识密集、技术密集转变。随着大模型迭代升级，对数据的需求不再只是参数规模，而是更高维度的要求（多领域、多模态、高质量），过去依靠人力堆积将各维度数据转化为结构化数据的模式难以为继，需要一体化的数据处理平台、算法工具链等有利于降本增效的技术来响应。如在自动驾驶领域，数据不仅涉及各种交通路况的复杂长尾场景，仅在感知层面还涉及激光雷达、相机等多维数据的融合，需要自动化工具甚至多种算法来提高效率。

二是场景化数据将成为大模型落地应用的关键。全球来看，随着越来越多的开源通用大模型问世，大模型的训练门槛逐渐降低，更多工程化、系统化难题在后续迭代与应用部署上。垂类大模型作为应用落地的先行赛道，需要各领域行业知识、场景化数据投入训练，因此，场景化数据的采集、标注、清洗、分析等数据服务和能力成为垂类大模型解决方案的重要构成。在此趋势下，一方面，在行业场景中深耕、掌握核心行业资源和用户的企业能快速享受大模型应用红利；另一方面，专业 AI 数据服务企业也能依靠场景化数据产品与服务能力，成为垂类大模型应用部署的解决方案提供商，实现业务增长与利润获得。

二　高质量中文开源数据稀缺且易用性不足

从全球来看，人工智能大模型所用主流数据集[①]以英文为主，中文数据集紧缺、质量较差、缺乏多元化，成为国内人工智能大模型产业链上的薄弱环节。

（一）高质量中文数据集有限

全球看，大模型训练数据集主要来自美国等海外资源。当前，大模型训练数据多来源于公开数据。[②] 麦肯锡报告显示，在互联网开放社区中，中文网站数量在全球占比仅为 1.4%（英文网站占比达 54%），可用作训练的公开中文语料库（含文本、图片、视频等素材）往往数量有限、质量不均。[③]另据加利福尼亚大学和谷歌研究发现，机器学习和自然语言处理模型使用的

[①] 数据集是指一组相关的数据样本，通常用于机器学习、数据挖掘、统计分析等领域。数据集可以是数字、文本、图像、音频或视频等形式，用于训练和测试机器学习算法和模型。数据集的质量对机器学习算法、模型的性能和准确度有很大影响。一个好的数据集应包含足够的样本，具有代表性，样本之间相互独立，标签应正确且一致。

[②] 海外主要的开源语言和多模态数据集，主要的发布方包括高校、互联网巨头研究部门、非营利研究组织以及政府机构。海外积累丰富的开源高质量数据集得益于：相对较好的开源互联网生态；免费线上书籍、期刊的长期资源积累；学术界、互联网巨头研究部门、非营利研究组织及其背后的赞助基金形成了开放数据集、发表论文一被引用的开源氛围。

[③] 转引自《捕捉生成式 AI 新机遇：全球洞见 中国实践》，麦肯锡 2023 年中国金融业生成式人工智能发展论坛，2023 年 9 月。

数据集50%由12家TOP机构提供，其中10家为美国机构，仅1家机构来自中国（香港中文大学）。得益于较好的开源生态，国外高质量数据集丰富易获取，因此，国内大模型训练往往使用多个海外开源数据集。

专业及垂直内容平台有望成为国内优质中文数据集的重要来源。国内外综合来看，开源数据集发布方都涵盖高校、互联网巨头、非营利机构等组织。国内缺乏高质量数据集的主要原因在于：①缺乏巨大资金投入持续支持；②相关主体开源意识较弱；③平台企业等代表性头部力量数据积累相对国外更少；④学术领域中文数据集受重视程度低；⑤国产数据集市场影响力及普及度较低等（见专栏3-1）。未来专业及垂直内容平台有望成为优质中文数据集的重要来源：从专业内容平台看，知乎[①]等问答知识平台，问答数据形式天然适合大模型训练使用；微信公众号[②]等分享平台则内容多元丰富，对大模型训练迭代有重要作用。从行业垂直领域看，以彭博社基于金融垂类数据发布的BloombergGPT为例，国内在金融、医疗、生物等行业的垂类数据可以作为细分领域大模型精确训练的基础。

专栏3-1　国内缺乏高质量数据集的主要原因分析

一是高质量数据集需要巨额资金投入。在顶层设计、标准规范、质量把控、更新升级等各环节，都需经费、人力等综合因素的投入。一般而言，专注长期目标的基金或企业才有动力投入。

二是整体开源意识较弱。如互联网公司因竞争原因，不愿公开服务自身应用的数据集；工业界企业因保密原因不愿公开数据；传统金融领域公司重视合规保护；同时开源政策及社区不活跃，开源支持不到位，后期服务未跟上。

三是相关企业数据积累相比国外更少。国内互联网企业成立普遍晚于国

---

① 拥有超过4300万名创作者产生的超过3.5亿条优质中文问答内容，涉及政治、经济、文化、历史、科技等几乎全部门类。

② 背靠国民级应用微信生态链，2022年公众号产出超3.9亿篇文章，其中既有专业领域内容分析，也有时事热点分析。

外（亚马逊 1994 年、阿里巴巴 1999 年成立，谷歌 1998 年、百度 2000 年成立），早年以模仿国外业务为主，在数据上的沉淀和积累较少，特别是特有中文数据。

四是学术领域中文数据集受重视程度低。相比网络爬取数据，论文、期刊等学术领域数据集更规范、质量更高。但使用中文数据集的论文往往不好发表，而高质量、受认可的中文会议期刊数量不够多，使得学术界在发展中文数据集上的动力不足。

五是国产数据集的市场影响力和普及度较低。目前，国内大部分数据集产品仅限于企业内部使用，未经过市场检验，导致数据库创新能力不足、企业开发数据集的意愿较低。大模型训练普遍产学结合，学术界对中文数据集的忽视也会影响到业界。

资料来源：《AI 大模型需要什么样的数据》，华泰证券研究报告，2023 年 5 月 11 日。

（二）数据服务发展潜力较大

数据标注成为大模型数据领域增长新赛道。人工智能基础设施联盟（AI Infrastructure Alliance）2022 年度调查结果显示，收集、标注和清洗数据集是模型生产中最大的挑战。美国大视野研究有限公司（Grand View Research）的报告显示，2022 年全球数据收集和标注市场规模为 22.2 亿美元，预计 2023~2030 年的年均增长率接近 30%；全球数据标注解决方案和服务市场规模为 118.3 亿美元，预计 2023~2030 年的年均增长率超过 20%。数据标注企业主要分布在美国、中国、澳大利亚和非洲等国家和地区，但具有一定规模的企业数量相对较少，代表性企业为 Scale AI、Appen、CloudFactory 等。其中，头部企业 Scale AI 总部设在硅谷①，通过自动化与人

---

① 企业核心业务为数据标注，发家于自动驾驶行业，后切入政务、电商、机器人、大模型等场景。利用承接硅谷最高水平模型的客户和拥有最高数据标注吞吐量优势，Scale AI 进一步提供 Evaluation 和 api 服务，前者可以为训练模型的企业提供人工测试，后者则可以让企业自行接入模型，对模型进行特定业务能力的测试。

工协同的数据标注全球外包平台，实现效率与成本的平衡，用 5 年时间实现超 73 亿美元的估值，2022 年营收 2.9 亿美元，毛利率更是高达 70%，为全球数据标注企业树立了标杆；Appen 总部设在澳大利亚，同样通过全球众包体系，开展全球数据标注业务。

数据平台升级为 AI 平台。大模型发展推动了传统数据平台进化为人工智能服务解决方案提供平台。在海外，除了亚马逊、微软和谷歌三大云厂商外，美国企业 Databricks 和 Snowflake 是数据领域的领军企业。以 Databricks 为例，其早期因数据湖①业务布局，积累了一定 AI 能力。大模型爆火后，其通过一系列行动，包括收购数据治理平台 Okera、发布 Dolly 系列开源模型、13 亿美元收购开源大模型企业平台 MosaicML 等，迅速增强了大模型相关能力，具备了 AI 训练、模型管理等数据服务能力，用户能够轻松接入平台，使用自然语言即可开展数据分析，契合了企业部署私有化大模型的蓬勃需求（保护私有数据安全需要），在数据上下游产业链上占据重要位置，平台月在线训练模型的客户超过 1500 家，毛利率高达 60% ~ 70%，具有新质生产力高效益的特征。

第四节　全产业链支持人工智能大模型产业生态优化

为加速发展通用人工智能技术并最大限度转化为产业优势，北京正加快推进国家新一代人工智能创新发展试验区和国家人工智能创新应用先导区建设，并针对性启动"北京市通用人工智能产业创新伙伴计划"（以下简称"伙伴计划"），从算力、数据、模型、应用、投资等 5 个维度，汇聚产业链上下游合作伙伴（目前已公布 2 批伙伴名单），加大政策保障力度，推动北京建设成为具有国际影响力的通用人工智能产业发展高地。

---

① 数据湖是一种大数据架构，可以用来存储和处理大规模、多样化的数据，包括结构化、半结构化和非结构化数据。数据湖的目标是解决数据隔离和数据分散的问题，使数据更易被访问和分析。与传统的数据仓库不同，数据湖采用扁平化的数据模型，将所有数据都存储在原始格式中，并允许用户按需转换和处理数据。

一 启动算力伙伴计划，扩大算力供给

加强算力供给支持是实施伙伴计划的重点工作。为加快满足算力需求，通过算力伙伴名单发布，加快归集云厂商现有算力，为市场主体提供多元化、优质、普惠算力，保障全市大模型企业产品研发和技术创新。在政策支持方面，对形成场景应用模式或试点案例的北京市大模型团队训练、初创企业行业模型调优及行业应用推理算力，给予 10% 的财政补贴。同时，探索支持各区重点布局的产业园区、基地按照入驻即享原则，对大模型企业给予算力支持。

算力伙伴主要分布在海淀。目前，"伙伴计划"共计发布两批算力伙伴名单（见表 3-3），有 12 家，其中，第一批有 2 家，第二批有 10 家，提供不少于 4000P① 低成本优质算力，供北京市人工智能中小企业开展大模型训练和推理。从成员构成看，算力伙伴主要为头部与老牌互联网企业，其中，百度、阿里、京东属头部互联网企业，电信、移动属电信运营商，世纪互联、企商在线、神州数码等属老牌互联网企业（均成立于 2003~2006 年，至今已有近 20 年的发展历程），数据中心资源雄厚。从空间布局看，主要分布在人工智能产业发达或能耗指标相对丰富的区域，其中，海淀的算力伙伴有 4 家，占 1/3；东城、经开区各 2 家，均占 1/6；朝阳、门头沟、怀柔各 1 家；外省（区、市）1 家（阿里云计算有限公司）。

表 3-3　伙伴计划发布的算力伙伴名单

批次	序号	算力伙伴	注册地
第一批	1	阿里云计算有限公司	浙江省杭州市
	2	北京超级云计算中心	北京市怀柔科学城

---

① 算力每隔千位划为一个单位，最小单位 H = 1 次，1000H = 1K，1000K = 1G，1000G = 1T，1000T = 1P，1000P = 1E。

批次	序号	算力伙伴	注册地
第二批	1	北京百度网讯科技有限公司	北京市海淀区
	2	北京世纪互联宽带数据中心有限公司	北京市朝阳区
	3	中国电信股份有限公司北京分公司	北京市东城区
	4	中国移动通信集团北京有限公司	北京市东城区
	5	北京昇腾创新人工智能科技中心有限公司	北京市门头沟区
	6	京东科技信息技术有限公司	北京经济技术开发区
	7	北京红山信息科技研究院有限公司	北京经济技术开发区
	8	企商在线（北京）数据技术股份有限公司	北京市海淀区
	9	北京神州数码云科信息技术有限公司	北京市海淀区
	10	北京金山云网络技术有限公司	北京市海淀区

注：根据伙伴计划发布名单、爱企查相关公开资料整理。

二　启动数据伙伴计划，满足大模型训练所需的高质量数据需求

为解决数据的数量相对匮乏、质量难以保证、采集标注成本高及合规使用等问题，伙伴计划分两批发布数据伙伴名单（见表3-4），促进高质量数据集开放共享，其中，第一批有9家，第二批有10家。共计开放18个、近500T数据集[1]供大模型企业训练使用。从构成主体看，包括数据源、数据服务、数据交易等多个环节，有利于更好地活跃数据要素市场，促进数据供需对接。从机构性质看，事业单位、国有企业、社会团体等体制、类体制机构有8家，约占42%；从数据性质看，科研类数据供给有5家，约占26%，充分发挥了北京市科研院所、企事业单位数据资源优势。从空间布局看，数据伙伴集中分布在海淀，共有14家，约占数据伙伴总数的74%，反映了海淀人工智能语料包资源优势突出。

---

[1]　数据集涵盖经济、政治、文化、社会、生态等不同领域，包括人民日报语料数据集、国家法律法规语料数据集、两会参政议政建言数据集等。

表 3-4　伙伴计划发布的数据伙伴名单

批次	序号	数据伙伴	注册地	机构性质
第一批	1	北京市大数据中心	北京市通州区	事业单位
	2	北京市科学技术研究院	北京市海淀区	事业单位
	3	北京智源人工智能研究院	北京市海淀区	社会团体
	4	北京国际大数据交易所	北京市朝阳区	国有企业
	5	同方知网（北京）技术有限公司	北京市海淀区	外国法人独资
	6	智者四海（北京）技术有限公司	北京市海淀区	台港澳法人独资（知乎旗下）
	7	北京海天瑞声科技股份有限公司	北京市海淀区	上市企业（AI 数据商）
	8	数据堂（北京）科技股份有限公司	北京市海淀区	企业（大数据）
	9	北京万方医学信息科技有限公司	北京市海淀区	企业（万方 100% 持股）
第二批	1	中电数据服务有限公司	北京市海淀区	国有企业
	2	中国科学院文献情报中心	北京市海淀区	事业单位
	3	人民网科技（北京）有限公司	北京市门头沟区	国有企业
	4	北京晴数智慧科技有限公司	北京市海淀区	企业（AI 数据商）
	5	阿里健康科技（中国）有限公司	北京市朝阳区	台港澳法人独资
	6	北京市农林科学院	北京市海淀区	事业单位
	7	拓尔思信息技术股份有限公司	北京市海淀区	上市企业
	8	网智天元科技集团股份有限公司	拉萨市高新区	自然人投资企业
	9	北京中软国际信息技术有限公司	北京市海淀区	台港澳与境内合资企业（IT 软件服务商）
	10	光轮智能（北京）科技有限公司	北京市海淀区	自然人投资企业（合成数据提供商）

资料来源：根据伙伴计划发布名单、爱企查相关公开资料等整理。

三　启动模型伙伴计划，推动面向行业的垂直模型落地

模型伙伴是服务于政务、工业、医疗、交通、金融、教育、文旅等行业的解决方案服务商，通过行业典型场景牵引，在通用大模型的基础上开发行业模型，落地行业应用并提供日常服务，从而反哺通用大模型技术的迭代。目前，列入模型伙伴的均是参数规模过千亿的大模型，通过公开邀测或开

源，提供给公众调试的企业和单位。全市已发布 2 批共计 17 家模型伙伴，其中，第一批有 7 家，第二批有 10 家。从空间布局看，海淀有 13 家，占模型伙伴总数的 76.5%，在全市优势突出。

表 3-5　伙伴计划发布的模型伙伴名单

批次	序号	模型伙伴	注册地
第一批	1	北京智源人工智能研究院	北京市海淀区
	2	北京百度网讯科技有限公司	北京市海淀区
	3	北京智谱华章科技有限公司	北京市海淀区
	4	阿里巴巴达摩院(北京)科技有限公司	北京市朝阳区
	5	昆仑万维科技股份有限公司	北京市东城区
	6	第四范式(北京)技术有限公司	北京市海淀区
	7	北京奇虎科技有限公司	北京市朝阳区
第二批	1	华为技术有限公司	深圳市龙岗区
	2	北京旷视科技有限公司	北京市海淀区
	3	科大讯飞(北京)有限公司	北京市海淀区
	4	名日之梦(北京)科技有限公司(MiniMax)	北京市海淀区
	5	浪潮(北京)电子信息产业有限公司	北京市海淀区
	6	中国科学院自动化研究所	北京市海淀区
	7	北京市商汤科技开发有限公司	北京市海淀区
	8	云知声智能科技股份有限公司	北京市海淀区
	9	北京达佳互联信息技术有限公司	北京市海淀区
	10	瑞泊(北京)人工智能科技有限公司	北京市海淀区

资料来源：根据伙伴计划发布名单、爱企查相关公开资料等整理。

四　启动应用伙伴计划，以场景开放带动业务发展

按照"以用促研""以用促产"原则，北京发布应用伙伴名单，促进基于行业数据的垂直模型调优迭代，同时推动各行业的数智化转型。其中，推动北京市政务服务管理局等政府机关、北京市中小企业服务中心等事业单位、清华大学出版社等国有企业组织积极使用安全可靠的大模型产品和服务，是促进大模型应用落地的"先手棋"，在前后两批共计 37 家应用伙伴

中有 10 家，占比达 27%。从空间布局看，海淀区应用伙伴有 20 家，占应用伙伴总数的比重为 54%，应用范围涉及信软、政务、科技推广与应用、文娱、教育、出版、道路运输、制造、广电、医疗等 10 个行业；朝阳区有 7 家，占 19%，涉及政务、电子制造、大数据、科创、医疗、教育、数字出版等多个行业；东城区、丰台区各有 3 家，涉及政务、医疗、出版、大数据、电子商务等行业；西城有 2 家，涉及金融、交通运输行业；大兴有 1 家，涉及信软行业；石景山区有 2 家，均为国有企业，涉及信软、司法等 2 个行业。

表 3-6 伙伴计划发布的应用伙伴名单

批次	序号	应用伙伴	注册地	机构性质
第一批	1	北京市政务服务管理局	北京市丰台区	政府机构
	2	北京市中小企业服务中心	北京市东城区	事业单位
	3	北京市产业经济研究中心	北京市朝阳区	事业单位
	4	首都信息发展股份有限公司	北京市海淀区	上市企业（互联网和相关服务）
	5	海淀城市大脑	北京市海淀区	—
	6	北京银行	北京市西城区	上市企业（货币金融服务）
	7	京东方科技集团股份有限公司	北京市朝阳区	上市企业（电子机械和器材制造业）
	8	北京集微科技有限公司	北京市海淀区	法人独资企业（科技推广和应用服务业）
	9	统信软件技术有限公司	北京市大兴区	企业（软件和信息技术服务业）
	10	北京金山办公软件股份有限公司	北京市海淀区	上市企业（软件和信息技术服务业）
	11	北京蓝色光标数据科技股份有限公司	北京市朝阳区	上市企业（科技推广和应用服务业）
	12	创业黑马科技集团股份有限公司	北京市朝阳区	上市企业（科技推广和应用服务业）
	13	北京沃丰时代数据科技有限公司	北京市丰台区	企业（科技推广和应用服务业）
第二批	1	北京值得买科技股份有限公司	北京市丰台区	上市企业（电子商务）
	2	北京爱奇艺科技有限公司	北京市海淀区	企业（文娱）
	3	作业帮教育科技(北京)有限公司	北京市海淀区	台港澳法人独资（教育）

续表

批次	序号	应用伙伴	注册地	机构性质
第二批	4	北京妇产医院	北京市朝阳区、东城区	事业单位（医疗）
	5	中国电子信息产业发展研究院	北京市海淀区	事业单位（软件和信息技术服务业）
	6	北京群星闪耀科技有限公司	北京市海淀区	企业（科技推广和应用服务业）
	7	清华大学出版社有限公司	北京市海淀区	国有企业（新闻和出版业）
	8	神策网络科技（北京）有限公司	北京市海淀区	独角兽企业（科技推广和应用服务业）
	9	北京京能信息技术有限公司	北京市石景山区	国有企业（软件和信息技术服务业）
	10	用友网络科技股份有限公司	北京市海淀区	上市企业（软件和信息技术服务业）
	11	北京中网易企秀科技有限公司	北京市海淀区	专精特新中小企业（科技推广和应用服务业）
	12	货满车（北京）物流有限公司	北京市海淀区	小微企业（道路运输业）
	13	北京农信数智科技有限公司	北京市海淀区	瞪羚企业（科技推广和应用服务业）
	14	知呱呱科技有限公司	北京市海淀区	独资企业（科技推广和应用服务业）
	15	海杰亚（北京）医疗器械有限公司	北京市海淀区	瞪羚企业（专用设备制造业）
	16	北京猿力科技有限公司	北京市朝阳区	瞪羚企业（教育）
	17	掌阅科技股份有限公司	北京市朝阳区	上市企业（数字阅读）
	18	引力传媒股份有限公司	北京市海淀区	上市企业（广播、电视、电影和录音制作业）
	19	北京网梯科技发展有限公司	北京市海淀区	瞪羚企业（科技推广和应用服务业）
	20	北京交通发展研究院	北京市西城区	事业单位（交通运输）
	21	北京锐安科技有限公司	北京市海淀区	企业（科技推广和应用服务业）
	22	推想医疗科技股份有限公司	北京市海淀区	外商投资独角兽企业（医疗）
	23	中文在线集团股份有限公司	北京市东城区	上市企业（新闻和出版业）
	24	中国司法大数据研究院有限公司	北京市石景山区	国有企业（司法）

资料来源：根据伙伴计划发布名单、爱企查相关公开资料等整理。

五 启动投资伙伴计划，加强资本赋能大模型产业发展

投资伙伴主要通过资本赋能，发挥对人工智能大模型产业的孵化、引导、带动作用，驱动科技创新、培育标杆企业、促进项目落地。目前，全市两批伙伴计划共计发布投资伙伴17家，其中，第一批有8家，第二批有9家。从空间分布看，投资伙伴主要分布在大模型创新资源丰富的海淀区、市场资本活跃的朝阳区，其中，海淀有8家，占47%；朝阳有4家，占24%，二者占比超七成，是大模型投资的主要来源地。

表3-7 伙伴计划发布的投资伙伴名单

批次	序号	机构名称	注册地
第一批	1	IDG资本投资顾问(北京)有限公司	北京市东城区
	2	北京鼎晖创新投资顾问有限公司	北京市朝阳区
	3	北京真格天成投资管理有限公司	北京市朝阳区
	4	奇绩创坛(北京)投资管理有限责任公司	北京市海淀区
	5	北京智源创业投资基金管理有限公司	北京市海淀区
	6	北京中移数字新经济产业基金	北京市朝阳区
	7	水清木华(北京)投资管理有限公司	北京经济技术开发区
	8	北京昆仑互联网智能产业投资基金	北京市丰台区
第二批	1	北京互联创新工场投资管理有限公司	北京市海淀区
	2	北京集智未来人工智能产业创新基地有限公司	北京市海淀区
	3	汉能(北京)投资咨询有限公司	北京市朝阳区
	4	北京中关村协同创新投资基金管理有限公司	北京市海淀区
	5	北京百度投资管理有限公司	北京市海淀区
	6	中关村发展集团股份有限公司	北京市海淀区
	7	亚杰天使投资管理(北京)有限公司	北京市海淀区
	8	上海慕华金誉股权投资管理合伙企业(有限合伙)	上海自由贸易试验区
	9	建信(北京)投资基金管理有限责任公司	北京市西城区

资料来源：根据市经信局发布名单、爱企查相关公开资料整理。

第五节 首都人工智能大模型产业发展分析

北京在全国率先发布《北京市加快建设具有全球影响力的人工智能创新策源地实施方案（2023—2025 年）》《北京市促进通用人工智能创新发展的若干措施》等多项政策措施，是我国大模型创新基础最好、研发能力最强、产品迭代最活跃的地区。《北京市人工智能行业大模型创新应用白皮书（2023 年）》显示，截至 2023 年 10 月，我国 10 亿参数规模以上的大模型机构共计 254 家，其中，北京拥有机构数量居全国首位，占全国的比重接近一半（122 家，占 48%）；人工智能大模型产业已形成基本完整的产业链，2022 年，核心产值达 2170 亿元，核心企业数量超 1800 家，正在快速构建具有全球影响力的产业生态体系。但从打造新质生产力角度看，在大模型应用竞争新阶段，算力、数据、算法等关键要素与应用等关键环节仍面临系列挑战与问题。

一 算力资源供不应求，自主算力生态亟待加快培育

从全球看，领头羊美国已形成较为成熟的市场竞争机制与利润实现机制，市场效率较高。通过三大公共云（亚马逊 AWS、谷歌计算平台、微软 Azure）与三大电信运营商（美国国际电话电报公司 AT&T、威瑞森通信公司 Verizon、德国电信子公司 T-Mobile）的云网合作，以及企业之间的市场竞争模式，形成规模效应，最大程度降低算力成本。在算力资源竞争过程中，电信运营商与云厂商曾有过短暂竞争，但在利润最大化市场竞争机制下，双方建立各司其职（前者只做网，后者只做云）的战略合作机制，电信运营商通过云厂商把网络虚拟化实现效率提高，云厂商集成电信运营商的 5G 网络为客户提供边缘计算。其中，云厂商占据主导地位，单个电信运营商甚至不能做到全美通信网覆盖。

从我国看，算力供给尚未形成有效市场机制，算力芯片限供挑战严峻。在"东数西算"总体战略规划格局下，拥有算力资源的两大主力军为三大

国资电信运营商（中国移动、中国电信、中国联通）与民资科技企业（阿里、腾讯、华为、百度等），并与服务器等设备服务商、芯片供应商、芯片制造商等共同构成算力生态。大模型的发展使得全球算力构成中，智能算力占比提升、通用算力占比下降。但当前电信运营商依托全国算力网建设，[①]大力投入通用算力建设（大规模采购服务器、建设数据中心），2022年，中国移动、中国电信、中国联通算力资本支出分别为335亿元、271亿元、121亿元，2023年三者合计增长至891亿元（同比增长22.6%）；民营科技企业技术基础好、研发支出大，最有条件发展智能算力，但采购服务器、建数据中心、购置园区土地等固定资产的资本支出呈下滑态势，2022年，阿里、腾讯、百度资本支出规模及其占营收比重与2021年相比均有所下降。[②]总体来看，当前科技公司、电信运营商竞争仍处初期阶段，市场相对分散分裂，算力成本高，我国七大云服务企业（阿里云、华为云、腾讯云、百度云、天翼云、移动云、联通云）均处于战略亏损状态，全球份额低于20%，大模型产业尚未形成资本支出—商业变现—利润实现的良性循环（仍处于算力资源、技术投入期），进一步加剧亏损状态。相比而言，2022年美国三大云厂商的全球市场份额为66%，营业利润总计超3700亿元，大模型已经有相对成熟的商业路径，国际算力竞争形势严峻。此外，中国芯片供应、代工对国际市场依赖度高，在美国限供背景下断供风险加大，加强关键环节自研与国产芯片采购使用是培育本土产业链的必然选择。

从北京市层面看，算力供给全国领先，但仍难满足大模型产业发展需求。横向比较看，北京算力供给全国领先。中国信息通信研究院的《中国综合算力指数（2023年）》显示，截至2023年6月底，北京综合算力指数位居全国第五。从大模型亟须的智能算力看，《2022年北京人工智能产业发

---

① 电信运营商主张把全国算力组成一张网，像电力、网络一样统一调度算力资源。目前中国算力调度、网络调度是两个分离的体系。若算力网、通信网统一，则算网资源将实现统一调度。

② 2021年，阿里、腾讯、百度资本支出分别为495亿元、622亿元、112亿元，占当年营收的比重分别为5.9%、11.1%、9.0%；2022年，三家企业资本支出分别为424亿元、509亿元、84亿元，占当年营收的比重分别为4.9%、9.2%、6.8%。

展白皮书》显示，北京智能算力位居全国第一。但与大模型训练、推理等所需的强大算力需求相比，供给仍然紧张，主要原因在于三方面：一是美国"小院高墙"式封堵使算力芯片与云服务国际市场供应难度增加。美国企业英伟达在全球数据中心 GPU 的市场份额超过 90%，A100/H100 是当前性能最强的智算中心专用 GPU，几乎没有可规模替代的方案。2022 年 8 月，美国政府要求限制出售高性能数据中心 GPU 给中国公司，对北京大模型算力建设制约明显，"有需求无供给"问题突出。2024 年 1 月，美国正式公布《采取额外措施应对与重大恶意网络行为相关的国家紧急状态》提案，明确要求美国云服务厂商验证外国用户身份、限制外国行为者访问，在中企避开美国对华高性能芯片出口禁令获得高端算力需求方面进一步打压遏制，短期看，将加剧北京市算力供给紧张局面，限制大模型产业技术发展。二是北京自研算力芯片公司规模占全国的比例超过 1/3，但百度的昆仑芯二代、寒武纪思元 590 等自主研发芯片短期难以形成有效替代，芯片设计软件、芯片代工的准入门槛高。在当前国产芯片应用性相对较差、优化成本偏高（需要软件适配和优化，否则性能受限）的总体形势下，若无规模化采购，则难以摊薄成本、推进技术工艺迭代、促进软件设计与生产代工等自主可控产业链的完善。三是算力利用效率有待提升。通信运营商加大算力投入，但利用效率低于民营科技企业，百度等民营企业的算力资本支出呈下滑趋势，需予以关注。

二　高质量数据资源匮乏，数据产业链不完善

根据国家工信安全发展研究中心数据统计，2022 年，在数据要素1018.8 亿元市场规模中，数据存储的占比最高（22.1%），数据采集、数据交易的占比则相对较低（分别为 5.5%、14.7%），从数据市场获取高质量数据的供给仍然不足。数据化成为当下首要挑战，企业普遍面临数据分散、难以提取等问题，在数据采集和标注方面需投入更多资源。从数据要素市场整体培育看，北京市已基本建成数据要素生态体系，打通数据生成、汇聚、交易、应用的全链条，但数据要素市场繁荣程度尚显不足。截至 2023 年 11

月，北京市国际大数据交易所数据交易备案规模超过 20 亿元，交易主体 500 余家，发放 27 张数据资产登记凭证。与同为全国第一梯队数据交易市场的深圳（截至 2023 年底，深圳数据交易所实现累计交易规模 65 亿元）、上海（单月数据交易额已稳定跃上 1 亿元门槛）相比，北京优势不明显，需进一步加强数据要素市场奖励示范政策落实，为大模型产业发展提供更多更高质量的数据资源。

三　算法底层技术对外高度依赖，专业工具亟待加快完善

目前国内外主流大模型在算法层面尚不存在代际差，但国产大模型在复杂知识推理、小样本快速学习、超长文本处理等方面与 GPT-4 仍有差距。算法底层技术的对外依赖度高，主要是在元宇宙平台公司 Meta 开源的 LLaMA 基础上再开发[①]，存在开源项目链断供风险。大模型融合应用所需的系列工具能力对于算法的开发与应用至关重要，包括训练框架并行优化、平台调度优化、精标数据处理等，目前还缺乏全流程应用落地的专业工具平台和开放创新生态，更好支撑模型"炼制"工艺提升、应用门槛降低。知名社区技术平台 InfoQ 研究中心的《大语言模型综合能力测评报告 2023》指出，在国内外多款人工智能大模型产品中，排名前 5 的国内大模型有 3 家，其中，北京市有 2 家，[②] 模型学习推理主要根据数据与法规要求进行调整干预，基本能够实现安全可控，但在算法源头创新、国家级开源平台、代码托管及开发测试平台建设等方面任重道远。

四　商业化应用仍处于早期探索阶段，离规模化落地尚有差距

目前，北京市首个政务服务大模型开发项目作为应用创新标杆试点已启动。但总体来看，现阶段大模型应用多集中在知识检索、文字生成等方面，政务、金融、医疗等垂直领域对数据质量及自动生成内容的容错率低、准确

---

① 2023 年 7 月，发布人工智能模型 LLaMA2 的开源商用版本，能以低成本调用。
② 百度文心一言大模型综合排名第二，第四范式的 Sage 大模型排名第五。

性和专业性要求高，导致大模型落地多以面向内部非核心系统应用为主，距离大规模对外提供服务尚有距离。

五　相关对策建议

一是加快算力基础设施建设，优化供给结构。鼓励市场竞争和技术创新，引导科技企业强信心、增投入，加快智算中心建设，培育形成更健壮的算力生态。有序推进全市算力资源总量摸底工作，探索建立人工智能计算资源名录管理机制，推动以数据中心、5G 为代表的新型基础设施绿色高质量发展。深化落实《人工智能算力券实施方案（2023—2025 年）》，引导算力资源为人工智能大模型产业提供多元化普惠算力。以研发补贴、产学研合作等多元化方式，持续引导人工智能高性能芯片研发设计、代工生产创新突破，支持国产芯片规模化采购使用，为自主可控算力芯片生产供应体系的建设提供有力支撑。

二是支持高质量数据集开发，进一步深化数据要素市场建设。以资金支持、场景开放等多元化措施，引导集聚国内头部知识类平台设立数据子公司，加强优质中文数据集开发建设。加快各层级首席数据官设立，深化盘点公共数据资源，以数据伙伴、挂牌上市等多元化方式，加快推动高质量数据库整理开发、共享流通，不断降低大模型训练数据获取成本与门槛。把握国家数据局揭牌成立、推进数据基础制度建设契机，依托数据基础制度先行区建设，争取国家支持，加快建设国家级数据训练基地，探索高价值数据共享的版权、安全和激励机制问题，推动形成基于贡献的商业化合作模式。鼓励数据服务采购，拓展规范化数据开发利用场景。

三是加强算法与工具创新，优化开放合作生态。着力培育源头创新，通过科技创新重大项目，着力推动大模型算法、框架等基础性原创性的技术突破，强化"根"技术研发。营造开放生态，以研发费用加计扣除、联盟合作等方式，引导产学研主体形成合力，共同攻坚底层技术。鼓励开源社区建设，不断优化开发者生态，推动算法与工具快速迭代。支持研发自主可控国产大模型，加快提升推理芯片、文本处理、数据管理等领域自主可控服务水平。借鉴 Databricks 等海外领先 AI 数据平台经验，支持大数据企业通过兼并收购、联合研发等多元化举措，迅速强化大模型相关能力，提升 AI 训练、模型管理等数据服务能力，更好分享大模型应用落地市场红利。

四是深化应用场景开放，牵引大模型应用落地。深化落实"伙伴计划"，根据全市三大优先领域（政务服务、金融服务、智慧城市）①、三大创新领域试点部署（虚拟数字人、数字医疗、电商零售），鼓励引导大模型的多元化行业落地，构建垂类数据支撑的研发应用新生态。充分发挥海淀、朝阳等人工智能大模型产业资源丰富区的先行先试作用，加快探索大模型商业化模式，推动创新产品、市场化项目、应用场景的供需对接，鼓励人工智能大模型技术对现有生产、服务和管理方式的改造升级，从应用层发力推进"千行百业+AI"。

五是做好引导监督，推动大模型产业安全有序发展。坚持"包容审慎"总基调，坚守安全底线，构建高标准评测及治理体系。在产业竞争中，鼓励企业通过战略结盟、联合攻关等多种形式，共同推动新技术研发、新市场开拓，避免价格战、消耗战等恶性竞争与无序发展。探索完善常态化监管机制，在隐私保护、安全监测、风险管理、知识产权确权等问题上，通过部门监管、行业联盟、自觉规范等多元化方式，营造鼓励创新和包容审慎监管的发展环境。

---

① 政务服务、金融服务、智慧城市是三大优先实施大模型应用创新标杆试点工程的领域。转引自《北京："伙伴计划"加速 AI 大模型应用落地》，https://mp.weixin.qq.com/s/NLFyw3YsTnj4jwxBMqs1Pw，2023 年 5 月 20 日。

第四章 产业融合转型促进首都
新质生产力发展

数字经济与实体经济融合（下文简称"数实融合"）、现代服务业与先进制造业融合（下文简称"两业融合"）有利于促进产业数字化转型，加快各类生产要素创新性配置组合，提升效率和效益，为首都新质生产力发展提供强劲动力。

第一节 数实融合促进首都新质生产力发展

本质而言，数实融合是应用新一代数字技术，以数据赋能和价值释放为主线，对实体经济各产业进行数字化改造。在新时代新征程背景下，数实融合有利于激活数据这个新型要素的潜能，在实体经济这个发展着力点上驱动生产和组织方式变革，推动经济发展质量变革、效率变革、动力变革，实现新质生产力打造。北京数字经济发展处于全国前列，数据要素资源优势得天独厚，要紧紧扭住数实融合这个"牛鼻子"，从拓展应用范围、提升数据质量、畅通数据循环等三个层面，加大力度牵引数据这个基础要素边际效用提高，释放数据红利，推动具有首都特点的新质生产力发展，为全国数实融合转型贡献"北京方案"。

一 促进消费数据向产业互联网赋能拓展，以"资源配置效应"破除数据边际效用提高瓶颈，增强产业韧性，促进产业创新

北京作为全国首都与超大城市，具有"生产弱""消费强"的城市功能特性，当前数字经济的发展充分体现在以满足消费为主的"需求端"。在2023年中国互联网企业百强榜单前10强中，北京占5席，高于上海（1席）、杭州（3席）、深圳（1席），以美团、抖音、京东为代表的消费互联网高度发达，拥有海量用户消费行为数据。但随着消费互联网流量红利基本见顶，平台企业增长明显放缓，业务交叉趋同引发恶性竞争的风险不断增大，[①]消费数据要素边际效用提高面临应用空间有限、增长空间受限等"瓶颈"。数实融合有利于推动消费数据应用范围向产业互联网拓展深化，是放大消费数据红利、发挥北京消费功能优势、提升生产功能的有力抓手。一方面，促进海量消费数据赋能实体经济，驱动更大范围资源配置效率提升，以"资源配置效应"实现数据边际效用提高，开拓消费互联网增长空间。另一方面，促进从生产到消费的数据全链路打通，推动数据链、产业链、供应链的协同发展，增强北京生产功能韧性，保障城市运行安全，同时，消费端与生产端的联动发展、链条延伸与技术渗透，也有利于促进精准、高效生产，催生新模式新业态，推动现代化产业体系构建。

二 推动实体经济做强产业数据服务关键环节，以"数据服务效应"提升数据要素边际效用，促进北京乃至全国产业数智化转型升级

近年来，随着产业数字化转型推进，北京数字经济对产业的渗透水平为全国较高。中国信息通信研究院发布的《中国数字经济发展研究报告（2021年）》显示，北京市数字经济在第一、第二、第三产业的渗透率分别达到5.8%、23.4%和47.2%，其中第二、第三产业的渗透率分别

---

① 调研发现，平台企业业务逐渐出现明显交叉，美团发力短视频并内测外卖、直播，抖音进军外卖业务、试点推行"团购配送"，京东通过百亿补贴活动等与拼多多展开竞争，高德合并饿了么到店业务，在本地生活领域再次发力，平台企业业务布局趋于同质化。

高于全国平均水平 0.6 个、4.1 个百分点。但产业数字化转型总体仍处于少数大中型实体企业主导的点、线式局部转型，中小企业仍面临"不敢转、不会转、不能转"困局，产业数据价值释放处于起步阶段，制约数据要素边际效用提高和产业转型升级，亟待数实融合深化逐步推动全产业链、全生态数字化转型，带动包括中小企业在内的大多数实体企业的数字化改造。

从产业数字化发展空间格局看，中国信息通信研究院的《中国数字经济发展研究报告（2022 年）》显示，北京与上海同为全国"两超八极多强"格局中的"两超"，以第三产业数字化为主导，对全国范围的实体经济的数字化转型形成最强牵引力。在此过程中，涌现出一批"数实融合"先锋，在生产空间刚性约束、宏观经济下行、产品需求收缩的总体形势下，从硬件服务、软件服务向产业数据服务逐步拓展，不断提升效率，同时也以"行业数字底座"广泛服务于全国数实融合，更好地提高产业数据边际效用。如在汽车领域，北汽福田在造车售车之外，通过车联网数字底座运营挖掘商业价值更大的汽车后市场，一方面内部赋能商用车产品研发、精准营销与服务，另一方面向外赋能上下游产业链，带动全链条数字化改造，保持了多年市占率稳居行业第一的地位；在卫星领域，北斗星通是代表性企业，高精度芯片在国内市场的份额达 70% 左右，随着卫星互联时代的加快到来及各行业智能化发展需求的快速增长，高精度位置数字底座已发布使用，面向全球化、多行业、全场景的数据服务将催生新的盈利模式，更便捷、高效、低门槛地满足自动驾驶、机器人、智能穿戴等行业的智能需求，带动相关产业数智化转型。

因而，在实体经济端，做强数据服务关键环节是释放产业数据价值、带动更广范围更多产业数智化转型的有力抓手。一方面，实体经济通过"数据服务"单环节改进，能够带动多环节、多产业增值的放大、倍增，以"数据服务效应"促进数据边际效用提高和全国最高能级数字化服务中心打造；另一方面，"数据服务"也能持续激发更大体量、更多维度的产业数据（越用越多），满足大模型竞争时代对海量高质量训练数据的需求，赋能行业数字底座迭代优化，更好地服务全国产业数智化转型，在更广更深范围促进现代化产业体系打造。

三　推动数据要素循环畅通，以"数据流通效应"带动数据边际效用提高，壮大具有首都特点的数据服务业

本质而言，数实融合从供需两侧催发了对数据要素市场建设的需求，有利于推动数据要素循环畅通，是带动多维度多层级数据边际效用提高、打造全国最高能级数据治理中心的有力抓手。在供给侧，推动更多产业数据的生产、采集，从源头上丰富了数据原材料供给，破解当前数据要素市场用数需求多、数源供给少的发展困境；在需求侧，推动对消费、产业等多维度数据产品与服务的需求，吸引集聚全市多行业、全国多层级数据的汇聚、加工、流通、复用，并以国际大数据交易所场内"一对多"的"流通效应"，提高数据要素边际效用。同时，服务数据流通交易过程中，数据产权交易、法律服务、信用服务、挖掘应用等现代服务业优势也得以巩固扩大，促进具有首都特点的数据服务业发展壮大。

第二节　产业数字化转型生态培育促进首都新质生产力发展

北京作为全国首都，数字产业化相比产业数字化进程更快、占比更高，产业数字化转型是数实融合的关键所在，也是带动更多实体经济打造新质生产力的重要抓手。国务院印发的《"十四五"数字经济发展规划》首次明确提出"培育数字化转型支撑服务生态"规划任务，并配套提出相关培育建设工程项目；在北京市层面，《北京市数字经济促进条例》以立法形式明确提出"推动建立市场化服务与公共服务双轮驱动的数字化转型服务生态"，对新时代首都产业数字化转型提出新要求。

一 北京培育产业数字化转型支撑服务生态的重要意义

一是从国际经验看，美欧纷纷构建转型支撑体系，推动促进数字化转型，助力全球竞争力提升。《国家数字竞争力指数研究报告（2019）》显示，数字化转型在全球范围内呈现"中美领先、欧洲并驱"的格局。[①] 其中，美国力争通过数字化转型竞争规则制定，争夺国际数字经济领导地位；德国作为欧洲数字化转型典型，以"工业4.0"为抓手，构建互联互通数字化转型生态环境。《全球数字经济白皮书（2023年）》显示，美国、中国、德国数字经济规模连续多年居全球前三，[②] 2022年美国数字经济规模蝉联全球第一（17.2万亿美元，占全球的41.5%）、德国排第三（2.9万亿美元，占全球的7%）。

二是从国家"十四五"数字经济战略部署看，培育产业数字化转型支撑服务生态成为重要规划任务。《"十四五"数字经济发展规划》明确指出，"十四五"时期，我国数字经济转向深化应用、规范发展、普惠共享的新阶段，要建立市场化服务与公共服务双轮驱动，以及技术、资本、人才、数据等多要素支撑的数字化转型服务生态。

三是从北京发展实践看，培育转型支撑服务生态是促进数字经济做优做强的必然要求。北京作为全国首都与数字经济发展头部城市，明确提出到2030年将北京建设成为全球数字经济标杆城市，并出台了系列政策文件，对数字经济发展做出总体部署，推动北京数字经济量质提升。2023年北京市数字经济规模为18766.7亿元，同比增长8.5%（按现价计算）[③]，高于同期GDP增速，占GDP的比重为42.9%，对GDP增长的促进作用愈加显著。其中，北京数字经济核心产业（数字产业化）增加值为11061.5亿元，[④] 占数字经济规

---

① 陈堂、陈光、陈鹏羽：《中国数字化转型：发展历程、运行机制与展望》，《中国科技论坛》2022年第1期。

② 中国信息通信研究院：《全球数字经济白皮书（2023年）》，2024年1月。

③ 《北京形成国内领先数据要素市场》，https://www.gov.cn/lianbo/difang/202404/content_6945171.html，2024年4月14日。

④ 《北京市2023年国民经济和社会发展统计公报》，https://tjj.beijing.gov.cn/zxfbu/202403/t20240319_3594001.html，2024年3月19日。

模的 58.9%，产业数字化占数字经济规模的 41.1%，比前者低近 18 个百分点，与全国数字经济"二八"结构相比[①]，北京产业数字化转型亟待深化，以从微观层面促进企业生产服务的效率提升，从中观层面促进产业资源更有效配置，从宏观层面突破生产服务的空间和时间限制，促进北京数字经济实现质和量"双提升"。

二　产业数字化转型支撑服务生态的内涵解析

（一）从有机系统角度把握转型支撑服务生态

1. 从支撑服务的主体角度看，涉及转型企业等多方力量

产业数字化转型支撑服务生态作为生态系统，在具备系统特性的同时，也具有相对独立、模糊边界的特征，系统中各参与主体之间存在自我调节、资源共享、价值共创、协同合作的相互关系，既是支撑服务生态系统的受益者，也是支撑服务生态系统潜在价值的挖掘者。

企业是数字化转型的主要参与者，同时也是支撑服务生态的重要组成部分。各行业龙头、骨干企业在数字化转型过程中发挥着引领带动作用，中小企业则是技术创新、市场交易等活动中数量最多、最活跃的主体。

第三方服务机构是非政府组织的数字化转型服务支撑和战略咨询机构。主要为企业数字化转型提供解决方案、业务流程管理、产品开发维护及外包人力资源等多领域的支持，助力企业高效疏通数字化转型堵点、灵活解决业务痛点（如 Accenture、BCG Digital、IBM Garage、Infosys、华为、阿里、腾讯等）。

高校和科研院所是知识创新和人才培养的主体，核心功能在于对知识、技术进行创新和输出。高校和科研院所参与构建支撑服务生态系统对推进知识数字化、技术升级和成果落地转化而言意义重大。

行业协会的职能在于保障企业权益、促进行业有序运作、参与制定和实

---

① 根据中国信息通信研究院数字经济发展报告相关数据，全国数字经济"二八"结构较为稳定，产业数字化占数字经济比重在 82% 左右波动。

施行业发展相关规则和各类标准。行业协会作用的发挥有利于建立行业内数字平台"工具箱",从而促进企业抱团发展、融合共生;有利于促进政企对接,加强标准、规则制定,协助政府开展市场监督调控,引导行业健康有序发展。

数字化公共服务平台主要通过汇集各类资源、提供相关公共服务,助力产业数字化转型,更加强调政府主导和公共产品特性,便于企业获得数字化转型政策咨询、课程培训、诊断评估、供需对接等公共服务。

2. 从促进转型的要素角度看,涉及技术、人才、数据等多种要素

新一代信息技术应用是促进转型的基础要素。产业数字化转型过程中,通过物联网、区块链、人工智能等新一代数字技术应用迭代,提高资源配置效率。

数字化人才是促进产业数字化转型的关键要素。产业数字化转型需要与之相匹配的数字化人才。随着直播电商等新兴数字化产业的兴起,对商业数据分析师、数据开发工程师、数据治理工程师等新职业人才的需求激增,但相关人才培育机制尚未建立。

数据是促进产业数字化转型的动力要素。数据是数字经济时代的"石油",数据的流动犹如石油的燃烧,可以产生动力并提高效率、创造效益。不同于一般生产要素,数据要素本身既是数字经济的生产要素,同时又能数字化表达其他要素。

资本为促进产业数字化转型提供资金支持,同时也通过数字化转型,推动供应链金融等数字金融发展。

(二)从本质特性角度把握转型支撑服务生态

1. 高度融合性

产业数字化转型是数字技术与产业深度融合的产物,数字技术的研发、数字设备的投入、数字模型的开发应用、数据要素的采集应用等需要相互融合而非相互割裂,各类参与主体需要高度协同而非各行其是,这恰恰是转型面临的最大难题和挑战。对产业、行业或企业而言,产业链条长、组织内部结构复杂,转型不是一个环节、一个部门的转型,而是涉及整个产业、行业

和企业，需要各端口、各链条、各环节、各部门之间破除壁垒、加强协作、交互融合。

2. 高度复杂性

产业数字化转型离不开政策利好、技术支撑、资本支持、供需匹配等多方位复杂条件的共同作用。不同于数字技术在消费端的快速推广，生产端的数字化转型渗透相对较慢，其原因在于生产端数字化转型难以在庞杂的生产参与要素中明确需求、精准突破，且每一个细分行业都需工艺、专家经验等的高度积累，对于稳定性的要求较高，难以轻易改变。

3. 高度不确定性

数字化转型远景提出已近 10 年，转型进度明显滞后，技术成熟度、成本和收益等方面的不确定性较高。信通院对全球 1200 个工业互联网应用案例的统计结果表明，2/3 左右的应用为简单的信息化、可视化转型，仍停留在单点信息化水平提升、传统业务改造阶段，应用于新业态新模式的比例仍然较低。此外，转型资金需求大、周期长、不同行业转型成功率差异大[①]、市场波动导致供需双方消极"拉锯"等问题，加剧了转型的不确定性。市统计局相关调研显示，助力数字化转型的工业互联网投入的平均回收周期为3.5 年，短期效益不明显，同时获取转型资源或服务所需投入大，创新风险无法预期，导致应用动力不足。

综上，产业数字化转型支撑服务生态是由促进转型的多方主体协同作用，技术、人才、数据、资本等多种要素高效配置，具有高度融合性、复杂性和不确定性的有机系统。

三　北京产业数字化转型支撑服务生态培育框架构建

（一）在国家层面，产业数字化转型支撑服务生态培育主要聚焦供给侧

《"十四五"数字经济发展规划》明确提出，面向重点行业和企业转型

[①]　信通院研究显示，信息化程度较高的行业转型成功率不超过 26%，传统行业数字化转型成功率则仅为 4%~11%。

需求，培育推广一批数字化解决方案；聚焦转型咨询、标准制定、测试评估等方向，培育一批第三方专业化服务机构，扩大和提升数字化转型服务市场规模和活力；支持高校、龙头企业、行业协会等加强协同，建设综合测试验证环境，扩大产业共性解决方案供给；建设数字化转型促进中心，衔接集聚各类资源条件，提供数字化转型公共服务，打造区域产业数字化创新综合体，带动传统产业数字化转型。

（二）北京进入数据驱动深化转型阶段，表现出不同于全国其他省份的支撑服务生态需求

北京产业数字化转型主要分为三个阶段，进入数据驱动产业数字化转型的深化发展阶段。第一阶段是信息化改造，主要服务于生产控制、财务、销售等制造与服务的信息化与自动化，建设的重点主要在硬件改造与专业软件的采购和开发、应用；第二阶段是流程驱动的产业数字化转型，是通过云计算、大数据、人工智能、物联网等新一代信息技术的应用，推进业务流程化、流程数字化，促进组织运营和管理的数字化；第三阶段是数据驱动的数字化转型，基于数字技术对业务流程的全渠道、全场景、全链条数据进行采集、融通、加工、利用，深度挖掘和释放数字价值潜能，建立起新的闭环生产模式、全周期配套服务和生产生态网络合作关系。

北京引领全国数字经济发展，拥有规模最大、类型最多、层级最高的数据资源。2022年5月，《北京市数字经济全产业链开放发展行动方案》发布，明确提出要利用2~3年时间，在全国率先建成活跃有序的数据要素市场体系，推动数据生成—汇聚—共享—开放—交易—应用全链条开放发展，这是北京领先全国、率先示范的数字化转型探索。同时，数据驱动也是北京突破传统服务半径、服务全国产业数字化转型、输出北京数字化解决方案的重要路径。

（三）培育"三通"支撑服务生态是深化北京产业数字化转型的关键

在数据驱动产业数字化转型阶段，支撑服务生态既要从供给侧增强技术、产品、方案和制度创新，更要从需求侧加快场景开放突破、数据流通共享，更大程度释放数据红利，共同构成转型支撑服务生态，从供需两侧打

通、产业互联网与消费互联网融通、数据共享流通"三通"角度，提升转型融合性、降低融合复杂性、减少转型不确定性，推动北京产业数字化转型深化。其中，需求侧转型主体通过产业互联网生产沉淀数据，除满足自身业务需求外，也能作为数据要素市场的供给方，通过流通交易环节，形成数据产品，赋能产业发展，促进数实融合。消费互联网则依托消费端强大的数据资源，为生产端提供需求发现、产品定制、品控物流等服务，促进产销一体，实现更高水平的数字化转型升级。在此过程中，数据作为驱动力，通过数据要素的供给开放、数据产品的开发，实现数据要素市场供需对接、产品与服务市场的循环畅通，形成数据驱动产业发展大生态。

四 北京培育产业数字化转型支撑服务生态的关键问题识别

（一）数字化解决方案供应商供给优、需求少

一方面，不同于多数省区市优质可信的数字化转型供应商缺乏的痛点，北京数字化转型服务供给丰富、优势突出。2023 年产业数字化服务商 50 强榜单中，北京占 23 席（占比 46%），远高于上海的 22%、杭州的 14%，拥有火山引擎、亚信科技、神策数据等居全国前列的数字化服务商，有能力为国内外数字化转型提供"北京服务"。另一方面，北京本地市场需求不足，制约"北京智造"品牌擦亮与"北京服务"新名片打造。2021 年市统计局对全市 115 家企业的抽样调查表明，超一半（54.6%）的制造业企业数字化服务等外购支出占企业支出的比重在 10% 以下，多数制造业企业属传统行业，利润率较低，即便有数字化转型需求，但资金投入明显不足，影响市场规模的扩大。此外，国企在数字化转型中普遍面临对新技术、新应用、新模式的吸纳、适应、调整的周期较长，数字化服务购买机制不顺等问题，制约服务场景的开发。

（二）数字化转型促进公共服务亟待进一步增强

《"十四五"数字经济发展规划》明确提出，建设一批数字化转型促进中心，强化数字化转型公共服务供给，以助力中小企业提升转型能力、降低转型成本、缩短转型周期。从全国和北京的实践看，数字化转型促进中心主

要包括企业型、行业型、区域型三类。总体来看，北京的数字化转型促进中心建设仍处于起步阶段。

一是以龙头企业、"链主"企业为主力军的企业型数字化转型促进中心建设规模短期内难以扩大。龙头企业、"链主"企业尚未充分发挥引领带动作用，其原因主要在于：①同一链条上不同规模的企业在信息化、数字化转型方面的进度不同，制约链式协同成效；②龙头企业开放自有平台的积极性不高，相应的激励机制缺乏；③数据安全是企业开放数据的关键隐忧，制约企业上云用数赋智。

二是数字化转型公共服务平台等行业型促进中心建设仍处于初步阶段，数量不足，服务精准度有待提高。通过中小企业公共服务平台，北京开展了合作服务商和服务券产品征集、中小企业数字化转型试点等，但尚未形成成熟高效的服务模式。中小企业资金和自有技术有限，在申请与获得政策支持方面存在困难，不同产业、行业对数字化转型支撑服务政策的需求也不同，部分企业反映由政府购买的数字化诊断公共服务尚未解决企业痛点，亟待促进公共服务平台能力的提升，更好地提供数字化转型公共服务。

三是服务全国乃至全球的高能级工业互联网平台仍处于前期投入阶段。工业互联网结合新一代信息技术，通过工业研发、生产、流通、分配、消费等全要素全产业链的互联互通，实现生产和服务资源得到更大范围、更高效率、更加精准地优化配置，在促进制造业降本增效、转型升级的同时，也促进了供给与需求的对接，是打造具备国际影响力的产业体系和提升资源配置能力的关键基础，也是协同产业上下游、搭建区域型服务平台的重要抓手。从实践看，工业互联网建设周期长、成本高，建设早期需要依靠政策支持。[1] 北京是全国工业互联网标识解析体系根节点管理机构所在地，能面向天津、河北、山东、山西、内蒙古、黑龙江、辽宁、吉林等省（自治区、

---

[1] 2021年北京市统计局对全市115家企业的抽样调查表明，规模以上互联网生产服务平台企业实现收入占数字经济核心产业企业收入的比重不足1%。

直辖市），提供顶级标识解析服务，具备标识备案、标识认证等管理能力，并承担国际根节点与二级节点之间承上启下、互相连通的职能，累计标识注册量超 571 亿个、解析量超 687 亿次，[①] 接入企业涵盖航空、汽车、高端制造、生物医药、专用设备等行业和领域。北京是当前我国拥有工业互联网专利数量最多的地区（2502 项，占全国的 75.5%），[②] 在网络、边缘计算、平台、软件、安全和应用等领域，集聚了一批行业领军企业，东方国信、用友、航天云网、移动通信等企业平台入选工信部跨行业跨领域工业互联网平台，能为智能化生产、数字化管理、网络化协同、个性化定制和服务化延伸等提供较高品质的服务。但对标国际一流工业互联网平台，平台在设备接入、机理模型沉淀、数据建模分析等核心能力方面亟待进一步增强，联合攻关、知识产权保护、成果共享等机制还不完善，[③] 平台开放生态亟待进一步完善。同时，工业领域核心技术欠缺，不同企业间信息化基础差异较大，平台服务企业业务面临巨大挑战。

（三）技术资本人才数据等数字化转型要素供给不足

一是关键产业核心技术与产品对外依赖度高。数字化转型是软硬件一体化的转型，既需要智能感知等硬件的支持，也需要操作系统等软件的支持。目前，在底层技术、设备与标准上的国产化替代处于起步阶段，如 ICT 产业从元器件到测试组装等各环节仍处于全球价值链中低端，掣肘数字技术赋能产业数字化转型。高端工业软件和工业控制系统几乎被国外企业垄断，在一定程度上成为"卡脖子"的关键点。国际竞争加剧、全球疫情反复、进口受影响加快了国产化替代进程，但高端芯片、核心元器件等仍高度依赖于进口。

二是针对中小企业的融资支持力度亟待进一步加大。从实践看，数字化

[①] 《2023 年中国工业互联网标识大会（北京）在顺义举办》，https://www.ncsti.gov.cn/kjdt/scyq/bjcxcyjqsfqsy/sydt/202304/t20230419_117890.html，2023 年 4 月 19 日。

[②] 《数说 IT》，https://www.163.com/dy/article/IKNIOL7I05118SRU.html，2023 年 11 月 29 日。

[③] 《工业互联网双跨平台路在何方》，https://finance.sina.com.cn/stock/relnews/cn/2020-08-24/doc-iivhvpwy2700994.shtml，2020 年 8 月 24 日。

转型早期投入大、短期效益不明显、创新风险高，资金限制是大量中小企业
"不想转""不敢转""不能转"的重要原因。有别于以质押、担保为核心
的传统贷款模式，供应链金融有利于链上中小企业获得便利化的融资服务。
北京以"区块链+供应链管理"为技术支撑，以核心企业资质和信用为基
础，对应收账款确权，金融机构为核心企业提供保理、票据融资等金融服
务，因而企业订单业务上线上链是获得服务的基础和前提，也是促进中小企
业数字化转型的重要激励，实践中仍面临链上核心企业确权动力不足等难
题，制约企业授信融资的获得。

三是专业型、技能型数字化人才供给不足。随着产业数字化转型的推
进，企业对数字化人才的需求增长，互联网工程技术员、虚拟现实工程技术
员、工业视觉系统运维员等与数字技术紧密相关的新职业应运而生，企业数
字化转型面临数字化人才供不应求的困境。一方面，企业缺乏既了解行业发
展趋势和企业业务流程，又拥有数字化专业知识和技术的复合型人才；另一
方面，企业全员数字化能力有待提升，对数字化转型业务的认知程度、信息
化技术业务素养及实践能力等均不足，难以对企业数字化转型提供有效的
保障。

四是数据要素驱动服务支撑不足。立足数据资源、科技创新、扩大开放
等优势，加快北京国际大数据交易所建设，但仍面临较大挑战。一方面，转
型主体数据供给能力不足。产业数据采集开发不足、数据利用不充分、分类
标准不明确、权益难保障是痛点。同时，不同行业之间数据要素供给和共享
存在壁垒，互联网产生的海量数据的价值尚未得到充分释放。另一方面，数
据要素流通交易牵引不够。依托北京国际大数据交易所，数据流通交易在金
融等领域实行公共数据汇聚、数据专区建设等模式，但对于产业化数据资源
的汇聚流通，尤其是平台企业等的数据汇聚牵引不够，数字资产的价值尚未
充分体现。

（四）产业互联网与消费互联网尚未融通，制约全链条跨区域产业数字化
转型

北京作为数字产业化领先于产业数字化的超大城市，在消费互联网

发展阶段，在消费侧积累了海量数据与技术，也产生了一批具有代表性的头部企业，但生产环节的数字化、数据化相对滞后。近年来，产业互联网已获得一定发展，在生产企业内部，通过数字化技术系统重构，推动跨产线、跨车间、跨链路的调度能力提升，但要实现生产流通消费的全流程协同、全链路的数字化，推动消费互联网与产业互联网的融通是必然要求。此外，京东等企业也基于消费互联网优势赋能生产端数字化转型与高质量发展。但跨平台消费互联网数据汇聚利用是制约产业数字化转型深化的痛点。经历消费互联网十余年的快速发展，企业通过多平台、跨平台线上销售成为常态，汇集并通过数据挖掘分析发现市场需求，反向赋能生产环节，是提升市场竞争力的重要途径。但各平台数据缺乏统一格式标准，导致数据采集成本高、效率低、难度大，加之企业对历史沉淀数据资产盘活能力有限，数字化转型难深化、效益难提升。此外，数据安全也是影响企业数字化转型决策的重要因素，相关安全技术亟待加快突破、转化应用。

五　优化转型支撑服务生态的对策建议

（一）持续推动场景开放，进一步拉动数字化转型服务需求

一是继续深化智能化诊断评估（相比资金补贴、贴息贷款等政策工具，直接免去需求方的试水投入，并有效促进供需双方对接），更大力度撬动数字化、自动化、智能化转型升级服务需求。二是借鉴上海、杭州经验，通过采购制度等配套改革，激励引导推动国企数字化转型，创造更多应用场景。三是推动智慧城市化等更多经济社会领域开放数字经济应用场景，巩固扩大数字化转型服务优势。

（二）加强转型促进中心建设，提升公共服务水平

一是推动企业型数字化转型促进中心的作用发挥，更好发挥头部企业与"链主"企业的"链式"带动作用，通过开放平台资源、给予订单等多元化方式优化转型生态。二是加快推动行业型促进中心建设，不断优化转型公共服务。三是加强高能级区域型数字化转型促进中心建设，做强跨

产业跨区域的数字化转型服务，尤其要加快建设面向重点行业的国内一流工业互联网平台，促进供应链上下游企业数智化转型与供需协同高效对接。互联互通是工业互联网的发展基础，要在跨行业、跨领域、跨国家的信息流动中，加强标识编码规范、标识解析技术、标识数据服务共享流通等底层技术标准的研发，提升与全球标准规范的对接影响力。以基金支持、研发费用加计扣除、运营费用优惠减免等相关政策，吸引工业传感器、处理器、微控制器、通信芯片等底层硬件研发机构及工业互联网网络、平台、控制系统等解决方案服务机构集聚，增强关键核心技术和共性技术研发服务能力。利用好工业互联网北京国家顶级节点、二级节点标识注册资源，扩大和拓展标识解析应用范围和应用深度，鼓励向批发零售、信息传输软件开发和信息技术服务、金融、租赁和商务服务、科学研究和技术服务等业态拓展，鼓励专业化、多元化、综合化服务创新。支持建立辐射京津冀地区的工业互联网骨干节点，搭建区域服务平台，推动企业研发设计、生产加工、经营管理、销售服务等业务流程的数字化转型，协调打通产业链上下游企业数据通道，推动生产与金融、物流、交易等渠道打通，促进全渠道、全链路供需精准对接，提升区域产业配套协同水平。鉴于工业互联服务类企业轻资产的特征，在优惠政策支持、场景应用招标项目等方面，适当降低对固定资产占比的要求，更大力度吸引企业集聚，培育丰富的服务生态。

（三）着眼于数字化转型中的自主可控性增强，加快关键核心技术突破

一是按照技术分类引导推动企业上云用数赋智。针对 IT 基础资源建设，引导企业充分利用云计算市场资源；针对数智化转型应用层服务，通过供需对接、创建联盟等多元化方式，扩大场景开放与服务供给；针对敏感性高的需求及服务，支持自主研发创新。二是加快汽车芯片等重点产业关键核心技术攻关。智能汽车是全球工业竞争的重要领域，芯片是实现汽车产业数字化智能化转型的核心。从需求端强化国产化替代激励，通过实施国产商品、服务使用保险制度，降低分摊应用风险，加快关键核心技术突破，加快国产化替代进程。

（四）着眼于全流程数字化转型，深化消费互联网与产业互联网的互融互通

一是加快完善产业数字化标准体系，优化产业互联网发展环境。借鉴上海经验，构建数字化转型标准体系和政府与市场并重的标准供给机制，聚焦重点产业提质增效升级需求，加力推进相关标准研制和推广应用，加快业务和数据互联互通。二是支持平台企业积极参与数字化转型国际、国家标准及行业标准制定工作，加快推进工业互联网等领域国家标准、行业标准的先行先试。对于平台企业探索赋能实体经济转型发展的新业态新模式采取审慎包容的态度，发展初期在严守底线的前提下给予先行先试的机会，依法依规逐步放宽融合性产品和服务准入限制。三是以消费互联网跨平台数据流通为抓手，通过场景开放、订单采购等多元化手段，增强平台企业加强跨平台数据标准对接的积极性，打造两网融通标杆项目。四是推动供应链金融创新突破。落实《北京市"十四五"时期金融业发展规划》，加强北京供应链综合金融服务平台建设，支持平台与国家应收账款融资服务平台、征信系统等基础设施平台系统对接，以更加便利、高效的供应链融资服务为牵引，增强企业数字化转型动力。

（五）加强高端人才集聚培养，强化数字化转型人才保障

一是对于紧缺急需人才，在户籍与购房等人才政策上给予更大力度的倾斜。二是以国家实验室、北京实验室、重点企业研发机构等为平台载体，利用好自贸区关于境外人才的个人所得税等相关政策，促进国际高端人才落户北京。三是谋划推进一批产教融合试点项目，加强相关人才培养。遵循锻长板、补短板原则，立足增强人工智能驱动、扩大工业互联网高端供给、夯实强化基础产业链配套支撑，建设若干高能级、高显示度的产教融合示范工程，鼓励行业企业联合"双一流"高校和北京高水平地方高校，共同探索建设数字化人才培养基地，以创新教育推动创新产业、以创新产业促进创新教育，通过市场化方式对接各方资源、释放创新红利，逐步拓展产业共性技术及关键技术研发、成果转化、企业孵化、技术服务和人才培养等功能，加强数字化人才供给支撑。

（六）加强数据安全保障能力建设，筑牢数字化转型安全屏障

一是加强数据安全技术创新与应用。引导搭建一批安全公共服务平台，集聚一批综合实力强的国产安全服务龙头企业，努力构建多方联动、运行高效的工业互联网安全技术监测服务体系，提升工业互联网安全保障水平。二是加快数据安全治理能力建设，持续完善分级分类精准监管机制，构建自主可控、安全有序的数据安全保障体系。

第三节　两业融合促进首都新质生产力发展

两业融合是发展新质生产力的必然要求，通过现代服务业与先进制造业跨行业部门的业务关联互动、产业链条延伸及新兴技术突破催生融合业态，实现信息、技术、数据、品牌等多元要素打通共享、高度协同、高效配置，达到两业相融相长、耦合共生，促进产业转型深化，提升全要素生产率。

自 2019 年以来，国家相继出台了一系列规划，为我国两业融合发展实践提供了行动指南。2019 年 9 月，习近平总书记在中央深改委第十次会议上明确指出，推动两业融合是增强制造业核心竞争力、培育现代化产业体系、实现高质量发展的重要途径。2019 年 11 月，国家发展改革委等 15 部门联合印发《关于推动先进制造业和现代服务业深度融合发展的实施意见》（以下简称《实施意见》），明确提出两业融合发展的新业态、新模式、新路径。2020 年 6 月，工业和信息化部等 15 部门联合印发《关于进一步促进服务型制造发展的指导意见》（以下简称《服务型制造指导意见》），进一步提出服务型制造是先进制造业和现代服务业深度融合的重要方向，要加快培育发展服务型制造新业态新模式，为制造强国建设提供有力支撑。2021年 3 月，国家发展改革委等 13 部门联合印发《关于加快推动制造服务业高质量发展的意见》（以下简称《制造服务业高质量发展意见》），要求加快提升面向制造业的专业化、社会化、综合性服务能力，提高制造业产业链整体质量和水平，为加快构建以国内大循环为主体、国内国际双循环相互促进的新发展格局提供有力支撑。在北京市级层面，自 2020 年起，根据国家发展改革委关于先进制造业和现代服务业融合发展试点相关工作要求，开展北京两业融合发展试点储备工作，[①] 并将根据储备试点情况，参考国家两业融合支持政策，研究制定北京两业融合政策措施。

在新一代信息技术加快变革深化应用、多元化定制化消费需求催化推动等多种因素影响下，北京两业融合趋势愈发明显。但在当前的统计调查制度和方法体系中均未明确两业的分类标准、两业融合的监测统计范围、融合测度的方法、相关数据的采集等，两业融合政策制定缺乏相应的数据支撑。不同于常规的产业发展统计监测，两业融合作为产业发展的新趋势，产业的界限更模糊、机理路径更复杂多元，现有统计方法和制度难以准确反映其发展进程。开展北京两业融合发展监测评价体系研究有利于率先探索界定两业融合测度的统计监测范围，厘清两业融合发展的内在机理与模式，进而构建北京两业融合发展监测评价体系，为科学衡量北京两业融合程度提供理论支撑；有利于及时跟踪评价北京两业融合的发展程度，客观监测评价两业融合推进情况，剖析制约两业融合的因素和问题并提出相应的对策建议，为政府相关部门提供决策参考，从而更好地推动两业融合深化发展。

一 相关概念辨析及统计监测范围界定

在现代服务业、先进制造业的统计范围划分方面，目前尚无统一的标准。从学界既有研究来看，通常有三种做法：一是根据相关研究和文献直接引用给定；二是基于现代服务业、先进制造业的高技术含量、高附加值、高

[①] 2021年2月发布《关于积极开展先进制造业和现代服务业融合发展试点储备工作的通知》，在融合试点重点领域方面，结合首都功能定位，提出先进制造业包括新一代信息技术、健康医疗、集成电路、汽车、新材料、卫星航天、精密仪器和传感器等制造业行业，要推进服务环节补短板、拓空间、提品质、增效益，提升产业链供应链现代化水平，不断壮大促进国内大循环的先进制造产业集群势能；现代服务业包括金融服务、信息服务、研发设计、专业服务等现代服务业，要抓住"两区"建设重大机遇，依托技术和专业化优势，衍生和服务制造业，加快推动制造业高质量发展。试点项目既包括试点园区也包括试点企业。其中，试点园区要求先进制造业主导产业突出、传统产业改造提升成效明显、两业融合发展基础好、制造业增加值占比在30%以上、园区年收入超过50亿元。试点企业要求年营业收入5亿元以上，或在细分行业市场占有率居全国前5名，企业研发设计、检验检测、营销、运营维护、培训、售后等服务中间投入占比在20%以上。

成长性等特征，建立相关评价体系，选出服务业、制造业中相关先进业态、高端业态；三是基于既有相关统计分类，选出相应的制造与服务业部分，划定为现代服务业、先进制造业。考虑到划分的权威性与可操作性，本研究拟在第三种划分方法的基础上，立足现行统计分类，结合两业融合的重点，划分出两业融合视角下现代服务业、先进制造业的统计监测重点范围，保障数据的可获得性和监测的针对性。

（一）现代服务业

现代服务业概念最早由 Machlup 提出，主要强调技术、知识密集特征。[①] 国内学者关于现代服务业的内涵基本达成共识，认为现代服务业是采用现代信息技术、管理理念、经营方式和组织形式的技术知识密集型、高附加值、高成长型服务业，尤其强调高新技术支撑与高素质人才投入，时代特征明显；但在外延方面仍未达成共识，代表性观点主要有两类：一类是夏杰长等[②]提出现代服务业是为生产者提供中间投入的知识、技术、信息密集型服务业，本质上属于生产性服务业；另一类是徐国祥[③]、陶卓等[④]提出现代服务业既包括生产性服务业也包括生活性服务业，服务对象既包括厂商也包括消费者。在现代服务业范围划分方面各有差异，洪国彬等[⑤]、梁兴辉等[⑥]多位学者均将计算机服务和软件业、信息传输技术服务业、租赁和商务服务业、科学研究等纳入现代服务业。

[①] 继 1962 年 Machlup 首次在《美国的知识生产与分配》中提出"先进服务业"概念后，具有代表性的观点有两类。一类是由美联储 Kenessey 提出的"第四产业"，认为第四产业衍生于第三产业，是一种高度智能化的新型服务业。美国独立新闻网站亚洲通讯（Asian Correspondent）丰富了其含义，认为第四产业通常与信息通信技术、咨询和科技开发等有关。另一类是由美国经济学家 Greenfield 提出的"高级生产性服务业"，是指利用信息技术，不受时空限制地提供专业知识、咨询规划等服务。

[②] 夏杰长等：《中国现代服务业发展战略研究》，经济管理出版社，2019。

[③] 徐国祥：《我国现代服务业统计分类标准研究》，全国统计科学讨论会，2004.

[④] 陶卓等：《江苏先进制造业与现代服务业融合现状与对策研究》，《生产力研究》2020 年第 8 期。

[⑤] 洪国彬等：《信息含量最大的我国现代服务业发展水平评价指标体系构建及分析》，《华侨大学学报》（哲学社会科学版）2017 年第 1 期。

[⑥] 梁兴辉等：《中国沿海地区现代服务业技术效率的测算及其影响因素分析》，《统计与决策》2018 年第 23 期。

总体来看，对现代服务业的概念界定国外学者主要指向生产性服务业领域，国内部分学者则认为直接面向消费者的部分生活服务也应被纳入。事实上，现代服务业是相对传统服务业而言的动态概念。经过300余年的发展，全球工业进入4.0发展阶段，供应链事实上已成为一条以产品为载体，连接设计、计划、采购、制造、物流、交付、销售乃至售后的全流程产业链。在互联网革命的冲击下，过去"传统生产商—批发商—零售商"的销售体系被颠覆，企业面临碎片化、个性化、交付周期更短的订单需求。以京东、美团等为代表的平台型企业迅速崛起就是最好的例证，一端服务生产，一端服务消费，既包括生产性服务内容，也触及生活性服务领域，为打通生产、流通、分配、消费等全链条，实现高质量供给，畅通国内国际双循环，构建新发展格局提供了重要支撑，这些互联网平台是连接生产和服务的重要载体，在本质上属于互联网服务，在统计上属于信息传输、软件和信息技术服务业范畴。[①] 因此，本研究认为现代服务业是以高素质人才和高科技投入为支撑，通过管理理念、经营方式、组织形式和业态模式等的创新，实现高附加值、高成长性的生产性服务业和部分生活性服务业，技术、信息、知识密集型特征显著。

（二）先进制造业

从全球来看，关于先进制造业的内涵和外延并无统一标准，各国也未统一标准，如美国由各州、各行业自行界定，但各州之间没有太大区别，主要强调制造业的知识、技术密集特性和高素质人才需求。国内研究视角更为广泛，既强调技术的精密性，也强调生产方式的柔性、高效性和组织方式的敏捷性，以及产品的环保性与高收益性等特性，并能代表先进生产力的发展方向。

与现代服务业类似，先进制造业也是相对于传统制造业的动态概念。随

---

① 根据生产性服务业统计分类（2019）、生活性服务业统计分类（2019），互联网生活服务平台（6432）不属于生产性服务业范畴，属于为居民健康服务的互联网医疗服务（0221）、养老服务（0333）、生活服务平台（1242）、互联网体育服务（1243）等生活性服务业范畴。按照本研究的现代服务业定义，互联网生活服务平台属于现代服务业范畴。

着新一代信息技术，以及新材料、新能源、人工智能、云计算等高新技术的发展，制造业在技术、材料、设备、组织管理、商业运营等方面均加快革新，先进制造业的内涵和外延根据技术进程、产业发展阶段等的变化而变化。因此，本研究认为先进制造业是具备精密、柔性、高效、敏捷、环保、高收益性等特性的制造业统称，能代表先进生产力的发展方向，既包括传统制造业通过生产、经营、管理等的革新形成的先进制造业，也包括由新技术演进而催生的新兴制造业。

（三）融合视角下两业统计监测的重点范围

1. 相关统计分类

当前，在国家层面，关于现代服务业、先进制造业尚无统一界定和统计分类，虽地方及部分领域已有相关探索，但基于两业融合角度的相关实践基本空白。

在现代服务业方面，北京与河北两地的探索较有代表性。[①] 其中，北京早在 2005 年就制定执行了现代服务业统计标准，明确现代服务业是具有高技术含量和高文化含量的服务业。2020 年依据《国民经济行业分类》（GB/T 4754-2017），修订形成了《北京市现代服务业统计分类（2020）》，包括10 个行业门类 21 个行业大类，但未包括交通运输、仓储和邮政业等两业融合关键的产业门类。2019 年 5 月国家统计局审批发布《现代服务业统计调查报表制度》，调查的范围和对象包括：交通运输、仓储和邮政业，信息传输、软件和信息技术服务业，房地产业，金融业，租赁和商务服务业，科学研究和技术服务业，水利、环境和公共设施管理业，居民服务、修理和其他服务业，教育，卫生和社会工作，文化、体育和娱乐业，批发零售业中通过公共网络实现的销售和邮购及电视电话零售服务，以及住宿餐饮业中通过公

---

① 苏州市统计局印发《苏州市现代服务业统计试点工作实施细则》，试点范围为现代服务业中的金融业和服务外包行业，试点对象为全市行政区划范围内所有从事金融业和服务外包的全部法人单位（包括企业法人、事业单位法人、机关法人、社会团体法人和其他法人）和产业活动单位。2007 年，青岛市统计局根据第三产业中不同行业的特点，在关于现代服务业行业统计范围的界定说明中提出对个别行业只作部分测算或只包括限额以上单位或不包括个体户。

共网络实现的销售服务，包括 13 个门类 40 大类，涉及更多领域的生产性服务业与生活性服务业，但也为一般意义上的统计分类，未突出两业融合视角下的重点产业门类。此外，《新产业新业态新商业模式统计分类（2018）》（国统字〔2018〕111 号）对现代生产性服务活动（07）、新型生活性服务活动（08）等做了分类，包括两大类 18 个中类 112 个小类（对应《国民经济行业分类》1 个大类① 4 个中类② 255 个小类），但该分类是基于"三新"经济下的狭义划分，并不能完全覆盖现代服务业范围。

在先进制造业方面，较为权威的是《新产业新业态新商业模式统计分类（2018）》（国统字〔2018〕111 号）中 02 的划分，对应于《国民经济行业分类》中 14 个中类下的 287 个小类，能够为本研究先进制造业统计监测范围划分提供重要的借鉴。

2. 两业融合视角下现代服务业与先进制造业统计监测的重点范围

综观既有两业融合测度的相关研究，基本遵循现代服务业、先进制造业概念界定——统计范围划分——融合测算的逻辑路径。鉴于两业融合相关实践仍处于初步探索阶段，本研究将围绕相关政策意见的重点，初步确定两业融合涉及的现代服务业与先进制造业的重要领域，为两业融合发展监测探索打下基础。具体来看，国家相继出台一系列政策意见，明确提出两业融合的重点聚焦领域和产业。

一是《实施意见》明确提出了探索两业融合的十大重点行业重点领域。如表 4-1 所示，融合的重点行业主要包括原材料工业、消费品工业、装备制造业、汽车制造业与服务业的融合，互联网与制造业服务业的融合，物流、研发设计、新能源生产使用、金融等生产性服务业与服务业的融合，消费服务与制造业的融合。对照《国民经济行业分类》，先进制造业主要包括 5 个类别 26 个大类，分别为原材料工业类（25 石油、煤炭及其他燃料加工业，26 化学原料和化学制品制造业，30 非金属矿物制品业，31 黑色金属冶

----

① 1 个大类为保险业 68*。

② 4 个中类分别为 812*、552*、786*、623*。

炼和压延加工业，32 有色金属冶炼和压延加工业）；消费品工业类（13 农副食品加工业，14 食品制造业，15 酒、饮料和精制茶制造业，16 烟草制品业，17 纺织业，18 纺织服装、服饰业，19 皮革、毛皮、羽毛及其制品和制鞋业，21 家具制造业，22 造纸和纸制品业，23 印刷和记录媒介复制业，24 文教、工美、体育和娱乐用品制造业，27 医药制造业，38 电器机械和器材制造业，39 计算机、通信和其他电子设备制造业，40 仪器仪表制造业）；装备制造业类（34 通用设备制造业，35 专用设备制造业，37 铁路、船舶、航空航天和其他运输设备制造业）；汽车制造业类（36 汽车制造业）；节能环保类（42 废弃资源综合利用业，46 水的生产和供应业）。现代服务业经过同类项合并，主要包括 5 个门类，分别为信息传输、软件和信息技术服务业（I），金融（J），交通运输、仓储和邮政业（G），租赁和商务服务业（L），科学研究和技术服务业（M）。

表 4-1　《实施意见》提出两业深度融合发展探索的重点行业重点领域

序号	重点行业	重点领域
1	加快原材料工业和服务业融合	加快原材料企业向产品和专业服务解决方案提供商转型。鼓励有条件的企业提供社会化能源管理、安全环保、信息化等服务。推动具备区位、技术等优势的钢铁、水泥等企业发展废弃物协同处置、资源循环利用、污水处理、热力供应等服务
2	推动消费品工业和服务业深度融合	注重差异化、品质化、绿色化消费需求，推动消费品工业服务化升级。以服装、家居等为重点，发展规模化、个性化定制。以智能手机、家电、新型终端等为重点，发展"产品+内容+生态"全链式智能生态服务。以家电、消费电子等为重点，落实生产者责任延伸制度，健全废旧产品回收拆解体系，促进更新消费
3	提升装备制造业和服务业融合水平	推动装备制造企业向系统集成和整体解决方案提供商转型。支持市场化兼并重组，培育具有总承包能力的大型综合性装备企业。发展辅助设计、系统仿真、智能控制等高端工业软件，建设铸造、锻造、表面处理、热处理等基础工艺中心。用好强大国内市场资源，加快重大技术装备创新，突破关键核心技术，带动配套、专业服务等产业协同发展
4	完善汽车制造和服务全链条体系	加快汽车由传统出行工具向智能移动空间升级。推动汽车智能化发展，加快构建产业生态体系。加强车况、出行、充放电等数据挖掘应用，为汽车制造、城市建设、电网改造等提供支撑。加快充电设施建设布局，鼓励有条件的地方和领域探索发展换电和电池租赁服务，建立动力电池回收利用管理体系。规范发展汽车租赁、改装、二手车交易、维修保养等后市场

序号	重点行业	重点领域
5	深化制造业服务业和互联网融合发展	大力发展"互联网+",营造融合发展新生态。突破工业机理建模、数字孪生、信息物理系统等关键技术。深入实施工业互联网创新发展战略,加快构建标识解析、安全保障体系,发展面向重点行业和区域的工业互联网平台。推动重点行业数字化转型,推广一批行业系统解决方案,推动企业内外网升级改造。加快人工智能、5G等新一代信息技术在制造、服务企业的创新应用,逐步实现深度优化和智能决策
6	促进现代物流和制造业高效融合	鼓励物流、快递企业融入制造业采购、生产、仓储、分销、配送等环节,持续推进降本增效。鼓励物流外包,发展零库存管理、生产线边物流等新型业务。推进智能化改造和上下游标准衔接,推广标准化装载单元,发展单元化物流
7	强化研发设计服务和制造业有机融合	瞄准转型升级关键环节和突出短板,推动研发设计服务与制造业融合发展、互促共进。引导研发设计企业与制造企业嵌入式合作,提供需求分析、创新试验、原型开发等服务。开展制造业设计能力提升专项行动,促进工业设计向高端综合设计服务转型。完善知识产权交易和中介服务体系,推进创新成果转移转化
8	加强新能源生产使用和制造业绿色融合	顺应分布式、智能化发展趋势,推进新能源生产服务与设备制造协同发展。推广智能发电、智慧用能设备系统,推动能源高效管理和交易。发展分布式储能服务,实现储能设施混合配置、高效管理、友好并网。加强工业设备、智能家电等用电大数据分析,优化设计,降低能耗。推动氢能产业创新、集聚发展,完善氢能制备、储运、加注等设施和服务
9	推进消费服务重点领域和制造业创新融合	满足重点领域消费升级需求,推动智能设备产业创新发展。重点发展手术机器人、医学影像、远程诊疗等高端医疗设备,可穿戴监测、运动、婴幼儿监护、适老化健康养老等智能设备,开展健康管理、运动指导、精准照护等增值服务,逐步实现设备智能化、生活智慧化。鼓励增强/虚拟现实等技术在购物、广电等场景中的应用
10	提高金融服务制造业转型升级质效	坚持金融服务实体经济,创新产品和服务,有效防范风险,规范产融结合。依托产业链龙头企业资金、客户、数据、信用等优势,发展基于真实交易背景的票据、应收账款、存货、预付款项融资等供应链金融服务。鼓励发展装备融资租赁业务

注:根据《实施意见》相关政策内容整理。

　　二是《服务型制造指导意见》明确提出了创新发展的重点领域。服务型制造是制造与服务融合发展的新型制造模式和产业形态,是先进制造业和现代服务业深度融合的重要方向。推动服务型制造创新发展具体包括十大领域,如表4-2所示,分别为工业设计服务、定制化服务、供应链管理、检验检测认证服务、全生命周期管理、总集成总承包、节能环保、生产性金融等新兴融合业态。对照《国民经济行业分类》，服务型制造创新主要是科学研究和技术服务业（M），信息传输、软件和信息技术服务业（I），租赁和商务服务业（L），金融（J），交通运输、仓储和邮政业（G）等5个重点服务业门类与制造业领域的融合发展。

表4-2　《服务型制造指导意见》相关创新发展领域

序号	重点行业	主要内容
1	工业设计服务	实施制造业设计能力提升专项行动,加强工业设计基础研究和关键共性技术研发,建立开放共享的数据资源库,夯实工业设计发展基础等
2	定制化服务	综合利用5G、物联网、大数据、云计算、人工智能、虚拟现实、工业互联网等新一代信息技术,建立数字化设计与虚拟仿真系统,发展个性化设计、用户参与设计、交互设计,推动零件标准化、配件精细化、部件模块化和产品个性化重组,推进生产制造系统的智能化、柔性化改造,增强定制设计和柔性制造能力,发展大批量个性化定制服务等
3	供应链管理	支持制造业企业合理安排工厂布局,优化生产管理流程,建设智能化物流装备和仓储设施,促进供应链各环节数据和资源共享。支持有条件的制造业企业面向行业上下游开展集中采购、供应商管理库存(VMI)、精益供应链等,建设供应链协同平台,推动供应链标准化、智能化、协同化、绿色化发展等
4	检验检测认证服务	鼓励发展面向制造业全过程的专业化检验检测认证服务提供商,加强检验检测认证服务机构的资质管理和能力建设,提升检验检测认证服务能力等
5	全生命周期管理	鼓励制造业企业以客户为中心,完善专业化服务体系,开展从研发设计、生产制造、安装调试、交付使用到状态预警、故障诊断、维护检修、回收利用等全链条服务。围绕提升研发设计、生产制造、维护检修水平,拓展售后支持、在线监测、数据融合分析处理和产品升级服务。建设贯穿产品全生命周期的数字化平台、产品数字孪生体等,提高产品生产数据分析能力,提升全生命周期服务水平
6	总集成总承包	鼓励制造业企业提高资源整合能力,提供一体化的系统解决方案,开展总集成总承包服务。支持制造业企业依托核心装备、整合优质产业资源,建设"硬件+软件+平台+服务"的集成系统,为客户提供端到端的系统集成服务。支持有条件的制造业企业发展建设—移交(BT)、建设—运营—移交(BOT)、建设—拥有—运营(BOO)、交钥匙工程(EPC)等多种形式的工程总承包服务等
7	节能环保	鼓励制造业企业加大节能环保技术和产品研发力度,逐步开展产品回收及再制造、再利用服务,节约资源、减少污染,实现可持续发展等

序号	重点行业	主要内容
8	生产性金融	鼓励融资租赁公司、金融机构在依法合规、风险可控的前提下,为生产制造提供融资租赁、卖(买)方信贷、保险保障等配套金融服务。支持领军企业整合产业链与信息链,发挥业务合作对风险防控的积极作用,配合金融机构开展供应链金融业务,提高上下游中小企业融资能力等

注:根据《服务型制造指导意见》相关政策内容整理。

三是《制造服务业高质量发展意见》明确提出了制造服务业发展方向。制造服务业是面向制造业的生产性服务业,是提升制造业竞争力和综合实力、促进制造业转型升级和高质量发展的重要支撑。如表4-3所示,制造服务业要聚焦6个重点环节和领域,以服务供给牵引制造业转型升级。对照《国民经济行业分类》,涉及的生产性服务业主要包括科技服务和技术服务业,租赁和商务服务业,信息传输、软件和信息技术服务业,交通运输、仓储和邮政业,金融等门类。此外,提出加快品牌培育、智能转型、研发设计能力提升等制造服务业发展7个专项行动,强调以专业技术服务业,商务服务业,信息传输、软件和信息技术服务业等生产性服务业赋能制造业,尤其要在冶金,石化,汽车,计算机、通信和其他电子设备制造业等重点制造领域遴选一批实施成效突出、复制推广价值大的智能制造标杆工厂,加快制定分行业智能制造实施路线图,修订完善国家智能制造标准体系。加强废弃资源综合利用业发展,推动制造业绿色发展。

表4-3 《制造服务业高质量发展意见》发展方向及专项行动

序号	重点环节/专项行动	主要领域	涉及主要产业
1	提升制造业创新能力	发展研究开发、技术转移、创业孵化、知识产权、科技咨询等科技服务业,加强关键核心技术攻关,加速科技成果转化,夯实产学研协同创新基础,推动产业链与创新链精准对接、深度融合,提升制造业技术创新能力,提高制造业产业基础高级化、产业链供应链现代化水平。提升商务咨询专业化、数字化水平,助力制造业企业树立战略思维、创新管理模式、优化治理结构,推动提高经济效益。加快工业设计创新发展,提升制造业设计能力和水平,推动中国制造向中国创造转变	科技研究和技术服务业、商务服务业

续表

序号	重点环节/专项行动	主要领域	涉及主要产业
2	优化制造业供给质量	支持企业和专业机构提供质量管理、控制、评价等服务,扩大制造业优质产品和服务供给,提升供给体系对需求的适配性。加快检验检测认证服务业市场化、国际化、专业化、集约化、规范化改革和发展,提高服务水平和公信力,推进国家检验检测认证公共服务平台建设,推动提升制造业产品和服务质量。加强国家计量基准标准和标准物质建设,提升计量测试能力水平,优化计量测试服务业市场供给。发展面向制造业的研发、制造、交付、维护等产品全生命周期管理,实现制造业链条延伸和价值增值。鼓励专业服务机构积极参与制造业品牌建设和市场推广,加强品牌和营销管理服务,提升制造业的品牌效应和竞争力	专业技术服务业、商务服务业
3	提高制造业生产效率	利用5G、大数据、云计算、人工智能、区块链等新一代信息技术,大力发展智能制造,实现供需精准高效匹配,促进制造业发展模式和企业形态根本性变革。加快发展工业软件、工业互联网,培育共享制造、共享设计和共享数据平台,推动制造业实现资源高效利用和价值共享。发展现代物流服务,促进信息资源融合共享,推动实现采购、生产、流通等上下游环节信息实时采集、互联互通,提高生产制造和物流一体化运作水平	信息传输、软件和信息技术服务业,交通运输、仓储和邮政业
4	支撑制造业绿色发展	强化节能环保服务对制造业绿色发展的支撑作用,推进合同能源管理、节能诊断、节能评估、节能技术改造咨询服务、节能环保融资、第三方监测、环境污染第三方治理、环境综合治理托管服务等模式,推动节能环保服务由单一、短时效的技术服务,向咨询、管理、投融资等多领域、全周期的综合服务延伸拓展。发展回收与利用服务,完善再生资源回收利用体系,畅通汽车、纺织、家电等产品生产、消费、回收、处理、再利用全链条,实现产品经济价值和社会价值最大化	科技推广和技术服务业,废弃资源综合利用业
5	增强制造业发展活力	更好发挥资本市场的作用,充分利用多元化金融工具,不断创新服务模式,为制造业发展提供更高质量、更有效率的金融服务。发展人力资源管理服务,提升人才管理能力和水平,优化人才激励机制,推动稳定制造业就业,助力实现共同富裕。加大数据资源开发、开放和共享力度,促进知识、信息、数据等新生产要素合理流动、有效集聚和利用,促进制造业数字化转型	金融业,商务服务业,信息传输、软件和信息技术服务业
6	推动制造业供应链创新应用	健全制造业供应链服务体系,稳步推进制造业智慧供应链体系、创新网络和服务平台建设,推动制造业供应链向产业服务供应链转型。支持制造业企业发挥自身供应链优势赋能上下游企业,促进各环节高效衔接和全流程协同。巩固制造业供应链核心环节竞争力,补齐制造业供应链短板。推动感知技术在制造业供应链关键节点的应用,推进重点行业供应链体系智能化,逐步实现供应链可视化。建立制造业供应链评价体系,逐步形成重要资源和产品全球供应链风险预警系统,完善全球供应链风险预警机制,提升我国制造业供应链的全球影响力和竞争力	信息传输、软件和信息技术服务业,商务服务业

序号	重点环节/专项行动	主要领域	涉及主要产业
7	中国制造品牌培育行动	完善国家质量基础设施,加强标准、计量、专利等体系和能力建设,深入开展质量提升行动。充分调动企业作为品牌建设主体的主观能动性,建立以质量为基础的品牌发展战略,不断优化产品和服务供给结构,促进制造业企业提升质量管理水平。持续办好中国品牌日活动,讲好中国品牌故事,宣传推介国货精品,在全社会进一步传播品牌发展理念,增强品牌发展意识,凝聚品牌发展共识	专业技术服务业、商务服务业
8	制造业智能转型行动	制定重点行业领域数字化转型路线图。抓紧研制两化融合成熟度、供应链数字化等标准,加快工业设备和企业上云用云步伐。实施中小企业数字化赋能专项行动,集聚一批面向制造业中小企业的数字化服务商。推进"5G+工业互联网"512工程,打造5个内网建设改造公共服务平台,遴选10个重点行业,挖掘20个典型应用场景。在冶金、石化、汽车、家电等重点领域遴选一批实施成效突出、复制推广价值大的智能制造标杆工厂,加快制定分行业智能制造实施路线图,修订完善国家智能制造标准体系。开展联网制造企业网络安全能力贯标行动,遴选一批贯标示范企业	信息传输、软件和信息技术服务业,冶金,石化,汽车,计算机、通信和其他电子设备制造业
9	制造业研发设计能力提升行动	推动新型研发机构健康有序发展,支持科技企业与高校、科研机构合作建立技术研发中心、产业研究院、中试基地等新型研发机构,盘活并整合创新资源,推动产学研协同创新。大力推进系统设计、绿色设计和创意设计的理念与方法普及,开展高端装备制造业及传统优势产业等领域重点设计突破工程,培育一批国家级和省级工业设计研究平台,突出设计创新创意园区对经济社会发展的综合拉动效应,探索建立以创新为核心的设计赋能机制,推动制造业设计能力全面提升	专业技术服务业
10	制造业绿色化改造行动	开展绿色产业示范基地建设,搭建绿色发展促进平台,培育一批具有自主知识产权和专业化服务能力的市场主体,推动提高钢铁、石化、化工、有色、建材、纺织、造纸、皮革等行业绿色化水平。积极打造家电零售和废旧家电回收处理产业链,探索实施家电企业生产者责任延伸目标制度,研究开展废弃电器电子产品拆解企业资源环境绩效评价,促进家电更新消费	科学研究和技术服务业,废弃资源综合利用业
11	制造业供应链创新发展行动	探索实施制造业供应链竞争力提升工程,逐步完善战略性新兴产业供应链关键配套体系,巩固制造业供应链核心环节竞争力。开展制造业供应链协同性、安全性、稳定性、竞争力等综合评估,研究绘制基于国内国际产业循环的制造业重点行业供应链全景图。鼓励企业积极参与全球供应链网络,建立重要资源和产品全球供应链风险预警系统。研究国家制造业供应链安全计划,建立全球供应链风险预警评价指标体系	商务服务业

序号	重点环节/专项行动	主要领域	涉及主要产业
12	制造服务业标准体系建设行动	深入开展信息技术、科创服务、金融服务、服务外包、售后服务、人力资源服务、现代物流、现代供应链、设施管理等服务领域标准化建设行动，推动制造服务业标准体系逐步完善。持续完善工业互联网标识解析体系、网络互联、边缘计算、数据规范体系和工业 App 等共性标准，支持涉及安全健康环保的技术要求制定强制性国家标准	专业技术服务业
13	制造业计量能力提升行动	构建国家现代先进测量体系，加快国家产业计量测试中心和联盟建设，培育计量测试等高技术制造服务业，聚焦制造业"测不了、测不准"难题，加强计量测试技术研究和应用，加大专用计量测试装备研发和仪器仪表研制力度，提升制造业整体测量能力和水平，赋能制造业创新和高质量发展	专业技术服务业

注：根据《制造服务业高质量发展意见》《国民经济行业分类》整理分析。

此外，2021 年 3 月，在国家发展改革委统一部署下，北京结合首都功能定位，发布《关于积极开展先进制造业和现代服务业融合发展试点储备工作的通知》，提出先进制造业包括新一代信息技术、健康医疗、集成电路、汽车、新材料、卫星航天、精密仪器和传感器等，要推进服务环节补短板、拓空间、提品质、增效益，提升产业链供应链现代化水平，不断壮大促进国内大循环的先进制造产业集群势能；现代服务业包括金融服务、信息服务、研发设计、专业服务等现代服务业，要抓住"两区"建设重大机遇，依托技术和专业化优势，衍生和服务制造业，加快推动制造业高质量发展。

综上，在国家层面和北京市级层面，一系列政策文件的出台为北京的两业融合发展提供了指南。汇总各项政策文件涉及的重点领域，对照《国民经济行业分类》，如表 4-4 所示，两业融合统计监测的重点现代服务业为信息传输、软件和信息技术服务业等 5 个门类；重点制造业为石油、煤炭及其他燃料加工业等 26 个大类。

表 4-4　两业融合视角下现代服务业与先进制造业重点行业

政策意见	现代服务业	先进制造业
《实施意见》	主要包括 5 个门类,分别为信息传输、软件和信息技术服务业,金融,交通运输、仓储和邮政业,租赁和商务服务业,科学研究和技术服务业	5 个类别 26 大类,分别为原材料工业类(25 石油、煤炭及其他燃料加工业,26 化学原料和化学制品制造业,30 非金属矿物制品业,31 黑色金属冶炼和压延加工业,32 有色金属冶炼和压延加工业);消费品工业类(13 农副食品加工业,14 食品制造业,15 酒、饮料和精制茶制造业,16 烟草制品业,17 纺织业,18 纺织服装、服饰业,19 皮革、毛皮、羽毛及其制品和制鞋业,21 家具制造业,22 造纸和纸制品业,23 印刷和记录媒介复制业,24 文教、工美、体育和娱乐用品制造业,27 医药制造业,38 电器机械和器材制造业,39 计算机、通信和其他电子设备制造业,40 仪器仪表制造业);装备制造业类(34 通用设备制造业,35 专用设备制造业,37 铁路、船舶、航空航天和其他运输设备制造业);汽车制造业类(36 汽车制造业);节能环保类(42 废弃资源综合利用业,46 水的生产和供应业)
《服务型制造指导意见》	科学研究和技术服务业,信息传输、软件和信息技术服务业,租赁和商务服务业,金融,交通运输、仓储和邮政业等 5 个重点服务业门类与制造业领域的融合发展	—
《制造服务业高质量发展意见》	科技服务和技术服务业,租赁和商务服务业,信息传输、软件和信息技术服务业,交通运输、仓储和邮政业,金融等 5 个门类,加强生产性服务业赋能制造业	冶金,石化,汽车,计算机、通信和其他电子设备制造业,废弃资源综合利用业等重点制造领域
《关于积极开展本市先进制造业和现代服务业融合发展试点储备工作的通知》	金融服务、信息服务、研发设计、专业服务等	新一代信息技术、健康医疗、集成电路、汽车、新材料、卫星航天、精密仪器和传感器

续表

政策意见	现代服务业	先进制造业
归总后建议纳入重点监测的领域	信息传输、软件和信息技术服务业，金融，交通运输、仓储和邮政业，租赁和商务服务业，科学研究和技术服务业等5个门类	石油、煤炭及其他燃料加工业，化学原料和化学制品制造业，非金属矿物制品业，黑色金属冶炼和压延加工业，有色金属冶炼和压延加工业，农副食品加工业，食品制造业，酒、饮料和精制茶制造业，烟草制品业，纺织业，纺织服装、服饰业，皮革、毛皮、羽毛及其制品和制鞋业，家具制造业，造纸和纸制品业，印刷和记录媒介复制业，文教、工美、体育和娱乐用品制造业，医药制造业，电器机械和器材制造业，计算机、通信和其他电子设备制造业，仪器仪表制造业，通用设备制造业，专用设备制造业，铁路、船舶、航空航天和其他运输设备制造业，汽车制造业，废弃资源综合利用业，水的生产和供应业等26个大类

注：根据全国及北京各相关政策意见整理。

二　两业融合的演变历程及当前所处阶段的内涵

综观全球产业发展历程，两业融合分为3个发展阶段，产出融合贯穿始终且不断深化，投入融合经历生产性服务剥离、专业化分工后进入深度融合、高度协同阶段，当前为产出与投入高度融合的第三阶段。

（一）工业化初期：产出环节与投入环节的浅层融合

在工业化早期阶段，产品制造部门一般不提供服务，或与附加的服务相分离。在产出终端环节，随着市场竞争加剧，制造部门在产品基础上，增加附加服务，逐渐形成产品与服务相融合的交付形态。这种面向消费者，为制造产品提供附加服务的产出融合仍是当前两业融合最普遍、最直接的方式，如制造商为消费者提供产品相关的培训和维修服务。在投入环节，两业融合一般发生在制造服务支撑环节或供应链等基本环节。[1] 总体来看，该阶段对服务的需求较少，主要由制造企业提供。

---

[1] 邓洲：《制造业与服务业融合发展的历史逻辑、现实意义与路径探索》，《北京工业大学学报》（社会科学版）2019年第4期。

（二）20世纪80年代以来：产出融合高端化品牌化，投入环节分工深化

20世纪80年代后，随着发达国家人均收入水平的提升，消费端对服务提出更高要求，企业在产品质量与功能基础上，附加更高水平的服务才能更好地满足消费者高品质生活需求、增强自身竞争力。随着提供的服务内容不断拓展，服务逐渐成为系统性的业务，产出融合转向服务高端化、品牌化，成为制造企业重要的竞争优势。

在此阶段，伴随经济全球化和信息化发展，服务外包渐成趋势，其中，美国率先、英国紧随其后实施离岸服务外包，企业将原先自身承担的研发、设计等服务于生产的职能，[①] 通过全球市场进行优化配置，进行专业化分工，制造业与服务业在产业组织与产业空间上实现分离，同时通信及IT基础设施等软硬件水平的提升为这种分离提供了技术保障。服务外包产生的原因主要是随着企业面临的需求日益多样化，竞争越来越激烈，专门的服务企业能为制造业提供更专业的服务。同时，专业化分工也有利于规模经济的发展，提高效率、降低成本，提升企业竞争力。

（三）第四次工业革命以来：产出与投入均呈现深度融合趋势，两业跨界融合深化

以2013年德国提出工业4.0为重要标志，物联网、大数据、机器人及人工智能等技术驱动的第四次工业革命以前所未有的态势席卷全球，技术变革催生产业变革并叠加消费变革，引发产业融合广泛而深刻地发生。一是技术变革催生产业变革。从全球来看，数字化浪潮加速重塑产品形态。新一代信息技术的应用促进产品与服务深度融合，产品成为提供服务的载体，通过工业互联网等平台连接，实现万物互联、万物感知、万物智能。二是消费变革叠加技术变革。随着生产力的发展和社会的进步，消费结构不断优化，消费水平进一步提高，个性化、多元化、定制化消费成为新的趋势。数字技术的进步与突破使得生产端与消费端能够直接建立数字连

---

① 于洋、杨明月、肖宇：《生产性服务业与制造业融合发展：沿革、趋势与国际比较》，《国际贸易》2021年第1期。

接，形成"数据穿透"，增强了企业洞察需求和敏捷反应的能力。而工业互联网等生产数字网络的搭建也使得生产上下游环节各要素的数字协同成为可能，满足碎片化、个性化、交付周期更短的订单需求的批量定制生产得以实现。三是产业变革。从全球竞争来看，发达国家为占据全球价值链的顶端，不断投入现代服务业所需的技术、知识、创意等要素，使整体产业结构趋于"软化"，而数字技术的出现使得这种"软化"的门槛更低、效率更高。

与前两个发展阶段产业融合主要发生在制造业领域不同，本阶段产业融合不仅在制造业领域呈现产出与投入环节融合持续深化的趋势，在服务业领域也呈现广泛跨界和生态闭环打造的趋势，并且由于新技术赋能，涌现出制造与服务高度融合的新业态。一方面，制造业依然是产业融合深化的重要领域，是引领产业价值链攀升、建设现代化经济体系、实现经济高质量发展和国际竞争力提升的主战场。制造业在产出与投入环节与服务业的深度融合促进了制造业与服务业的业务关联、链条延伸和跨界发展。其中，在产出环节，顺应技术革命、产业变革和消费升级等新趋势，越来越多的企业把提供与产品相关的服务作为差异化竞争的重要手段，产品的制造、服务属性日益模糊，产品的服务化趋势明显。如苹果、华为、蔚来等出售的是智能移动终端与数字内容服务高度融合的产品；家电、服装等除满足实用功能外，还附加越来越多的社交、体验等服务功能，以增强用户黏性，扩大市场空间，提升品牌竞争力。在投入环节，由于数字化技术的发展和应用，研发、设计、金融、商务、人力资源等生产性服务业实现数字化、网络化、智能化改造，能够作为中间投入直接内嵌于制造业全链条，保障先进制造业的精密、柔性、高效、敏捷、环保、高收益性发展需求。这些生产性服务既可能由专业的第三方服务企业提供，也可能由制造业企业通过数字化改造、业务延伸实现内部供给，提供服务的主体与制造主体在组织、空间上分离或整合并不影响业务的深度融合，关键在于制造和服务信息与数据的共享，从而实现资源高效配置。另一方面，在服务业领域，基于技术创新、用户触达渠道、数据收集分析等优势，服务业打破产业界限，将业务延伸到制造业，实现两业的深度融合和闭环生态打造，既包括制造生产，又包括服务提供。这在消费互联网平台型企业比较常见，如京东京造、小米有品、网易严选、淘宝心选等。此外，在高精尖产业和文化创意、旅游等领域也是重要趋势，高新技术研发、创新、创意、品牌等优势使得企业在产品制造领域也获得了明显优势，实现了服务与产品制造、设备提供等制造方面的跨界发展。

此外，两业融合还直接表现为新技术背景下产生的新业态，如《实施意见》明确提出要重点培育的智能工厂、工业互联网、柔性化定制、共享生产平台等新业态，天然具有制造与服务融合特性，数字化、智能化程度高。

表 4-5　两业融合的三个发展阶段及特征

阶段	主要融合领域	产出环节	投入环节	融合特征
第一阶段	制造业	浅层融合	浅层融合	对于服务要素的需求少且简单，由制造企业直接提供
第二阶段	制造业	增值服务高端化品牌化	专业化分工深化，制造与服务在产业组织与空间上分离	产出环节更高水平的服务有利于增强差异化竞争能力；投入环节服务要素由专门的服务企业提供，以降低成本、提高效率、提升竞争力
第三阶段	制造业	高度融合，服务化趋势更明显	高度融合，跨界延伸或业务关联	产出环节、投入环节的融合既可能是制造业跨界延伸，也可能是专业服务企业通过数字化改造内嵌制造环节从而加强业务联动，关键在于数据要素的打通共享、资源的高效配置
	服务业	—	—	向制造业跨界延伸，推动两业融合生态闭环打造
	新业态	天然融合	天然融合	新技术赋能，数字化、智能化程度高

总结起来，在第三阶段，两业融合既包括业务的关联互动，也包括业务的链条延伸，还包括新融合业态的催生。其中，业务的关联互动是指业务范围不跨界，但通过业务链条的数字化协同化实现专业高效的分工和业务的强关联，尤其是生产性服务业嵌入制造业数字化链条，强化服务支撑的作用；

业务的链条延伸主要是业务的跨界，包括制造向服务的链条延伸，[①] 推动服务型制造发展，定制化生产、柔性制造和产品的全生产周期管理等主要的表现形式；也包括服务向制造的链条延伸。新融合业态则兼具制造与服务功能，二者自产生之初即融为一体。因此，在本阶段，两业融合的内涵丰富，是深化两业业务关联的融合，或是通过业务链条延伸打破两业边界的融合，或是新技术赋能渗透实现两业的本然融合，关键在于制造与服务在信息、数据、技术、创意、品牌、渠道等关键资源方面的共享，从而实现生产要素高效配置、高度协同，最终形成两业相融相长、耦合共生（紧密互补配合、相互共享依赖）的发展格局。

三 两业融合的主要路径与机理

在两业融合的路径方面，既有研究较为丰富，但尚未能全面反映业务关联、链条延伸、技术渗透等两业融合不同层面的内涵，亦不适用于宏观层面的统计监测，或是分类维度单一难以全覆盖，或是难以指标量化衡量。如邓洲[②]从融合实现的效果角度，提出要素结构提升、用户价值提升、制造效能提升、拓展服务提升等四类融合路径，分类维度主要集中在研发设计、全生命周期管理、系统解决方案、供应链整合、金融租赁等生产性服务业对制造业的支撑关联，未体现制造向服务延伸、服务向制造延伸等业务跨界情况。从融合实现的不同机理角度，韩建飞、秦海林[③]提出推动制造业协同创新、推进制造业与互联网融合发展、实施集群化战略、倡导循环发展理念、加快制造业企业主辅分离等两业融合的五类路径，丰晓旭、雷尚君[④]提出创新驱

---

① 工业企业发展工业文化旅游在本质上也属于业务范围的跨界拓展、业务提供主体的内化。过去由外部服务机构提供的品牌营销与广告服务通过工业文化旅游业务拓展实现了生产性服务内化，同时工业文化资源也得到了开发利用。

② 邓洲：《制造业与服务业融合发展的历史逻辑、现实意义与路径探索》，《北京工业大学学报》（社会科学版）2019 年第 4 期。

③ 韩建飞、秦海林：《力推先进制造业与现代服务业融合发展》，《中国经济时报》2019 年 4 月 3 日。

④ 丰晓旭、雷尚君：《先进制造业和现代服务业深度融合发展的模式与建议》，《全球化》2020 年第 6 期。

动型、投入互促型、产出互补型、需求联动型、集群互助型等五类不同的融合路径，都在一定程度上反映了实践中两业融合的相关路径，但对于不同类型的制造业、服务业如何实现融合缺乏有针对性地探讨，既难以展现两业融合的微观机理，也不能为两业融合发展监测评价提供更具可操作性的参考。为此，本研究围绕当前阶段两业融合的内涵，结合两业融合典型实践，分析提出当前两业融合的关键路径。

（一）业务关联型融合的主要路径

业务关联型融合的本质在于先进制造业与现代服务业在业务上的关联加强，但未出现业务链条的跨界延伸，也非本然两业融合的新业态，在实践中，多表现为金融、科技服务、物流、商务等生产性服务业对制造业在投入与产出环节的支撑和赋能，以促进制造业向高能级、高质量、高效益演进，同时也促进带动现代服务业市场的发展壮大。这也是国内外企业推动两业融合最普遍的方式，以美国为首的发达国家在全球范围内采用服务外包的方式，降低生产经营成本、赋能制造业发展。事实上，也并不是所有的现代服务业、先进制造业企业都有实力跨界延伸产业链条并在市场竞争中实现稳定营收，专业化分工并加强耦合共生仍是两业融合的主要方式。

1. 路径一：生产性服务业驱动，补上制造业"软"短板

《制造服务业高质量发展意见》明确提出要加快推动制造服务业（面向制造业的生产性服务业）高质量发展，以解决我国制造服务业供给质量不高，专业化、社会化程度不够，引领制造业价值链攀升的作用不明显等发展痛点。因此，加强生产性服务业对制造业的支撑、补上制造业"软"短板是业务关联型融合的一大路径。国内外产业发展实践表明，服务业的支撑力越强，制造业越发达。以处于全球价值链高端的美国为例，占美国经济总量81%的服务业中的近60%为制造业服务。《制造服务业高质量发展意见》提出要聚焦发展的重点环节和领域包括提升创新能力的研究开发、技术转移、创业孵化、知识产权、科技咨询等科技服务业，增强制造业供给质量的工业设计、检验检测、计量和标准化、质量管理、供应链管理等专业技术服务业、商务服务业等领域，提高制造业生产效率的信息传输、软件和信息技术服务业和现代

物流服务业等领域，支撑制造业绿色发展的节能环保等领域，增强制造业活力的资本、人力资源等金融、商务服务业等领域，反映了生产性服务业在制造业的生产、流通、分配、消费等全流程中发挥着重要作用，有利于提升全产业链价值，对制造业转型升级和品质提升提供全方位支撑与引领。

因此，在生产性服务业驱动发展路径下，生产性服务业的发展情况决定了其对制造业的供给质量，制造业对生产性服务的采购和使用反映了制造业的真实需求，体现了生产性服务业对制造业发展的赋能和支撑。

2. 路径二：数字化转型驱动，促进两业高效协同

当前，要满足先进制造业精密、柔性、高效、敏捷、环保、高收益性等特性需求，生产性服务业即时化、定制化服务制造业至关重要。从发展实践看，推动制造业数字化转型，实现物料供应、生产流程、产品动向、废弃物排放等信息的数字化，生产性服务业才能嵌入制造业数字化平台，实时共享数据，实现对制造业全生命周期的定制化高效服务。从该路径的典型案例看，调研企业"用友网络科技股份有限公司"作为数智化平台与服务提供商，在营销、采购、生产、供应链、金融、财务、人力、协同服务等领域为制造企业提供数字化、智能化、高弹性的云服务产品与解决方案；"北京华信瑞德信息技术有限公司"作为国家工业互联网标识解析二级节点单位，能为制造业企业提供可信解析追溯、精细化仓储管理、数字化营销、全生命周期管理等全链路应用服务，①助力企业数字化、网络化、智能化转型。生产性服务企业为制造业服务的机理与典型案例表明，企业的信息化、数字化改造以及接入工业互联网等生产性服务平台情况是实现数字化驱动路径的关键。

（二）链条延伸型融合的主要路径

链条延伸型融合既包括制造业向服务业的延伸，也包括服务业向制造业的融合，二者的驱动路径与融合机理各有差异。与业务关联型融合相比，链

---

① 服务的企业包括红牛、加多宝、雀巢、伊利、蒙牛、可口可乐、百事可乐、康师傅、全聚德、思念、惠普、京粮集团、中储粮集团、金胜集团、欢乐家、香飘飘、红星酒业、北京现代、北新建材等百余家知名制造品牌。

条延伸型企业已经实现跨产业的集团化经营，属于两业融合的联合体，在当前统计调查制度下，以集团而非法人为统计调查单位才能真实反映产业的融合发展情况。

1. 路径一：服务型制造增值驱动，实现制造业向服务业延伸

在制造业发展过程中，制造业企业将产业链上非战略性产业活动环节外包给第三方属于业务关联，将一些掌握核心技术、关键数据、具有市场竞争力的核心服务环节发展为企业增值环节，则属于制造业向服务业的延伸，这种延伸一般会引发制造业的主辅分离，而分离发展的制造型服务业有利于推动制造业在全球产业分工和价值链中的地位提升。《服务型制造指导意见》明确提出要推动工业设计服务、全生命周期管理等服务型制造的创新发展，搭建数字化、网络化的服务型制造公共服务平台是分离发展服务型制造的关键。从该路径的典型案例来看，调研企业"北汽福田汽车股份有限公司"作为中国品种最全、规模最大的商用车企业，已形成集整车制造、核心零部件、汽车金融、车联网于一体的汽车生态体系，服务网络覆盖 31 个省区市的超 7000 家用户，率先在国内创建的一站式全周期服务创新品牌——全程无忧，能够实现全天候、全过程、全方式等"三全服务"，并能提供福田汽车冷链物流解决方案。福田汽车从制造业务向物流、金融等多元化制造型服务的拓展的前提是生产销售数据的采集、工业互联网的应用，只有这样才能形成核心服务能力与解决方案。因此，在服务型制造增值驱动路径下，服务型制造公共服务平台的搭建、数字化转型改造是实现制造业向服务业延伸的关键影响因素。

2. 路径二：优势服务衍生驱动，实现服务业向制造业延伸

服务业向制造业拓展延伸是指，服务业企业发挥数据、技术创新、品牌、渠道、创意等要素优势，通过委托制造、技术转化应用、品牌授权等方式向制造环节拓展，如电子商务、研发设计、文化旅游等服务业企业。从实践来看，京东京造是平台型服务企业向制造业衍生的典型案例。依托需求洞察、品牌赋能、物流优势，京造紧扣消费者实际生活需求，提供从家居、电器到日用品、生鲜等的全品类商品的生产、销售、配送及售后等一站式消费

服务，形成了从生产端到需求端的闭环产业生态，既赋能制造，又开创了新的营收领域。中国有研科技集团有限公司（原北京有色金属研究总院，以下简称"有研集团"）是科技研发型企业向制造衍生的典型案例。作为中国有色金属行业综合实力雄厚的研究开发机构，有研集团既包括有研工研院、有研资环院、国合通测、国联研究院 4 家研究开发与科技服务实体，还包括有研新材、有研粉材等 20 余家高新技术企业，基于在有色金属领域的技术专利与标准优势，实现从科技研发服务业向生产制造领域的衍生。文化旅游领域向制造衍生是具有 IP 优势的品牌拓展业务的常规方式，对于北京而言，相应的文化产品的制造衍生占比较小，主要是伴随新媒体的崛起，实现文化 IP 在小说、动漫、影视、游戏等领域的渗透融合，因此，在此模式下暂不考虑该种细分融合路径。因而，在优势服务衍生驱动路径下，实现服务业向制造业延伸的主体是电子商务与高新技术研发服务企业，拥有大体量的电子商务及具有优势的技术专利是实现制造衍生的关键。

（三）技术渗透型融合的主要路径

不同于生产性服务业赋能制造业的业务关联型融合、制造业与服务业跨界发展的链条延伸型融合，技术渗透型融合直接表现为新技术背景下产生的新业态，其既不是制造业主辅分离出的服务型制造，也不属于服务业衍生出的制造业，而是在新一代信息技术、人工智能技术等赋能下产生的全新业态，天然具有制造与服务融合特性，如智能工厂、工业互联网等，数字化、智能化程度高。从实践来看，小米智能工厂是技术渗透型融合的典型案例，在新一代信息技术基础上，利用大数据、自然语言理解、自适应能力等多种技术，让系统能够实现自主识别、判断、推理、优化，实现智能决策，满足大规模定制化、敏捷型、精益化生产需求。此外，工业互联网亦为技术渗透型融合的典型，作为新一代信息技术与制造业深度融合的产物，通过人、机、物的全面互联，构建起全要素连接、全生命周期数字化治理的现代产业体系，是实现工业数字化、智能化发展的新型基础设施，是促进制造业、服务业融合的媒介和桥梁。因此，技术渗透型融合的关键在于新一代信息技术、人工智能等新技术赋能发展，属于"新技术+"的融合发展。

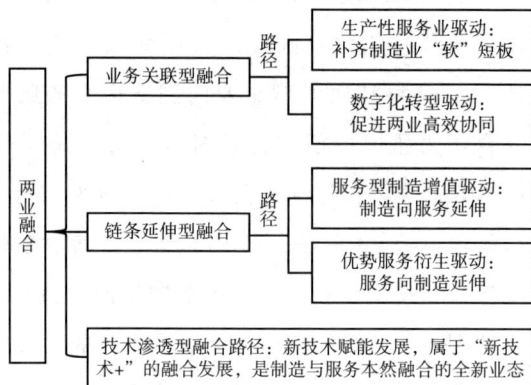

图 4-1　两业融合的主要路径

四　北京两业融合监测评价体系构建

（一）产业融合评价方法述评

在产业融合的评价方法方面，目前国内外主要有专利数据法、赫芬达尔指数法、投入产出法、灰色关联度法等。受制于专利数据的可得性，专利数据法和赫芬达尔指数法应用得并不多。投入产出法发展比较成熟，运用投入产出表能够测算出产业间相互影响和相互关联的程度，在两业融合的测度中被广泛应用，但投入产出表每 5 年更新一次，具有编制时间长、数据滞后等局限性，无法及时反映产业关联的特征与动态变化。灰色关联度法一般通过计算耦合度来衡量不同产业之间的融合程度。可以通过不同产业因素的相互影响程度来定义耦合度，其大小反映了相互作用的强度和贡献度，是目前测算两业融合最常采用的方法。总体来看，采用耦合度分析法测算两业融合程度的方法较为成熟、应用广泛，但本质上仍是将先进制造业与现代服务业两类产业分别选取相应指标，构建一个二分法多维度的评价指标体系，再利用模型测算二者之间的融合程度，在形式上不能体现两业融合打破产业边界、产业高度融合的特性，在内容上更多展现的是二者融合的结果，对于实现融合至关重要的驱动型指标难以纳入，对于国家发展改革委、工信部等多部门推进两业融合部署的相关工作成效难以多维度量化体现，也无法更有针对性地指导融合工作实践。为此，本研究将基于两业融合的路径与机理分析，创新性地构建北京两业融合监测评价体系，为日常监测评价两业融合发展水平提供支撑。

（二）北京两业融合监测评价指标体系构建

1. 监测评价指标体系构建的原则

一是系统性原则。基于新阶段两业融合面临的技术革命、产业变革、消费升级大势，监测评价体系设计既要科学反映融合的过程，也要体现融合的结果，系统体现过程与结果的统一。

二是实践指导性原则。支持有条件的地方开展融合发展统计监测和评价体系研究是《实施意见》明确提出的两业融合保障措施。因此，监测评价体系的构建将认真对照《实施意见》以及随后出台的《服务型制造发展指导意见》《制造服务业高质量发展意见》等系列政策文件的要求与北京两业融合推进实践，以更有针对性地评价政策措施贯彻落实情况，为两业融合工作提供更好的决策支撑。

三是客观性原则。监测评价体系设计要能客观反映北京现代服务业、先进制造业融合发展的典型实践，更好地反映北京两业融合的特点、路径与进展情况。

四是可行性原则。监测评价体系的设计要具有可操作性，立足现行统计制度和方法，充分考虑数据的可获得性，以保证日常统计监测能够采集到相关数据。

五是迭代原则。随着两业融合的推进和对相关研究认识的深化及统计工作水平的提升，不断完善两业融合的监测评价体系，逐步充实统计内容。

2. 监测评价指标体系的构建

在评价两业融合的维度方面，总结既有研究成果，主要包括发展水平等规模性指标，产业增长等潜力性指标，产业结构等结构性指标，利润效率等效益性指标，资本、劳动力、信息基础设施建设、技术创新等驱动力指标，对外开放等外部环境指标。如乔如娟、千庆兰[①]分别从发展水平、发展环境、投资环境等 3 个维度，共选取产值增长率、占 GDP 比重等 15 个二级指

---

① 乔如娟、千庆兰：《2004—2013 年东莞先进制造业与现代服务业耦合度变化》，《技术与创新管理》2017 年第 6 期。

标分析了 2004～2013 年东莞先进制造业与现代服务业耦合度变化。张晴云[①]分别从产业规模、产业成长、产业结构、产业效率四个维度，选取了增加值及占 GDP 比重、劳动生产率、就业贡献率等 23 个二级指标分析了我国现代服务业与先进制造业协同发展水平。杨新洪[②]从规模、结构、效率及发展潜力等 4 个维度构建先进制造业和现代服务业融合发展评价指标体系，并采用耦合度模型测算了广东省两业融合发展水平。总体来看，这些研究更多的是从规模、结构、效益、潜力等结果维度测评两业融合水平，资本、劳动力、创新、信息基础设施等驱动性、过程性指标难以反映两业融合的过程机理与路径特色。

在两业融合实践层面，国家发展改革委在试点区（县、市）、试点园区与试点企业三个层面开展了两业融合发展试点申报工作，需要报送的基本情况统计表包含制造业增加值及其占 GDP 比重、制造业增加值率、生产性服务业增加值占 GDP 比重、战略性新兴产业增加值占 GDP 比重、服务业中间投入及其占企业总投入比重、服务收入及其占企业营业总收入比重[③]等两业融合的规模性指标、潜力性指标、结构性指标，也包括投入的驱动性、过程性指标，如人才支撑（本科及以上学历人数占从业人数比例、科研人员数量占从业人数比例等）、科技创新（R&D 经费支出占 GDP 比重、每万人口发明专利拥有量、省级以上研发平台数量、国家高新技术企业数量、科技型企业数量、信息化投入等）等，为本研究提供了重要的参考。

综上，本研究将在北京两业融合内涵、融合路径分析的基础上，构建四维度三级指标体系。其中，前三个维度为过程性、路径性指标，第四个维度为结果性指标。

一是业务关联型融合（生产性服务业驱动 & 数字化转型驱动）。其中，在生产性服务业驱动发展路径下，生产性服务业增加值占 GDP 比重指标可

---

① 张晴云：《我国现代服务业与先进制造业协同发展研究》，重庆工商大学硕士学位论文，2019。

② 杨新洪：《先进制造业与现代服务业融合发展评价研究——以广东省为例》，《调研世界》2021 年第 4 期。

③ 服务业中间投入及其占企业总投入比重、服务收入及其占企业营业总收入比重这两个指标仅针对规上制造业企业的统计汇总。

用于衡量生产性服务业对制造业的供给能力，制造业企业在服务业的中间投入及其占全部投入的比重指标可用于衡量制造企业对生产性服务的采购和使用情况，这些指标皆为国家发展改革委两业融合发展试点区（县、市）基本情况统计表采集指标。在数字化转型驱动发展路径下，信息化投入指标可用于衡量企业的信息化、数字化改造情况，该指标亦为国家发展改革委两业融合发展试点区（县、市）基本情况统计表采集指标；工业互联网联网率指标可反映工业互联网连通共享资源情况，该指标可由工信部门收集提供。

二是链条延伸型融合（服务型制造增值驱动 & 优势服务衍生驱动）。其中，在服务型制造增值驱动路径下，规上制造企业服务收入及其占企业（集团）营业总收入比重指标可用于评价制造企业向服务业的延伸情况，该指标为国家发展改革委两业融合发展试点区（县、市）基本情况统计表采集指标；在优势服务衍生驱动路径下，规上服务企业制造业收入及其占企业（集团）营业总收入比重指标可用于评价服务企业向制造业的延伸情况。此外，电子商务平台交易额、每万人口发明专利拥有量这两个指标可间接评价电子商务、高新技术企业向制造业衍生的潜力（指标值越大，向制造业衍生的潜力就越大，呈正相关）。

三是技术渗透型融合（新技术赋能驱动）。在技术渗透型融合路径下，"新技术+"融合发展对低延时、高带宽的5G基础设施要求较高，5G终端设备连接数增速可用于评价5G的应用推动情况，信息传输、软件和信息技术服务业增加值及其增速这两个指标可用于评价新一代信息技术发展及应用情况。

四是融合总体成效。参考既有两业融合评价指标，多是从规模、结构、效益、节能减排等方面体现宏观层面两业融合成效。其中，融合规模可用现代服务业增加值、先进制造业增加值等指标评价；融合结构可用现代服务业增加值占GDP比重、先进制造业增加值占GDP比重等指标评价；融合效益可用现代服务业与先进制造业增加值率（当年价的增加值与总产值的比值）等指标反映。此外，采用单位GDP能源消耗降低、单位GDP二氧化碳排放降低等指标反映绿色发展和节能减排成效。

表 4-6 北京两业融合发展监测评价指标体系

一级指标	二级指标	三级指标	备注
业务关联型融合	生产性服务业驱动	生产性服务业增加值占 GDP 比重(%)	—
		制造业企业在服务业的中间投入(亿元)	针对辖区内纳入统计监测重点范围的十六大类先进制造业规上企业进行统计填报并汇总
		制造业企业在服务业的中间投入占全部投入的比重(%)	
	数字化转型驱动	信息化投入(亿元)	—
		工业互联网联网率(%)	—
链条延伸型融合	服务型制造增值驱动	规上制造企业服务收入(亿元)	针对辖区内纳入统计监测重点范围的十六大类先进制造业规上企业进行以集团为单位的统计填报并汇总
		规上制造企业服务收入占企业(集团)营业总收入比重(%)	
	优势服务衍生驱动	规上服务企业制造业收入(亿元)	针对辖区内纳入统计监测重点范围的六大门类现代服务业规上企业进行以集团为单位的统计填报并汇总
		规上服务企业制造业收入占企业(集团)营业总收入比重(%)	
		电子商务平台交易额(亿元)	—
		每万人口发明专利拥有量(件)	—
技术渗透型融合	新技术赋能驱动	5G 终端设备连接数增速(%)	—
		信息传输、软件和信息技术服务业增加值(亿元)	—
		信息传输、软件和信息技术服务业增加值增速(%)	—
融合总体成效	融合规模	现代服务业增加值(亿元)	—
		先进制造业增加值(亿元)	—
	融合结构	现代服务业增加值占 GDP 比重(%)	—
		先进制造业增加值占 GDP 比重(%)	—
	融合效益	现代服务业增加值率(%)	当年价的现代服务业增加值与总产值的比值
		先进制造业增加值率(%)	当年价的先进制造业增加值与总产值的比值
		规上制造业生产性服务收入及占营业总收入比重(%)	—
		单位 GDP 能源消耗降低(%)	—
		单位 GDP 二氧化碳排放降低(%)	—

具体评价测算包含三个步骤：一是对三级指标数据进行标准化处理，将绝对数指标转化为相对数指标；二是由三级指标平均加权计算得出业务关联型融合指数、链条延伸型融合指数、技术渗透型融合指数、融合效益指数等分项指数值，反映两业融合在不同路径的过程性融合指数与结果性的融合效益指数；三是由四个分维度指数值平均加权计算北京两业融合发展综合指数，总体反映两业融合程度。

（三）北京两业融合监测评价体系完善分"两步走"

1. 先行探索第一步

在指标体系中，除既有统计制度体系下能提供的少量数据外，制造业企业在服务业的中间投入、制造业企业在服务业的中间投入占全部投入的比重、信息化投入、规上制造企业服务收入等多数指标或需通过统计监测重点范围重新核算归并，或需专门收集以填补空白。

从北京两业融合推进情况来看，企业与园区是当前产业融合工作的主要抓手。自 2020 年以来，根据国家发展改革委部署，北京开展了两年共计两批试点园区与企业申报认定工作。可遵循其工作思路，在统计监测重点产业门类内，通过补充部分指标进入企业统计报表的方式，先行探索北京两业融合发展监测评价，为全市两业融合工作提供决策参考。从市场主体来讲，服务与制造在工商注册、市场监管方面的要求不一样，制造环节需要成立单独的法人主体；服务业与制造业增值税率不一样，报批的流程、监管的政府主管部门也不一样。因此，对于链条延伸型融合涉及的指标需要按集团填报，否则可能无法在报表中监测到真实的两业融合情况。

2. 逐步完善第二步

在先行探索第一步的基础上，要加快研究制定两业融合统计监测制度，在确定两业融合统计分类的基础上，完善两业融合统计监测的指标体系，完善相关统计报表制度，并利用所收集的统计数据测算两业融合综合指数，开展相关统计分析。以经济发展新动能指数为例，国家于 2018 年发布《新产业新业态新商业模式统计分类（2018）》，2021 年 4 月发布《新产业新业态新商业模式统计监测制度》，并于 2021 年 7 月国家统计局发布了 2020 年我国经济发展新动能指数，历时几年分步推进。

五　基于投入产出表的两业融合发展评价及分析

鉴于当前两业融合指标体系数据缺失情况，本部分将采用 2012 年、2017 年、2020 年北京投入产出表数据，评价北京两业融合发展进程，并与全国及上海进行横向比较，进而根据评价分析结果，结合北京实际，提出推进北京两业融合发展的相关对策建议。

（一）两业融合视角下的投入产出表产业分类

调研发现，两业融合处于初步探索阶段，具备两业融合性质的企业主体仍然较少，部分企业对于新兴业务所属的行业分类尚不明确，因此，在本部分测算中，拟以门类划分现代服务业，以大类划分制造业，以宽口径纳入更多的监测主体，有针对性地评价国家及市级相关政策意见落实情况，更好地指导北京两业融合工作实践。

如前文所述，两业融合统计监测聚焦的重点产业包括信息传输、软件和信息技术服务业，金融业，交通运输、仓储和邮政业，租赁和商务服务业，科学研究和技术服务业等 5 个门类的现代服务业；石油、煤炭及其他燃料加工业，化学原料和化学制品制造业等 26 个大类的先进制造业。对照投入产出表可以发现，全国层面 2020 年的投入产出数据按照 153 个部门分类、2017 年按照 149 个部门分类、2012 年按照 139 个部门分类，北京、上海 2020 年、2017 年、2012 年投入产出数据均按照 42 个部门分类，[①] 但具体分类仍有差异。为此，对照《国民经济行业分类》，对全国、北京及上海 2020 年、2017 年、2012 年的投入产出数据进行归并整合，如表 4-7 所示，形成 5 个门类的现代服务业、26 个大类的先进制造业的评价分析部门分类。

---

① 上海尚未发布 2020 年投入产出表，北京于 2023 年 6 月底发布 2020 年投入产出表。

表 4-7 两业融合视角下投入产出数据部门整理

两业	监测范围	全国	北京	上海
现代服务业	交通运输、仓储和邮政业	2017年、2020年:铁路旅客运输、铁路货物运输和运输辅助活动、城市公共交通及公路客运、道路货物运输和运输辅助活动、水上旅客运输、水上货物运输和运输辅助活动、航空旅客运输、航空货物运输和运输辅助活动、管道运输、多式联运和运输代理、装卸搬运和仓储、邮政 2012年:铁路运输、道路运输、水上运输、航空运输、管道运输、装卸搬运和运输代理、仓储、邮政	交通运输、仓储和邮政	交通运输、仓储和邮政
	信息传输、软件和信息技术服务业	2017年、2020年:电信、广播电视及卫星传输服务、互联网和相关服务、软件服务、信息技术服务 2012年:电信和其他信息传输服务、软件和信息技术服务	信息传输、软件和信息技术服务	信息传输、软件和信息技术服务
	金融业	货币金融和其他金融服务、资本市场服务、保险	金融	金融
	租赁和商务服务业	租赁、商务服务	租赁和商务服务	租赁和商务服务
	科学研究和技术服务业	研究和试验发展、专业技术服务、科技推广和应用服务	2017年、2020年:研究和试验发展、综合技术服务 2012年:科学研究和技术服务	2017年:研究和试验发展、综合技术服务 2012年:科学研究和技术服务
	文化、体育和娱乐	新闻和出版,广播、电视、电影和影视录音制作,文化艺术,体育,娱乐	文化、体育和娱乐	文化、体育和娱乐
先进制造业	农副食品加工业	谷物磨制品,饲料加工品,植物油加工品,糖及糖制品,屠宰及肉类加工品,水产加工品,蔬菜、水果、坚果和其他农副食品加工品	食品和烟草	食品和烟草
	食品制造业	方便食品,乳制品,调味品,发酵制品,其他食品		
	酒、饮料和精制茶制造业	2017年、2020年:酒精和酒,饮料,精制茶 2012年:酒精和酒,饮料和精制茶加工品		
	烟草制品业	烟草制品		

两业 监测范围	全国	北京	上海
纺织业	棉、化纤纺织及印染精加工品,毛纺织及染整精加工品,麻、丝绢纺织及加工品,针织或钩针编织及其制品,纺织制成品	纺织品	纺织品
纺织服装、服饰业	纺织服装、服饰	纺织服装、鞋帽、皮革、羽绒及其制品	纺织服装、鞋帽、皮革、羽绒及其制品
皮革、毛皮、羽毛及其制品和制鞋业	皮革、毛皮、羽毛及其制品,鞋		
家具制造业	家具	木材加工品和家具	木材加工品和家具
造纸和纸制品业	造纸和纸制品	造纸印刷和文教体育用品	造纸印刷和文教体育用品
印刷和记录媒介复制业	印刷和记录媒介复制品		
文教、工美、体育和娱乐用品制造业	2017年、2020年:工艺美术品,文教、体育和娱乐用品 2012年:文教、工美、体育和娱乐用品		
石油、煤炭及其他燃料加工业	2017年、2020年:精炼石油和核燃料加工品、煤炭加工品 2012年:精炼石油和核燃料加工品,炼焦产品	石油、炼焦产品和核燃料加工品	石油、炼焦产品和核燃料加工品
化学原料和化学制品制造业	基础化学原料,肥料,农药,涂料、油墨、颜料及类似产品,合成材料,专用化学产品和炸药、火工、焰火产品,日用化学产品	化学产品	化学产品
医药制造业	医药制品		
非金属矿物制品业	水泥、石灰和石膏,石膏、水泥制品及类似制品,砖瓦、石材等建筑材料,玻璃和玻璃制品,陶瓷制品,耐火材料制品,石墨及其他非金属矿物制品	非金属矿物制品	非金属矿物制品
黑色金属冶炼和压延加工业	2017年、2020年:钢、钢压延产品、铁及铁合金产品 2012年:钢、铁及其铸件,钢压延产品,铁合金产品	金属冶炼和压延加工品	金属冶炼和压延加工品
有色金属冶炼和压延加工业	2017年:有色金属及其合金、有色金属压延加工品 2012年:有色金属及其合金和铸件、有色金属压延加工品		

续表

两业	监测范围	全国	北京	上海
	通用设备制造业	2020年:锅炉及原动设备,金属加工机械,物料搬运设备,泵、阀门、压缩机及类似机械,烘炉、风机、包装等设备,文化、办公用机械,其他通用设备 2012年、2017年:锅炉及原动设备,金属加工机械,物料搬运设备,泵、阀门、压缩机及类似机械,文化、办公用机械,其他通用设备	通用设备	通用设备
	专用设备制造业	2020年:采矿、冶金、建筑专用设备,化工、木材、非金属加工专用设备,农、林、牧、渔专用机械,医疗仪器设备及器械,其他专用设备 2012年、2017年:采矿、冶金、建筑专用设备,化工、木材、非金属加工专用设备,农、林、牧、渔专用机械,其他专用设备	专用设备	专用设备
	汽车制造业	汽车整车、汽车零部件及配件		
	铁路、船舶、航空航天和其他运输设备制造业	铁路运输和城市轨道交通设备、船舶及相关装置、其他交通运输设备	交通运输设备	交通运输设备
	电器机械和器材制造业	电机,输配电及控制设备,电线、电缆、光缆及电工器材,电池,家用器具,其他电气机械和器材	电气机械和器材	电气机械和器材
	计算机、通信和其他电子设备制造业	计算机、通信设备、广播电视设备和雷达及配套设备、视听设备、电子元器件、其他电子设备	通信设备、计算机和其他电子设备	通信设备、计算机和其他电子设备
	仪器仪表制造业	仪器仪表	仪器仪表	仪器仪表
	废弃资源综合利用业	废弃资源和废旧材料回收加工品	2017年、2020年:其他制造产品和废品废料 2012年:废品废料	2017年:其他制造产品和废品废料 2012年:废品废料
	水的生产和供应业	水的生产和供应	水的生产和供应	水的生产和供应

注:根据全国和北京2012年、2017年、2020年投入产出表,上海2012年、2017年投入产出表,以及《国民经济行业分类》整理。

（二）基于投入产出法的两业融合度评价方法

投入产出法是基于投入产出模型的分析方法，以一般均衡理论为基础，反映国民经济各部门产品生产和消耗之间的相互关系。[①] 利用投入产出表，借鉴产业融合分析方法，使用中间需求率、中间投入率，构建本研究两业融合评价模型，反映两业融合的现状特征和演变进程。

1. 中间投入率计算

中间投入率指某产业在一定时期内（通常为 1 年，本研究为数据公布当年度）生产过程中的中间投入与总投入之比。某产业的中间投入率越高，表明与其他产业的关联越强，计算公式为：

$$F_{i-j} = \frac{\sum_{j=1}^{n} x_{ij}}{\sum_{j=1}^{n} x_{ij} + v_j} \qquad (j = 1, 2, \cdots, n)$$

其中，$\sum_{j=1}^{n} x_{ij}$ 代表其他产业对 j 产业的中间投入之和，v_j 代表 j 产业自身的增加值，二者之和为 j 产业的总投入。

2. 中间需求率计算

中间需求率指某产业对某部门产品中间需求之和与整个国民经济对该部门产品的总需求之比，反映了各产业的总产品中有多少中间产品，即有多少生产资料为各产品服务。某产业中间需求率越高，表明该产业提供的生产资料越多，与其他产业的关联越强，计算公式为：

$$H_{i-j} = \frac{\sum_{i=1}^{n} x_{ij}}{\sum_{i=1}^{n} x_{ij} + Y_i} \qquad (j = 1, 2, \cdots, n)$$

其中，$\sum_{i=1}^{n} x_{ij}$ 代表 i 产业被其他产业需求的中间需求（即其他产业对 i 产业的消耗）之和，Y_i 为 i 产业的最终需求。H_{i-j} 值越高，表明 i 产业越具有"生产资料"性质，发展更多依靠中间需求拉动；反之，则表明最终需求是该产业发展的驱动因素，即消费、投资或出口。

[①] 胡雨朦：《制造业与生产性服务业融合：理论分析和水平测度》，中国社会科学院研究生院硕士学位论文，2020。

3. 两业融合度测算

以现代服务业对先进制造业的投入占先进制造业总产出的比例作为融合度指数，只单方面反映了现代服务业对先进制造业的投入，未全面反映二者的融合。因此，本研究通过测算先进制造业对现代服务业的中间投入率（$F_{m \to s}$）、现代服务业对先进制造业的中间投入率（$F_{s \to m}$）、先进制造业被现代服务业需求的中间需求率（$H_{m \to s}$）及现代服务业被先进制造业需求的中间需求率（$H_{s \to m}$）四个指标，根据下列公式计算两业融合度 Z：

$$Z = \sqrt{\frac{F_{m \to s} + H_{s \to m}}{2} \times \frac{F_{s \to m} + H_{m \to s}}{2}} = \frac{1}{2}\sqrt{(F_{m \to s} + H_{s \to m}) \times (F_{s \to m} + H_{m \to s})}$$

其中，$\dfrac{F_{m \to s} + H_{s \to m}}{2}$ 是先进制造业对现代服务业的中间投入率与现代服务业被先进制造业需求的中间需求率（即先进制造业对现代服务业的消耗）的平均数，以此评价先进制造业融于现代服务业的程度，该值越大，反映现代服务业发展越依赖于先进制造业；$\dfrac{F_{s \to m} + H_{m \to s}}{2}$ 是现代服务业对先进制造业的中间投入率与先进制造业被现代服务业需求的中间需求率（即现代服务业对先进制造业的消耗）的平均数，以此评价现代服务业融于先进制造业的程度，该值越大，反映先进制造业发展越依赖于现代服务业。综合来看，这两个值越大，其乘积表示的两业融合度值越高，融合的程度越深。

（三）两业融合度评价测算及分析

为了更好地比较现代服务业与先进制造业融合程度的差异，本研究对2012 年、2017 年、2020 年全国、北京、上海①的投入产出表进行归并整合处理，运用两业融合度测算方法进行计算，结果如表4-8 所示。

---

① 上海尚未发布 2020 年投入产出表。

表 4-8　现代服务业与先进制造业融合度

单位：%

指标	全国			北京			上海	
	2012 年	2017 年	2020 年	2012 年	2017 年	2020 年	2012 年	2017 年
$F_{m \to s}$	16.74	11.36	10.95	14.88	10.25	8.17	16.50	14.46
$F_{s \to m}$	7.19	7.40	7.81	5.52	7.23	7.58	8.58	6.41
$H_{s \to m}$	19.60	13.23	11.48	3.74	2.28	2.44	8.66	6.50
$H_{m \to s}$	6.15	6.35	7.44	21.95	32.46	25.41	16.35	14.25
$\dfrac{F_{m \to s} + H_{s \to m}}{2}$	18.17	12.30	11.22	9.31	6.27	5.31	12.58	10.48
$\dfrac{F_{s \to m} + H_{m \to s}}{2}$	6.67	6.88	7.63	13.74	19.85	16.50	12.47	10.33
Z	11.01	9.20	9.25	11.31	11.15	9.35	12.52	10.41

注：所有计算结果保留两位小数。

1. 两业融合度有所下滑，北京融合水平高于上海与全国平均水平

两业融合度测算结果表明，2017 年全国两业融合度为 9.2%，与 2012 年相比下滑了 1.81 个百分点。北京、上海两大城市与全国的态势一致，其中，北京两业融合度下降幅度最小，2017 年两业融合度超过 11%，比全国高出近 2 个百分点，比上海高出 0.7 个百分点（全国两业融合度比上海低 1.2 个百分点，比北京低近 2 个百分点）。2020 年，北京两业融合度进一步下滑，与全国两业融合度的差距收窄至 0.1 个百分点。

2. 先进制造业融于现代服务业的程度下滑，现代服务业发展对先进制造业的依赖降低、关联减弱是两业融合度下降的主要原因

从两业融合度测算模型来分析，两业融合度的下降主要原因在于先进制造业对现代服务业的中间投入率（$F_{m \to s}$）、现代服务业被先进制造业需求的中间需求率（$H_{s \to m}$）下滑，$\dfrac{F_{m \to s} + H_{s \to m}}{2}$ 下滑，先进制造业融于现代服务业的程度下滑，现代服务业发展对先进制造业的依赖降低。

对北京而言，主要原因可能在于 2014 年非首都功能疏解以来，制造业占比下滑明显，先进制造业对现代服务业的中间投入率下滑，制造业服务业

互相融合的本地生态阶段性恶化。2012~2017 年，北京先进制造业对现代服务业的中间投入率下滑超过 4.6 个百分点，幅度比上海高出 2.6 个百分点，反映了突变性的政策变量对制造业发展的影响。北京现代服务业被先进制造业需求的中间需求率明显低于上海与全国平均水平，反映了北京现代服务业的发展与先进制造业的发展关联较低，更多依靠消费、投资或出口，而非先进制造业的拉动，这与北京消费型（而非制造型）城市特性相符。

对全国而言，现代服务业被先进制造业作为中间需求使用的需求率下滑明显，既可能在某种程度上反映了我国现代服务业供给质量普遍不高的现状，现代服务业赋能先进制造业水平亟待提升；也可能反映出制造业由于成本增加、经营困难，对服务业的投入下降，或者是两种因素的叠加。先进制造业对现代服务业的中间投入下降，也在某种程度上反映了 2012~2017 年制造业在产品设备等硬件设施方面赋能服务业发展的水平下滑。总体来看，制造业的整体发展与服务业发展的关联下降，先进制造业对现代服务业的消耗（中间使用）下降，现代服务业的发展更多依靠消费、投资或出口带动，而非先进制造业的需求拉动。

3. 现代服务业融于先进制造业的程度提升，先进制造业依赖现代服务业程度提升，北京提高幅度最大，上海与全国和北京演变趋势相反

北京服务业占 GDP 比重领跑全国，服务业发展基础好、水平高。从测算结果看，2012~2017 年，北京现代服务业对先进制造业的中间投入率与先进制造业被现代服务业需求的中间需求率（即现代服务业对先进制造业的消耗）的平均数（$\frac{F_{s \to m} + H_{m \to s}}{2}$）提高超过 6 个百分点，高于全国增幅，现代服务业融于先进制造业的程度提升，先进制造业的发展对现代服务业的投入与需求依赖程度加大。其中，北京先进制造业被现代服务业需求的中间需求率（$H_{m \to s}$，现代服务业对先进制造业的中间使用）为 32.5%，远高于全国、上海。同时，北京、上海现代服务业对先进制造业需求的中间需求率都明显高于全国平均水平，表明现代服务业发展水平均较高，对先进制造业产品、设备等的使用更多。

值得关注的是，上海与北京和全国的情况相反，$H_{m\to s}$、$F_{s\to m}$均出现下降，反映现代服务业融于先进制造业的程度降低，先进制造业的发展对现代服务业的投入与需求依赖减弱。当然，还可能在于本研究采用的投入产出数据主要反映各省（市）辖区内部产业部门之间的生产和消耗关系，不能体现实际经济活动中跨省（市）部门间的投入产出情况，因而，对于两业融合的测度可能具有一定局限性，需要在后续的研究中持续跟踪观察。

（四）相关对策与建议

虽然2012年、2017年、2020年投入产出数据存在时滞的局限性，基于此测算的两业融合度无法反映当前两业融合发展的程度，但其测算结果反映的融合现状与实践调研基本一致。在当前两业融合发展过程中，普遍存在现代服务业与先进制造业发展关联低、二者互为支撑作用不够问题。高端制造业发展明显不足，服务业增长也面临乏力困境，亟待从以下方面加快推动两业融合发展，实现先进制造业和现代服务业相融相长、耦合共生、共同壮大。

一是加快推动两业数字化转型。数字化转型是产业业务关联、链条延伸和新技术渗透的前提和基础。要加快推动产业信息化、数字化改造，探索工业互联诊断服务方式，挖掘撬动数字化、智能化转型服务需求。促进工业互联网上下游企业加强链接、开放共享数据资源，促进现代服务业、先进制造业在生产、消费、流通全流程资源要素的数字共生、高效协同，将生产性服务业作为中间投入直接内嵌到制造业全链条中，保障先进制造业高质量发展需求。

二是加快推动服务型制造发展。着力促进制造业企业主辅分离，鼓励并支持制造业分离科技研发、商贸、物流等服务，面向社会开放产品开发、制造、物流配送等资源，输出核心服务能力与解决方案，实现资源高效利用和价值共享，促进制造业向服务业的延伸发展。

三是加快推动制造服务业发展。促进生产性服务业专业化、社会化发展，更好发挥在创新能力、供给质量、生产效率、绿色发展、发展活力等方面对制造业的赋能作用，提升全产业链价值，为制造业转型升级和品质提升提供全方位支撑与引领。

四是加快推动服务业向制造业拓展延伸。促进平台企业规范健康持续发展，发挥好平台经济链接生产端与消费端的数据、渠道等优势，通过委托制造、品牌授权等多种方式向制造延伸发展。继续支持鼓励技术创新，着力推动"高水平科技自立自强"工程，支持专精特新"小巨人"企业创新发展，加强知识产权保护和技术转化应用，依托技术创新优势实现服务向制造的延伸发展。

五是着力推动软件服务业发展。当前两业融合发展过程中，业务的数字化改造成本过高、数据的流通共享难以得到安全保障是主要的制约因素。信息服务尤其是软件服务的发展是破题关键，能够通过隐私计算等技术的推动应用解决数字化产品"用不起""难共享"问题，在促进数据流通的同时保障好数据安全，实现"数字普惠"。要加快推动科技创新型平台建设，发挥好开源社区作用，提升软件行业协作效率，打造开源软件发展良好生态，做强软件服务业。充分发挥北京证券交易所的功能，建立健全培育招引上市公司机制，促进软件企业规模化上市，壮大软件产业发展，为两业融合发展保驾护航。

六是加强新一代信息技术创新与应用。加快布局发展5G、云计算、数据中心等新型基础设施，大力推动新一代信息技术、人工智能等攻关，增强关键核心技术把控能力和技术标准研发能力。要以基金支持、研发费用加计扣除、运营费用优惠减免等相关政策，吸引工业传感器、处理器、微控制器、通信芯片等底层硬件研发机构及工业互联网网络、平台、控制系统等解决方案服务机构集聚，增强关键核心技术和共性技术研发服务能力。支持领军企业牵头，通过共同出资、平台共建、技术入股等市场化运作方式整合产学研创新资源，构建协同创新的利益共同体，为技术渗透性融合提供技术创新支撑，促进两业融合的新产业新业态新模式发展。

第五章　数据要素赋能首都
新质生产力发展

　　习近平总书记高瞻远瞩、高屋建瓴，准确研判全球技术变革与产业竞争历史大势，明确要求"构建以数据为关键要素的数字经济"。在习近平总书记关于数字经济发展的系列思想指导下，我国高度重视发挥数据要素价值，是全球首个明确将数据列为生产要素的国家，并从数据基础制度构建层面进行全球首创，以更好释放数据红利，催生新产业新模式新动能，带动各领域培育新质生产力。北京作为我国首都，先行探索数据基础制度改革，积极推动数据要素市场化配置改革，为数据价值合规高效实现打造"全国样板"，但同时在公共数据开放利用、数据交易市场建设、数据跨境流通等方面仍面临痛点堵点，需加快破解，为首都新质生产力发展提供更好的要素支撑。

第一节　关于数据基础制度重要论述的价值意蕴

　　2021 年，我国数字经济规模高达 45.5 万亿元，[①] 高居全球第二，约占 GDP 的 40%，成为国民经济发展的"稳定器""加速器"，同时，数据作为独特的新型生产要素，具有非排他性、非消耗性、易复制性、价值时变性等

---

　　① 《数字中国发展报告（2021 年）》，https://www.cac.gov.cn/rootimages/uploadimg/167576528320 8335/1675765283208335.pdf，2022 年 7 月。

不同于传统生产要素的特性，对马克思主义经典再生产理论提出了新的时代课题，亟待构建与数字经济大发展相适应的新的生产关系，更好地解放和发展数字生产力。"坚持以制度建设为主线"是我国改革开放取得举世瞩目成就的宝贵经验法宝，也是党的二十届三中全会提出的全面深化改革的重要原则之一。2022 年 6 月，习近平总书记在主持中央全面深化改革委员会第二十六次会议时，提出"数据基础制度建设事关国家发展和安全大局"的科学论断，并强调"促进数据高效流通使用、赋能实体经济，统筹推进数据产权、流通交易、收益分配、安全治理，加快构建数据基础制度体系"，①理论价值重大、实践意义深远。其思想精髓在于，从国家安全与经济社会发展的全局高度，科学研判"数据基础制度体系构建"是我国数字经济领域深化改革"牵一发而动全身"的关键环节、"一子落而满盘活"的裉节堵点，明确提出"数据赋能实体经济"是深化制度改革的主线，并从数据要素全周期、全流程治理高度，明确提出数据权属、流通交易、收益分配、安全保障等数据基础制度顶层设计的关键构成要素及不同要素之间的有机联系、辩证统一关系，是对马克思社会再生产理论继承基础上的丰富和创新，为我国多层次全方位构建数据基础制度、加速释放数据红利提供了理论指引。2022 年 12 月，《中共中央　国务院关于构建数据基础制度更好发挥数据要素作用的意见》（以下简称"数据二十条"）的发布，是对习近平总书记关于数据基础制度系列指导思想的贯彻落实，初步搭建了我国数据基础制度的"四梁八柱"，有利于破解数据要素供给、流通复用、收益分配等体制机制障碍，推动数据作为生产要素进入经济社会大循环的实践探索进程加快。

一　构建中国特色数据产权制度体系

产权制度是社会主义市场经济的基本制度。就数字经济而言，数据产权制度是数据基础制度的重要组成部分，也是数据交易流通、收益分配、安全

---

① 《习近平主持召开中央全面深化改革委员会第二十六次会议强调 加快构建数据基础制度 加强和改进行政区划工作》，《人民日报》2022 年 6 月 23 日。

治理的前提和基础。一方面，21世纪以来，我国数据资源量呈爆炸式增长，但数据产权方面仍缺乏明确的法律规定，制约了数据的市场化资源配置，提高了数据的交易成本，客观上阻碍了数字化大生产；另一方面，数据在生产、分配、交换、消费等再生产四环节中涉及多元利益主体，由于数据独特的准公共产品特性，同一数据可能承载多主体数据权，确定数据权属成为世界性难题。2017年12月，习近平从实施国家大数据战略的全局高度，首次明确要求"完善数据产权保护制度"。① 2022年6月，习近平强调，"建立数据资源持有权、数据加工使用权、数据产品经营权等分置的产权运行机制，健全数据要素权益保护制度"，② 为构建中国特色数据产权制度体系提供了基本遵循。数据持有权、使用权、经营权等"三权"分置这一重大理论创新既不回避"所有权"，但更强调数据资源"不为我有，但为我用"的流通复用特性，通过持有、加工、经营等不同权利与所有权的分离，破解数据所有权界定带来的权属复杂、难以切割、易引起法律纠纷的实践痛点，为数据确权提供了中国方案，为数据要素利用实践探索指明了改革方向。

一是为不同类型数据的共享利用提供了行动指南。我国数据资源构成中，政府等公共数据资源占比超过75%，但个人和企业可利用规模不大，公共数据开发利用不足是数据供给端的突出问题。早在2017年12月习近平总书记就强调，"加快公共服务领域数据集中和共享，推进同企业积累的社会数据进行平台对接，形成社会治理强大合力"，为数据分类治理提供了理论遵循。"数据二十条"在贯彻落实"三权"分置总体产权框架基础上，按照"分类分级确权授权"思路进一步细化不同类型数据的产权制度，其中，公共数据资源要强化统筹授权使用和管理，并对不影响个人信息安全与公共安全的公共数据要加大供给、扩大使用范围；对于企业数据探索"双向公

---

① 《习近平在中共中央政治局第二次集体学习时强调 审时度势精心谋划超前布局力争主动 实施国家大数据战略加快建设数字中国》，《人民日报》2017年12月10日。

② 《习近平主持召开中央全面深化改革委员会第二十六次会议强调 加快构建数据基础制度 加强和改进行政区划工作》，《人民日报》2022年6月23日。

平授权"模式，促进不同规模主体之间的数据授权使用；对于个人信息数据，明确提出不得采用一揽子授权等方式过度收集个人信息，并强化企业主体在规范采集个人信息行为方面的主体责任，形成对公民个人信息权的有力保护。

二是为各数据权益方的利益保障提供了制度支撑。健全数据要素权益保护制度是激励各类数据权益主体的根本动力。"三权"分置改革理念重在根据不同数据来源与数据生成流程，针对性界定各参与主体的合法权利，总体的导向是强化数据使用权、放活经营权，促进数据的流通复用。对于原始数据资源的流转交易则明确提出了审慎对待原则，为社会各界开放利用数据画出了一条警戒线。数据产权登记为数据处理主体的数据持有权提供了制度保障，在保障数据安全、依法合规开放利用数据的前提下，承认并保护对原始数据加工以后的使用权以及经营主体获得收益的合法权益，这是在数据所有权确权难度大的现实困境下，将能确权、易确权的权利予以先行确认，为数据合法合规流通使用提供现实可操作性的权益体系，迈出了中国特色数据产权制度建设的第一步，是数据产权理论与实践的重大创新性突破，对数据要素潜能的释放具有巨大的促进作用。

三是为数据产业生态体系的优化提供了制度保障。"三权"分置数据产权架构下，数据产业链上下游主体的竞争合作关系得以重塑，促进数据产品与服务的优化提升，为数字经济的发展提供更强动力。一方面，数据持有主体可向加工、使用、经营等不同环节延伸拓展业务，促进更多数据产品的生成；另一方面，更多数据使用主体、经营主体进入产业链，有利于丰富数据产品、活跃数据市场，促进数据产业链的发展壮大。

二 建立中国特色的数据要素流通和交易制度

经济学基本原理表明，生产资料能够被低成本、大规模获得，并流入各行各业成为日常投入，才算符合作为生产要素的基本要求。习近平总书记深刻洞察全球技术变革、产业变革大势带来的生产要素革新，指出"数据是新的生产要素，是基础性资源和战略性资源，也是重要生产力"。市场化流通是促进数据资源成为数据要素的关键。2022 年 6 月，习近平强调"要建立合规高效的数据要素流通和交易制度，完善数据全流程合规监管规则体系，建设规范的数据交易市场"，① 为具有中国特色的数据要素市场建设提供了根本遵循。

一是为数据流通构建了合规高效的制度框架体系。从数据流通全生命周期来看，数据合规高效流通涉及采集、存储、加工、流转、使用等多个环节。近年来，数据交易主要以场外流通、交互流通等方式，促进数据共享开放，但同时也面临数据安全难保障、难监管等现实难题。"数据二十条"贯彻落实习近平总书记相关精神，从制度层面规范数据交易规则体系，覆盖数据准入、质量标准化建设、价格形成、安全管理认证、监管等数据流通的全流程多环节，为数据交易规模扩大、成本降低提供了基本制度保障。

二是为规范高效的数据交易场所建设提供了思想指南。综观国际国内，数据交易市场处于快速发展阶段，全球数据交易成交规模达千亿美元级，相比美国、日本等国家，中国的数据要素市场发育不充分，规模仅占全球的10%左右。② 从交易模式看，国外数据交易机构采取完全市场化模式，国内大数据交易机构起步于 2015 年，数据产品以"粗放式"为主，相似度高，开发程度及附加值较低。③ 从发展阶段看，场内数据交易划分为两个发展阶段，2014~2015 年，贵州、北京等地成立的数据交易中心多处于第一阶段，因无法对数据进行确权以及没有明确的盈利模式而陷入停滞状态；2021 年以来，由政府持股、负责提供公共技术服务的新一代基础设施的数据交易所，成为推动数据资源交易运营规范化的主要力量。总体而言，场内数据的交易频率、交易规模仍比较有限。在此背景下，"数据二十条"进一步落实细化习近平总书记关于"建设规范的数据交易市场"的相关精神，提出构建国家级、区域

---

① 《习近平主持召开中央全面深化改革委员会第二十六次会议强调 加快构建数据基础制度 加强和改进行政区划工作》，《人民日报》2022 年 6 月 23 日。
② 蔡跃洲、刘悦欣：《数据流动交易模式分类与规模估算初探》，《中国经济学人（中英文）》，2022 年第 6 期。
③ 王璟璇、窦悦、黄倩倩、童楠楠：《全国一体化大数据中心引领下超大规模数据要素市场的体系架构与推进路径》，《电子政务》2021 年第 6 期。

性、行业性等多层次多元化数据交易场所体系，有利于不同层级的交易场所发挥主观能动性，积极探索具有中国特色的场内数据交易生态建设，同时，从国家制度层面统筹规划布局并严控交易场所数量，有利于避免交易场所基础设施建设的低水平重复、数据资源流通的市场割裂，为构建互联互通、全国一体化的数据交易市场提供了制度保障。

三是为数据价值增值提供了市场化实现的体制机制。根据马克思主义政治经济学理论，社会必要劳动是数据生产活动价值产生的根本，价值增值是剩余价值的生产过程，是从投入到产出的价值增值。按照习近平总书记数据要素市场建设相关精神要求，"数据二十条"明确提出要培育数据商和第三方数据专业服务机构，《"数据要素×"三年行动计划（2024—2026年）》进一步提出推动数据在多场景的复用，着重从数据流通与使用角度，促进数据生产主体的丰富壮大、生产资料的协同优化、生产应用范围的扩大，从而增加社会必要劳动投入、提高社会劳动生产率，促进生产资料价值增值与生产力的发展跃升，为我国经济增长开辟新空间。

三　建立中国特色的数据要素收益分配制度

数据要素的收益分配与登记确权、流通交易密切相关、不可分割，是数据要素市场化配置改革的有机组成部分。从全球来看，尚未有从数据要素参与分配的角度构建从确权到收益的制度体系先例。习近平总书记从人类生产生活方式变革、社会治理方式变革的全局高度，创新性提出数据要素收益分配这一重大理论问题，要求"更好发挥政府在数据要素收益分配中的引导调节作用，建立体现效率、促进公平的数据要素收益分配制度"，[1]为中国特色的数据要素收益分配制度建设指明了方向。

一是明确全体人民共享数据发展红利的分配价值导向。坚持以人民为中心是马克思主义最鲜明的特征，也是习近平新时代中国特色社会主义思想的

---

[1]　《习近平主持召开中央全面深化改革委员会第二十六次会议强调　加快构建数据基础制度　加强和改进行政区划工作》，《人民日报》2022年6月23日。

核心价值取向。分配制度是体现"为谁发展"的基础性制度。改革开放以来，按照"按劳分配为主体、多种分配方式并存""坚持多劳多得"的总体改革思路，基于我国社会主义市场经济建设发展需求，逐步将资本、技术等不同要素纳入分配体系。不同于土地、资本等其他生产要素易集中于极少数社会群体的收益分配特征，数据天然具有非排他性、非消耗性、非竞争性等要素特性，与数据利用紧密相关的区块链等核心技术具有去中心化、透明化、不可篡改等特征，通过科学合理的制度安排，具备实现收益分配公平和效率有效兼顾的基础条件。"数据二十条"贯彻落实习近平总书记"数据要素收益分配"相关精神，细化实化"体现效率、促进公平的数据要素收益分配制度"，为全体人民共享数据要素红利提供了制度性保障。

二是为"劳动创造价值"在数据领域的实践提供了行动方略。习近平总书记要求"完善数据要素市场化配置机制"，强调市场在数据资源配置中的决定性作用。"数据二十条"深化落实习近平总书记指示要求，细化提出坚持"两个毫不动摇"，按照"谁投入、谁贡献、谁受益"的市场化收益分配原则，让数据要素全流程中各参与主体的合法权益、收益得到保障，实现劳动者贡献与报酬的匹配，激励对数据价值创造活动的劳动投入，充分体现"劳动创造数据价值"的收益分配导向。同时，对于个人数据、企业数据、公共数据等不同类型的数据资源，在数据产权制度保障下，探索收益分享方式，有利于更好激励数源供给，实现"做大蛋糕"与"分好蛋糕"的协同发展、良性互促。

三是为更好发挥政府引导调节作用贡献中国方案。在强调劳动创造价值、按价值贡献分配收益的同时，习近平总书记强调"更好发挥政府在数据要素收益分配中的引导调节作用"，这是发挥中国特色社会主义制度优势、践行发展为了人民、发展成果由人民共享的具体体现，也为数字经济时代实现共同富裕提供了新契机。"数据二十条"提出数据要素收益再分配的系列细化举措，其中，公共数据具有来自人民、服务人民、为了人民的公共属性，探索建立该类资源开放收益合理分享机制是"还数于民"，实现二次分配、三次分配的重要抓手。在实践层面，2023 年底，财政部印发《关于加强数据资产管理的指导意见》，要求构建共治共享的数据资产管理格局；2024 年 1 月，《企业数据资源相关会计处理暂行规定》正式施行，针对企业数据资源相关会计处理制定相关规定，标志着数据作为资产进行会计核算进入实践落地阶段；2024 年 2 月，财政部发布《关于加强行政事业单位数据资产管理的通知》，对行政事业单位数据资产管理健全制度、规范管理、释放资产价值、防控风险等提出相关规定。总体来看，企业数据资产入表、公共数据收益分配等改革创新仍处于初步探索阶段。

第二节　首都数据要素市场化配置改革现状与问题

一　更好发挥数据要素价值成为国家数字经济壮大的关键支撑，对北京提出新要求

一是探索构建国家数据基础制度，对在"三权"分置框架下激活数据要素潜能提出新要求。"数据二十条"明确提出结合数据要素特性，探索数据产权结构性分置制度，建立数据资源持有权、数据加工使用权、数据产品经营权等分置的产权运行机制。在保障参与各方权益、合规使用前提下，淡化所有权、强调持有权使用权经营权"三权"成为数据要素改革的重要趋势。这对北京加快数据基础制度改革探索、推进数据使用权交换和市场化流通提出了新要求。当前，北京已进入数据基础制度先行先试阶段，发布了《北京数据基础制度先行区创建方案》，在全市特定空间区域，探索建设数据基础制度综合改革试验田和数据要素集聚区，通过集中试点示范落地国家和市级相关政策措施，促进高质量数据汇聚流通交易和数据产业发展壮大。①

---

① 创建方案提出的总体目标为：到 2025 年，基本形成北京数据基础制度先行区框架体系，汇聚高价值数据资产总量达到 80PB，数据交易额达到 50 亿元，数据产业规模超过 500 亿元；到 2030 年，完全建成北京数据基础制度先行区，打造数据要素市场化配置的政策高地、可信空间和数据工场，汇聚高价值数据资产总量达到 100PB，数据交易额达到 100 亿元，数据产业规模超过 1000 亿元。

二是探索建立数据资产管理制度，对促进不同主体做好数据资产管理提出新要求。财政部关于数据资产管理的系列文件发布，对北京加快数据资产管理进程，推动企业数据、行政事业单位数据资产管理提出新要求。当前，北京数据资产管理仍处于自发点状探索阶段，主要是以光大银行为代表的商业银行、以北京市建筑设计研究院为代表的国企先行探索企业数据资产入表，并通过与大数据交易所等数据要素市场主体协作，开展数据资产授信融资等创新业务，但在数据资产范围划定、成本计量、价值评估等方面仍面临较大困难，在不同主体、不同行业大规模开展数据资产管理尚需时日。

三是强调数据要素乘数效应的发挥，对数据供得出、流得动、用得好提出新要求。《"数据要素×"三年行动计划（2024—2026年）》要求发挥数据要素的放大、叠加、倍增作用，并明确提出工业制造、现代农业、商贸流通、交通运输、金融服务、科技创新、文化旅游、医疗健康、应急管理、气象服务、城市治理、绿色低碳等12个领域的"数据要素×"重点行动，推进数据要素协同优化、复用增效、融合创新。这对北京结合产业发展实际，推动数据要素在重点领域的高水平应用与乘数效应的发挥提出新要求。当前，北京供数、用数正处于从消费互联网向产业互联网拓展阶段，数据要素的供给与商业化应用更多体现在以满足消费为主的"需求端"，"生产端"的数据驱动主要集中在金融、汽车、卫星等数字化程度高、企业集中度高的行业，受产业数字化转型进程制约明显。2024年2月，《北京市制造业数字化转型实施方案（2024—2026年）》印发，有助于推动制造业数字化从少数大中型实体企业主导的点、线式局部转型向更大范围的中小企业突破，有助于促进数据要素在制造业领域的价值释放。

四是探索构建多层次数据市场体系，对打造国家级数据交易场所提出新要求。"数据二十条"明确要求建立"合规高效、场内外结合的数据要素流通和交易制度"，在完善数据全流程合规与监管规则体系、统筹构建规范高效的数据交易场所、培育数据要素流通和交易服务生态、构建数据安全合规有序跨境流通机制等方面都提出了明确要求。规范引导场外交易、培育壮大场内交易成为数据要素市场建设的重要趋势，这对北京加快建设国家级数据交易场所提出更高要求。从全球来看，关于数据的战略博弈与资源争夺空前激烈，跨境数据流动监管趋严，美国、欧盟等以国家安全、个人信息安全等为由区别化制定数据跨境流通规则，壮大国内数据循环、"以内促外"带动国际数据流通汇聚是我国必然的选择。北京作为我国首都，处于数据要素市场建设第一梯队，通过北京国际大数据交易所建设，在关键技术创新、规则体系顶层设计等方面取得系列重要突破，但仍处于数据市场体系建设的探索阶段，交易所在交易规模等量化指标上的全国优势尚不明显，亟待提升汇聚国际国内数据枢纽能级，为全国构建多层次数据市场体系贡献北京力量。

五是高度重视人工智能产业发展，对高质量数据支撑提出新要求。发展大模型驱动的生成式人工智能事关我国抢抓新一轮科技革命与产业变革机遇的战略实施，2024 年《政府工作报告》明确提出要开展"人工智能+"行动。在人工智能大模型应用落地过程中，垂类大模型作为先行赛道，需要各领域、各行业数据投入训练，数据采集、标注、清洗、分析等服务和能力将得以迅速发展，并通过这些数据在多场景、多主体的流通复用，突破传统资源要素约束条件下的产出极限，拓展新的经济增量。北京作为全国人工智能产业发展高地，通过"北京市通用人工智能产业创新伙伴计划"分批发布数据伙伴名单，开放数据集供大模型企业训练使用，正进入高质量数据集开发开放深化阶段，但与大模型产业发展的数据需求相比仍有较大差距。

二　首都推动数据要素市场化配置改革先行先试，为数据价值合规实现打造全国样板

数据难供出、难流动是制约数据要素市场化配置、数据要素市场建设的关键痛点。北京早自 2020 年就以高价值公共数据供给为突破口，推动数据专区建设，并以高标准建设北京国际大数据交易所为抓手，创新搭建数据交易基础设施平台。目前，北京数据要素市场生态已基本形成完整链条，正依托数据基础制度先行区创建，深化数据基础制度探索，为数据价值合规高效实现打造全国样板。

（一）全国率先推动数据专区建设，增加高质量数据要素供给

北京作为我国首都，金融资产总量超过 200 万亿元，约占全国的一半，汇集了大量中外资金融机构和国际金融组织，并连续四年位居全球金融科技中心城市榜首，对金融数据需求强烈、场景应用明确、辐射领域广泛。2020年 4 月，发布《关于推进北京市金融公共数据专区建设的意见》，依托市级大数据平台建设金融公共数据专区，在全国率先探索通过授权开放公共数据的方式，推动金融公共数据的市场化供给。一是在金融数据市场化供给上，探索"政府引导+市场运作"模式，其中，市经信局负责统筹协调、指导监督数据的汇聚、管理、运营、应用及相关产业发展；地方金融监督管理部门对金融数据的应用进行指导协调；具有管理公共事务职能的组织按照专区建设要求，将数据目录中的金融公共数据向专区汇聚；运营单位推动公共数据市场化开发应用先行先试，并接受相关部门指导、管理和监督。二是在运营主体上，授权具有公益性、公信力、技术能力和金融资源优势的市属国有企业对专区及金融公共数据进行运营。2020 年 9 月，北京金融控股集团有限公司获得北京市政府的授权，并由全资子公司北京金融大数据有限公司负责专区具体运营。三是在数据供给方式上，为金融机构提供快捷信用信息查询及接口调用，并与银行部署联合建模节点实现数据"可用不可见"，保障数据安全。四是在服务类型上，初步形成普惠公益服务和定制化服务收费相结合的多元数据产品体系。[①] 其中，企业基本信用信息免费提供，但竞争力分析、风险洞察等金融业务需付费获取。同时，定制化程度高的公共数据产品与服务，则由供需双方协商定价。截至 2022 年 9 月，金融数据专区累计汇聚数据量超过 30 亿条，为银行、保险、担保等金融机构提供服务超过 4000万次。在金融数据专区运营经验基础上，2023 年 12 月，发布《北京市公共数据专区授权运营管理办法（试行）》，进一步推动领域类、区域类及综合基础类数据专区的授权运营，以加快促进公共数据的供给与有序开发利用。

（二）高标准建设北京国际大数据交易所，打造国内领先的数据交易流通基础设施平台

针对当前数据交易确权难、定价难、互信难、入场难、跨境难、监管难等共性痛点，瞄准打造国内领先的数据交易基础设施和国际重要的数据跨境交易枢纽目标，北京国际大数据交易所从技术、标准、制度等基础层面，探索场内交易解决方案，已初步建立集数据登记、评估、共享、交易、应用、服务于一体的全流程、全链条数据流通机制，促进数据资源要素有序汇聚与市场化配置。此外，根据《数据经纪商管理办法（试行）》，交易所持续招募数据经纪商，截至2024年3月，累计已有64家数据经纪商完成引入，有利于促进数据供需对接，活化交易生态。

（三）创建北京数据基础制度先行区，深入推动数据要素价值释放

北京数据要素市场化配置改革走在全国前列，在数据供需高效匹配、数据价值实现等多方面已进入深水区、无人区。北京数据基础制度先行区的创建有利于从基础制度层面，在特定地域范围内先行试点、积累经验，这也是我国改革开放以来重大改革实现的有效途径。一是在空间载体上，通过园区建设，吸引数据要素类市场主体在地理空间上加快集聚。数据先行区总体规划面积68平方公里，产业可利用面积261.7万平方米，在智能算力中心、数据总部基地、数据训练基地、公共服务中心等重要功能方面均有空间布局。二是在基础架构上，打造"2+5+N"的立体架构，打通从基础设施建设到数据应用多层级、全链路，为数据供需高效匹配、价值合规实现提供便利化营商环境，其中，2是数据先行区基础设施层，包含智能算力基础设施和国家区块链网络枢纽；5是数据先行区业务中台层，包含数据资产登记、评估、托管、交易、管理等服务平台；N是数据应用层，是金融、政务、"三医"等分领域数据专区与应用。三是在制度创新上，将在先行区范围内，探索调整与数字生产力发展相适应的生产关系，尤其是针对数据要素供给利用关键痛点与企业隐忧，探索类似"避风港"原则，为企业提供降低风险、减轻侵权责任的制度环境。四是为先行企业和首创性质的经营活动提供政策支持。目前，已发布《北京数据基础制度先行区政策清单》，集中试点示范数据供需高效匹配、数据要素生态聚集、包容审慎监管等系列先行先试政策，率先享受国家及北京市级层面相关政策红利及公共服务。支持文旅、金融、医疗等领域场景开放和应用创新，鼓励企业开展数据资产评估—登记—交易/入表—应用等全流程、全链条新业务探索，推动数据资产价值实现。如在医疗数据流通方面，截至2023年11月，数据交易合同额超2000万元，形成了涵盖抑郁症、肺结核、肝炎等病种的多形式数据资产。

三　数据要素市场化配置改革任重道远，仍面临系列堵点难点

（一）公共数据有待进一步扩大开放范围、提高供给质量

公共数据是数源供给与数据开放的主要构成。国际数据公司（IDC）研究显示，中国数据资源增长迅速，公共数据资源体量大、占比高，但开放明显不足。2021～2026年，中国数据量规模将由18.5ZB增长至56.2ZB，年均增长25%，高于全球平均增速。其中，政府等体制内数据资源占全国数据资源的比重超过3/4，但开放规模不足美国的10%，个人和企业可以利用的规模更是不及美国的7%；[①] 互联网平台积累高质量优质数据则存于各家企业或机构内，较难共享。北京作为全国首都，集聚了国内层级最高、最为稀缺的丰富优质公共数据。但当前开放数据主要为依托市大数据平台汇聚的市级常规统计类、基本业务类数据，[②] 大量行政事业单位数据资源尚未供给、上市流动，与社会应用需求衔接不足。在最先开放的金融公共数据领域，也依然存在政务数据供给与金融服务需求数据难契合问题。随着公共数据专区领域与类型的拓展，对数据质量的要求不断提高，相关政策对数据提供部门的职责也由"汇聚数据"向"审核共享申请""反馈数据质量"等方面拓展，对业务型部门的数据质量管理能力提出了较高的要求。

[①] 转引自2023年3月国家发展改革委高技术司对"数据二十条"的解读。

[②] 国家级公共数据主要依托国家政务服务平台，围绕为民办实事、惠企优服务，为"一网通办"提供免费数据支撑。

表 5-1　公共数据开放相关政策对数据提供部门职责的相关规定

政策名称	印发时间	职责规定
《关于推进北京市金融公共数据专区建设的意见》	2020年4月	北京市各级、各类行政机关和法律法规授权的具有管理公共事务职能的组织(简称"汇聚单位")应当按照专区建设的有关要求,将数据目录中的金融公共数据向专区汇聚
《关于推进北京市数据专区建设的指导意见》	2022年11月	运营单位结合应用场景按需提出政务数据共享申请,由专区监管部门进行评估确认,经数据提供部门审核同意后依托市大数据平台实施共享
		北京市经济和信息化局会同专区监管部门、数据提供部门和运营单位建立数据质量反馈机制。对于错误和遗漏等数据质量问题,数据提供方在职责范围内,须及时处理并予以反馈。相关数据共享及质量反馈情况纳入全市大数据及智慧城市工作考核。数据提供部门及运营单位应当按照相关法律法规提供和处理数据,并履行监督管理职责和合理注意义务,尽量避免因数据质量等问题而造成数据使用单位或者其他第三方的损失
《北京市公共数据专区授权运营管理办法(试行)》	2023年12月	专区运营单位按需提出公共数据共享申请,由专区监管部门进行评估确认,经数据提供部门审核同意后依托北京市大数据平台授权共享
		北京市大数据主管部门会同公共数据专区监管部门、数据提供部门和专区运营单位共同建立数据质量逐级倒查反馈机制,以提升数据的准确性、相关性、完整性和时效性

注:根据北京市相关政策文件整理。

(二)数据交易市场体系建设仍处于起步阶段,数据产业链发育不平衡

当前,从全球来看,服务于业务打通的场外数据交互是数据流通的主要模式,直接将数据作为交易标的获利的规模化场内交易尚处于起步阶段。全球互联网头部企业的实践表明,数据流通的重点为增值业务开发(如谷歌、Meta出售对用户及数据的访问权、微软提供订阅服务等)、业务拓展(如跨境电商平台全球业务发展,需海量实时数据交互,实现从订购到交付全链条打通与生态圈业务合作)、精准用户服务(如通过数据分析、算法训练精进产品与服务、提升精准营销能力等),数据的最大价值体现在链接用户、精准服务用户。因而,无论是在消费互联网(如直播带货)还是在产业互联

网（如供应链管理）中，数据交互的主要模式为提供 API 接口，允许不同系统或应用程序间进行数据交换、集成、共享，本质为依托数据交互畅通产业上下游生态链，实现业务增强、利益分成。该种商业模式一是可以有效选择合作者，避免数据由竞争者获得；二是数据同步，最大限度发挥即时性数据高价值；三是在利益上共享业务收益分成，避免数据单作为生产要素在不同应用场景中价值不一、难估值的痛点。因而，以北京国际大数据交易所为代表的场内数据交易规模有限，在全国优势不明显①，尚未达到国家级数据交易场所的量级能级，连通区域性数据交易场所、行业性数据交易平台共同构成多层次市场交易体系的要素市场建设目标任重道远，数据要素流通对数字经济的拉动作用尚未充分显现。同时，由于数据尚未作为独立的要素规模化交易，数据产业链难以均衡发展，数据采集、数据交易仍不足。北京作为全国人工智能大模型产业发展高地、抢占国际竞争制高点的主力军，仍难以从数据交易市场获取规模化、高质量的中文大数据，成为人工智能产业发展的关键掣肘。

（三）数据对外流通仍面临严峻挑战，亟待技术创新与应用突破

纵观全球发展进程，大数据技术让数据能够管起来、用起来，从原始数据提炼成数据资源，支撑系统内部业务运转、贯通与数智化决策，在此过程中，头部企业基于自有规模化数据、行业领先技术与资本等优势，开发出高端设备、软件产品（如达索工业软件、集成电路 EDA 软件等），面向全球服务，进一步积累使用数据、不断提升竞争力。在当前中美博弈加剧的国际竞争格局中，基础软件的国产化创新突破、国内大模型创新应用、数据要素赋能实体经济等均迫切需要高质量数据能供出、能流动。北京作为国际科技创新中心，在数据技术创新突破方面，面临若干制约与挑战。一是数据管理技术方面，从全球来看面向数据质量自动化管理的 AI 技术方案已基本成熟，但对标 Scale AI 等世界头部企业，北京当前在专业数据管理工具平台开发与

---

① 与同为全国第一梯队数据交易市场的深圳（截至 2023 年底，深圳数据交易所实现累计交易规模 65 亿元）、上海（单月数据交易额已稳定跃上 1 亿元台阶）相比，北京优势不明显。

智能化治理方面仍有较大差距。二是在数据安全技术方面，基础技术与理论已相对成熟，但在数据存储、访问、使用等全生命周期中要实现"流通中的安全"仍需不断创新模式。在防泄露、零信任验证、数据分类分级等关键技术应用中，对于相应规则的设置与人工智能的精准度需加快探索突破。三是在数据流通技术中，需在相关法规制度基础上，从技术上支持数据的确权、转移、定价与收益分配等关键问题。其中，转移技术是核心，API接口、数据脱敏等主流技术路线均存在一定局限性，[①] 通过建模隐藏原始数据的联邦机器学习技术日趋成熟，广泛应用于风控、营销、政务、医疗、金融等场景，但亦存在缺乏严谨的安全证明机制[②]、整体性能受制约[③]、易受数据投毒和模型攻击等局限性。智能合约技术能够针对数据要素易复制、非竞争性、非标准化等特性，实现数据流通限量、限目的、不可篡改，并具有支持实现数字原生合约、定价等功能，但总体处于初步发展阶段，理论与工程技术层面尚不成熟，亟须加快探索突破。

表 5-2　数据释放价值相关技术需求

技术类型	需求	问题	进程
数据管理	好用、易用	工具化、智能化不够	面向数据质量自动化管理的AI技术方案已基本成熟，有待进一步推广应用
数据安全	从依靠"防火墙"的边界安全转向"内生安全"	尚未从数据存储、访问、使用和流通等全流程实现保护	数据安全保护技术已相对成熟，"规则+AI识别"是主流技术路线，分类分级、防泄露、零信任验证等均在一定程度上依赖相应规则的设置和人工智能的精准度
数据流通	从"流通即失控"变为"可用不可见"	确权、转移和定价在法规、制度基础上，需相应技术支撑	数据转移是核心焦点，API接口和数据脱敏是主流技术，基于加密隐藏的多方安全计算技术距产业化推广尚有距离

注：根据何宝宏的主题演讲"数据要素技术概览"相关内容整理，2023年9月。

① 一是API接口只提供数据集中的部分记录、字段，数据脱敏改变了原始数据的形态，原始数据的全量信息均受到损失，价值较原始数据大幅降低；二是通过API或脱敏给出的数据已不再受数据提供方掌控，容易被滥用，或通过其他关联反推出原始数据。

② 参与方可能通过交互的中间数据反推出原始数据。

③ 联合建模往往需要多轮迭代，在多方参与情况下，由于计算资源不同会造成数据聚合不同步，从而影响整体性能。

四　数据要素市场化配置的上海经验

（一）做活数据市场的经验启示

从全国来看，京沪深渝四大场内数据交易机构[①]中，京沪一南一北两个超大城市在集聚流通数据方面处于全国第一梯队。与北京国际大数据交易所"技术创新"特色相比，上海数据交易所推出系列制度创新与政策组合拳打造"上海数据"品牌，"市场创新"特色鲜明，对北京具有启示意义。

1. 直接挂牌针对应用场景的数据产品，将抽象数据转变为具象产品，活化市场供需，畅通交易场内循环

"无场景不交易"是上海数据交易所重要的交易配套制度。上海数据交易所在成立之初，即完成挂牌 20 个数据产品，以应用场景清晰、直观易挑选的产品供给为抓手，带动供需双方多头对接，畅通交易场内循环，摊薄成本、提高效率。面向供给端，直接挂牌针对具体应用场景的数据产品，犹如以加工提炼过的成品油、半成品油而非原油作为交易供给，一是引导鼓励通过数据处理和创新活动实现数据财产权益；二是做长数据流通链条，提升数据流通规模化、专业化水平。面向需求端，全国首发数据产品说明书，以具象数据产品替代抽象数据资源（犹如 Windows 替代 DOS 界面），降低理解难度、增加传播广度、开拓需求市场[②]。

[①] 北京国际大数据交易所于 2021 年 3 月 31 日正式成立。上海按照《中共中央 国务院关于支持浦东新区高水平改革开放 打造社会主义现代化建设引领区的意见》要求，于 2021 年 11 月 25 日在浦东新区设立数据交易所并运营。深圳于 2021 年 12 月 1 日登记设立深圳数据交易有限公司，注册资本 1 亿元。重庆按照国家层面批复的《重庆建设国家数字经济创新发展试验区工作方案》，于 2021 年 12 月 17 日成立西部数据交易中心。

[②] 如首单数据交易中，国网上海电力的数据产品"企业电智绘"，包含了经过深度加工、处理后的企业用电行为和趋势等信息，应用场景广泛，具有低碳转型需求的企业、开展授信或绿色金融产品研发的银行等都是潜在需求方。

表 5-3　上海首批挂牌 20 个数据产品总体概况

序号	数源性质	数据产品	供给企业	企业性质
1	金融	伯信商情	银联智策顾问（上海）有限公司	总部企业
2	通信	营商数察	中国联通上海市分公司	央企分公司
3	口岸物流	亿通智归类	上海亿通国际股份有限公司	地方国企
4	航海港口	海情数知	交通运输部东海航海保障中心上海海图中心	事业单位
5	全球航运	中远海科船视宝	中远海运科技股份有限公司	央企下属企业
6	知识产权	科创智数	上海新诤信知识产权服务股份有限公司	总部企业
7	城市综合	一财知城发展指数	上海第一财经传媒有限公司	地方国企
8	精准定位	千寻知寸	千寻位置网络有限公司	龙头企业
9	互联网金融	数库产业链图谱	数库（上海）科技有限公司	有限责任公司（台港澳法人独资）
10	时空数据	翼知时空	中国电信股份有限公司上海分公司	央企分公司
11	钢铁工业互联网	链钢数	上海宝信软件股份有限公司	央企控股，中外合资，上市
12	电力	企业电智绘	国网上海市电力公司	央企子公司
13	金融	通联数金企业综评	上海通联金融服务有限公司	总部企业
14	航班	航班资源宝	中国东方航空股份有限公司	央企，上市
15	电子地图、地理信息	高德路呈	高德软件有限公司	龙头企业
16	公交客流	久事客流宝	上海公共交通卡股份有限公司	地方国资控股
17	金融财经	A 股量化因子	万得信息技术股份有限公司	总部企业
18	工业互联网平台	卡奥斯工业数擎	海尔数字科技（上海）有限公司	龙头企业
19	城市综合	京东城市数镜	上海京东智联信息技术有限公司	平台企业控股
20	通信	中移洞察	中国移动通信集团上海有限公司	央企子公司

资料来源：根据上海数据交易所官网信息整理。

2. 围绕"五个中心"建设，做实国民经济主导行业数据品类，先行示范行业数据盘活，牵引数字化转型场外循环

围绕上海国际经济、金融、贸易、航运和科技创新"五个中心"建设，上海数据交易所通过典型数据品类先行上市，示范带动行业数据盘活，促进数字经济发展壮大。以首批挂牌的 20 个数据产品为例，航运交通、贸易类 4 个（占比 20%），金融类 4 个（占比 20%），国际经济 2 个（占比 10%），科技创新类 1 个（占比 5%）。此外，通信、地理信息等通用类 9 个（占比 45%），牵引带动经济社会数字化转型范围拓展。此外，针对人工智能大模型发展现实需要，在交易板块上架"语料库"数据产品，以应用场景为导向，促进大模型产业链上下游数据要素的合作对接与供需精准匹配，并提供精细化标注加工和技术支撑等服务，助力垂类大模型加快落地应用。

3. 集聚高质量数据供给主体，保障高端数源供给，增强入场交易吸引力，带动优质企业落地发展

缺乏高端数源供给是数据交易市场的关键痛点。上海数据交易所依托在沪国资国企、部属事业单位等核心可靠数据资源优势，创新开发数据产品，激活引爆数据交易。同时，稀缺高端数据供给增强了本地营商环境吸引力，带动海尔、京东等全球 500 强企业、头部平台企业入沪布局。一是充分调动国企、总部企业、行业龙头企业、部属事业单位的示范作用。在首批挂牌的 20 个数据产品中，国企数据供给占一半，共计 10 家，其中，央企子公司、分公司有 7 家，地方国企有 3 家；总部企业数据供给占二成，共计 4 家；行业龙头企业占 15%，共计 3 家；中央部委下属事业单位数据供给占 5%（1 家），4 类企业共计占比 90%。二是吸引平台企业"自带干粮"入场交易，引导平台经济规范发展和落地生根。首批挂牌的 20 个数据产品中，部分平台企业自带数据入场，融合场内其他数据开发创新，充分激发场内多元数据融合效应。该种模式既能以市场化方式打通政企数据、促进平台企业规范流转数据，又有利于吸引优势企业、优质项目落地发展。

4. 发布配套支持政策规划，描绘发展蓝图，打好数字产业生态培育"组合拳"，增强发展预期

上海数据交易所揭牌的同时，浦东新区促进数商集聚创新发展政策同步发布，规划建设数字产业集聚区，以"交易所辐射带动+集聚政策支持+空间载体配套"的组合拳打法，按照聚商—建区—兴业的推进逻辑，统筹多方发力，培育壮大数字产业生态体系，为提升数据要素配置能级布下"先手棋"，提升发展预期和信心。

表 5-4　浦东新区促进数商集聚创新发展政策亮点

政策规划	类别	内容
浦东新区促进数商集聚创新发展政策	总体目标	到"十四五"末，数字产业空间规模将达到1000万平方米，产业规模将超过5000亿元
	空间载体	以张江科学城和临港新片区为重要载体，聚焦信息飞鱼、人工智能岛、浦东软件园、张江在线等特色园区，加快推动重点产业数字化转型，培育产业新动能
	集聚支持政策	企业落户方面，领军企业重大功能性平台最高奖励5000万元
		研发创新方面，创新产品和技术应用最高奖励3000万元
		融资服务方面，科技成果转化项目最高支持5000万元股权投资，小微企业给予最高50万元贴息资助
		人才引进方面，对聘用顶尖专家、杰出人才的单位最高资助50万元，创新人才和团队最高资助30万元
		知识产权保护方面，加强高价值专利快速审查、确权和维权服务
配套规划数字产业集聚区建设	张江数字产业集聚区	与上海数据交易所同步规划、同步推进，到"十四五"末，为数字产业提供超过1000万平方米的研发办公空间，相关产业规模超过5000亿元
	临港新片区	分领域打造10个跨境产业协同创新示范区，建设国际数据港，打造全球数据汇聚流转枢纽平台

资料来源：转引自《浦东发布促进数商集聚创新发展政策》，http：//www.pdtimes.com.cn/html/2021-11/26/content_1209_14175573.html，2021年11月26日。

5. 瞄准国家数据交易所定位，不断提升交易所能级

《中共中央 国务院关于构建数据基础制度更好发挥数据要素作用的意见》明确提出"引导多种类型的数据交易场所共同发展，突出国家级数据交易场所合规监管和基础服务功能"等多层次数据市场交易体系建设目标，上海数据交易所提出建设国家数据交易所、打造全球数据要素配置的重要枢纽节点。2023 年 11 月，在全球数商大会上，上海数据交易所联合大数据流通与交易技术国家工程实验室①，开始按季度发布"数据交易市场景气指数"，从业务活动、新订单、在手订单、产品价格、从业人员、营业利润、业务预期、产品研发等 8 个维度，评价数据交易市场景气变动情况，以成为数据要素领域的"PMI"指数为目标，打造数据要素市场风向标，提升行业影响力。同时，实施数据品牌培育计划，组织开展"上海数据"品牌认证工作，持续促进数据产品向知识化、品牌化、专业化发展，打响"上海数据"品牌。

综上，建议借鉴上海数据交易所的有益经验，立足北京资源优势与特色，加快推动数据市场化、规模化赋能机制建设和政策配套，激活数据供需、提振市场信心、增强企业预期，为北京经济稳增长提供重要支撑，为全国数据要素市场建设打造"北京样板"。一是统筹吸引北京市辖、中央在京平台企业等数据资源交易进场，厚植创新创业土壤。二是围绕高精尖产业发展和城市治理现代化，加快推动产业数字化转型，夯实数据供需基底。继续深化金融、卫生健康、航旅等领域的数据产品创新开发，着力吸引集聚口岸物流、人工智能、自动驾驶、通信、工业互联网等数据沉淀多、需求大、带动作用强的重点产业入场交易，牵引带动相应产业数字化转型，做大数据供需，推动形成数据生产—数据加工—挂牌交易—赋能应用的良性循环。三是持续优化数字产业生态，规范培育数据交易市场主体，对领军企业落户、顶尖科学家和产业领军人才引进、研发创新、融资服务、数据定向赋能等关键

---

① 由国家发展和改革委员会批复，上海数据交易中心有限公司牵头承担的国家工程实验室。浪潮软件集团为参与单位，协同中国联合网络通信集团有限公司、中国互联网络信息中心、复旦大学、华东理工大学、华东政法大学、合肥工业大学、中国信息通信研究院等共建。

环节予以政策支持，深化数据资源市场化开发和应用。加快北京数据基础制度先行区建设，加强承载空间配套保障，并推动与CBD、自贸区大兴机场等多个园区联动发展，为数据产业发展优先提供研发办公空间。四是加强数据产品创新与宣传推广，打造北京数据服务品牌。按照应用场景分类，加强典型数据产品（而非数据要素）开发与宣传，帮助市场受众更好理解、挑选、购买，扩大市场需求。探索通过"数据直播"等多元化方式，加强数据产品的使用领域、应用场景等解读宣传，撮合数据供需双方，加速数据流动。瞄准"北京数据服务"品牌打造，加大面向国际国内的宣传力度，扩大全球影响力。

（二）以数智化营商环境放大进博会溢出效应的经验启示

2023年11月，上海顺利举行第六届中国国际进口博览会（以下简称"进博会"），128个国家和地区的3486家企业参展，按一年计意向成交金额784.1亿美元，比上届增长6.7%。[①] 依托"数据多跑路"实现企业开办"会场办妥"、"线上+线下"协同促进国际贸易"6天+365天"交易服务、"丝路云品"电商节举办、加速版出入境办证服务包提供等数智化举措，上海营造高水平开放营商环境，持续放大第六届进博会的溢出效应，能为北京依托数字化赋能打造"北京服务"营商环境金字招牌、强化全球资源要素吸引力提供启示和借鉴。

1. 注册许可："数据多跑路"实现"会场办妥"，快速承接溢出效应，向全球彰显企业开办"进博速度""上海速度"

进博会举办首日，即有10家企业现场获得"首照"（首批营业执照）、"首证"（首批经营许可证），其中，外商投资企业6家，占比60%。一方面，让参展企业当天即可在中国市场投入运营，展品直接变商品；另一方面则让展商直接转变为投资商，实现在地注册投资，快速承接进博会的溢出效应。高效的注册许可服务主要得益于以下两个方面的做法。一是靠前服务。

---

① 《第六届进博会交出成绩单：按一年计意向成交金额784.1亿美元，比上届增长6.7%》，https：//kab.sww.sh.gov.cn/xwzx/001001/20231114/1002f54b-2a4e-4938-95b4-24d034975a72.html，2023年11月14日。

通过"重大项目精准管理专员服务制度"及开通"绿色通道"等措施，提前摸排参展企业落户需求，提供"一对一"精准服务，做好登记注册前期材料准备辅导。二是进场服务。进博会专设"企业服务区"，行政审批服务部门现场受理登记注册申请，通过数智化技术应用，深入对接"一网通办""一窗通"平台，实现相关数据资料内部流转、同步审批，当场核发证照。其中，涉及审批权限在上海市级市场监管部门的外商投资业务，通过市、区线上对接、视频核查等"数据多跑路"模式，将证照办理时限压缩到 1 小时左右，让企业"少跑路""不用跑"。

2. 国际贸易："线上+线下"全流程服务、"6 天+365 天"常态化服务促进签约落地，强化"买全球卖全球惠全球"服务枢纽功能

一是上线"数字进博供采大厅"，加强贸易撮合智能对接。第六届进博会免费提供"供采大厅"线上服务，通过信息发布、贸易匹配、活动配对等便利化数智化功能，优化参展参会全流程服务。截至闭幕，专业观众发布采购需求逾万次，智能匹配展商 22 万余家次、展品 137 万余件次。其中，上海交易团意向订单来自 35 个国家和地区的商品，国际采购范围进一步扩大。二是强化"6 天+365 天"线下交易服务平台功能，持续释放进博会的溢出效应。分布在上海的数十个进博会"6 天+365 天"常年展示交易服务平台，常态化吸引更多国际产品经由上海进入国内市场，增强外商投资吸引力。

3. 服务"一带一路"：以"丝路云品"电商节推动丝路好物更多地进入中国市场

上海网络零售市场大数据监测显示，2022 年上海直播零售额居全国首位；重点电子商务企业统计显示，2023 年 1~9 月，上海实现网络购物交易额 1.21 万亿元，同比增长 22%，电子商务市场保持强劲发展势头，在直播电商领域具有全国领先优势。自进博会开幕之日起，连续 16 日，上海聚焦"丝路云品"，采用特色直播、产品体验、线上线下联动等多种形式，组织电商平台、品牌企业、商圈、直播电商基地等推出 60 余项促消费活动，以丰富"丝路云品"供给、创新消费场景、便利商贸对接，

不断放大进博会"展销促投"等的溢出效应,助力创建"丝路电商"合作先行区。

4. 人员流动:推出升级版加速版出入境办证服务包,让"头回客"变"回头客"

一是为外籍展商现场发放三年多次往返商务签。本届进博会创新外籍人士签证政策,由上海市公安局驻国家会展中心(上海)境外人员服务站,依托"数据多跑路",实现现场受理、后台审批、当场发证,将外籍展商换发新商务签证的时间压缩到 30 分钟内,有效期延长到 3 年,为后续来华商务合作、来年再参展提供更大便利。二是为港澳台商"加急办、马上办"。优化港澳台展商证件补办程序,通过启动"加急办、马上办"机制,数字化政务助力实现现场受理、加急并联审批、异地取证,极大地便利出行。

综上,可借鉴上海数智化营商环境的相关经验,从以下几个方面打造"北京服务"金字招牌、放大会展等重大活动的溢出效应。一是在企业开办方面,可依托中国国际服务贸易交易会、中关村论坛、北京文化论坛、金融街论坛,通过创新"重大项目精准管理专员服务制度"、开通"绿色通道"、进场开设"企业服务区"等措施,畅通后台数据,推出注册登记现场受理、外商投资在线核准、现场办妥等服务机制,更快更大程度地推动展会论坛成果在京转化落地。二是在国际贸易方面,以"两区"建设为牵引,加强自贸区贸易撮合智能平台建设,强化信息发布、政策申报、供求对接等数智化功能;推动临空经济区、综保区等实体空间创新发展,优化保税展示交易、首发首秀首展、服务体验、文化交流等功能,增强对重大展会论坛活动的溢出效应的承接能力。三是在跨境电商发展方面,依托北京重大展会、论坛与重要节庆活动,探索线上线下相融合的跨境电商体验消费场景,引导组织电商平台及特色商圈加强直播基地建设,激发国际国内市场活力,助力北京国际消费中心城市建设。四是在人员流动方面,探索在重大展会、论坛等活动现场增设境外人员服务站,通过"数据多跑路"优化商务签证办理流程、提升办理效率、适当延长签证有效期,为外籍人士、港澳台人士来京商务合作提供更大便利。

五 促进首都数据要素市场化配置的相关建议

（一）深化推进公共数据授权开放，促进数据供给量的增长与质的提升

一是探索市属机构职责从"三定"向"四定"转型，构建权责清晰的公共数据供给机制。在目录链供数机制基础上，进一步厘清业务部门和数据管理机构在数据供给上的权责与职能配置，构建"职责—业务—数据"权责体系，推动数据治理从"三定"（定职能、定机构、定编制）到"四定"（定职能、定机构、定编制、定数据）逐步转型，明确各行政事业单位的数据权利、责任、义务及相应的人员编制、资金配备等，保障规范各部门的数据归集、更新、维护、审核、共享、质量反馈、风险管控等工作顺利开展，消除供数部门在权责界限不清等方面的隐忧，加快构建权责清晰的公共数据供给机制，保障数据供给质量。

二是深化推进行政事业单位数据资产盘点管理，做大公共数据供给资源池。深化落实《关于加强行政事业单位数据资产管理的通知》，尽快研究出台北京加强行政事业单位资产管理的细则，确保市属机构针对确权、处置、收益、安全、保密等数据资产重点管理环节有章可循、有规可依。在朝阳、海淀、通州、亦庄等部分数据类企业富集、数据基础制度先行区试点探索数据资产规范管理制度构建，加快推动首席数据官、数据管理师等关键岗位的设立与人才的培养，不断提升公共数据资产管理能力。探索数据加工使用权、数据产品经营权规范授权运营，在确保公共安全和保护个人隐私的前提下，推动用于产业发展、行业发展的数据资产汇聚共享、有条件有偿使用，对于"一网通办""数字政府"等公共治理、公益事业的数据资产有条件无偿使用，并依托重大会议、会展、论坛等活动，打造数智化举措优化营商环境的标杆场景，加强"北京数据服务"品牌国际化宣传，扩大全球影响力，带动更多数据汇聚共享、流通应用。

（二）进一步发挥场内数据交易的规范引领作用，提升北京国际大数据交易所发展能级

一是推动数据基础制度先行区建设，在基础制度与标准等方面先行先试。深化落实《北京数据基础制度先行区政策清单》，用好国家服务业扩大开放试验区 2.0 政策，着眼于数据要素市场建设的关键环节，聚焦规则、技术、数据、数商等重点领域，加快数据跨域流通、合法合规流转等标准体系建设，推动数据要素生态聚集、包容审慎监管等相关政策落地示范。实施数据跨境便利化审查、数据司法保护等综合改革试点，在自动驾驶、医疗和人工智能大模型等领域推行监管沙盒和白名单机制。建成物理集中和逻辑分布相结合的可信数据基础设施，承载高价值数据资源，基于弱版权保护原则支撑大模型训练、科学研究和新药研发等活动。深入推进数据专区建设，加快推动数据资产登记与托管平台建设，支持文旅、金融等场景开放和应用创新。以园区建设为抓手，加快集聚数据要素企业，吸引落地一批数据总部，鼓励企业持续开展数据资产评估—登记—交易/入表—应用等全流程、全链条新业务探索，建立数据资源资产化的长效机制，更好释放数据生产力。

二是持续推动北京国际大数据交易所高标准建设，牵引更多数据入场交易。借鉴土地、资本等要素市场分级体系建设经验，深化探索数据分类分级入场交易机制与价格形成机制。推动更多行政事业单位公共数据入场交易，在制造、金融、医疗健康等领域加强场景需求牵引，培育服务型、应用型、技术型数商，促进数据产业链发展壮大。借鉴上海创新数据产品、打造"上海数据"品牌、做活数据市场等相关经验，做优做强"语料库"大模型等产业发展急需的数据专区，助力垂类大模型训练与落地应用。充分发挥数据要素市场示范奖励政策的激励作用，吸引更多社会数据入场交易。对标国家级数据交易所建设目标，争取国家政策支持，在数据交易规则体系、数商认证体系、数据跨境流通等方面加快规则制度探索，并面向京津冀、北方地区乃至全国，形成基于统一规则和一体化基础设施的互联互通市场体系。同时，深化落实《"数据要素×"三年行动计划（2024—2026 年）》，探索推动工业制造、现代农业、商贸流通、交通运输、金融服务、科技创新、文化旅游、医疗健康、应急管理、气象服务、城市治理、绿色低碳等 12 个领域的国家级公共数据入场交易，加强与区域性数据交易场所、行业性数据交易平台的连接，助力国家多层次数据市场体系构建，带动更大范围的数据跨部门、跨行业、跨区域高效流通，实现数据合规流通、复用增效、融合创新。

（三）发挥北京国际科技创新中心引领作用，加强数据技术创新突破

一是加快推动数据管理技术工具化智能化。加快数据质量自动化管理AI技术推广应用，以算力保障、基金支持、研发补贴等多元化方式，招引集聚国际头部数据服务企业在数据基础制度先行区设立中国总部，通过全球外包体系，面向全球开展采集、标注等数据管理服务，带动数据类企业集聚与数据管理技术的提升，丰富数据产业生态。

二是加强数据安全技术创新应用。通过揭榜挂帅、产学研联合攻关等多元化方式，面对隐私与数据安全等共性技术难题，不断提升数据分类分级、防泄露、零信任验证等"规则+AI识别"技术水平，同时，推动"持续验证，永不信任"零信任技术架构下安全管理对数据全生命周期的覆盖。

三是加强数据转移技术创新突破。对于多维安全计算技术，要加快提升计算效率，促进产业化应用。对于能实现数字原生合约、数字原生定价的智能合约技术，要率先加强前沿理论与技术创新突破，为数据大规模、可信流通提供有力的技术支撑。

第三节　数据交易促进首都新质生产力培育

数据交易是数据要素市场化配置改革的关键环节，也是撬动经济社会转型的重要支点，能够从畅通数据驱动经济社会数字化转型的大循环高度，发挥牵引城市治理方式变革、牵引产业数字化转型、牵引平台经济规范发展、牵引数字贸易开放发展、牵引存量资产盘活等"五大牵引"功能，促进各领域要素优化组合配置，提高生产效率，为首都新质生产力培育提供有力支撑。

一　数据交易驱动经济社会数字化转型大循环模型构建

从要素特性看，数据要素本身具有非实体性、非标性、即时性、非排他性等特性，从而衍生成本支出难衡量、预期收益难评估、转卖倒卖难避免等

市场价值实现痛点。因而，在数据入场交易中，供给面向应用场景的数据产品而非数据原材料，既有利于限定数据使用范围、保护数据加工挖掘等创新活动中付出的劳动和享有的财产权益，又有利于深化专业化分工、提高生产效率，并通过与应用场景需求方的自主磋商、自由出价，实现能够体现供求与品质的市场价值。梳理数据要素交易基本逻辑，要做大数据交易市场，需畅通场内循环、场外循环以及二者共同构成的数据驱动经济社会发展大循环，如图 5-1 所示。

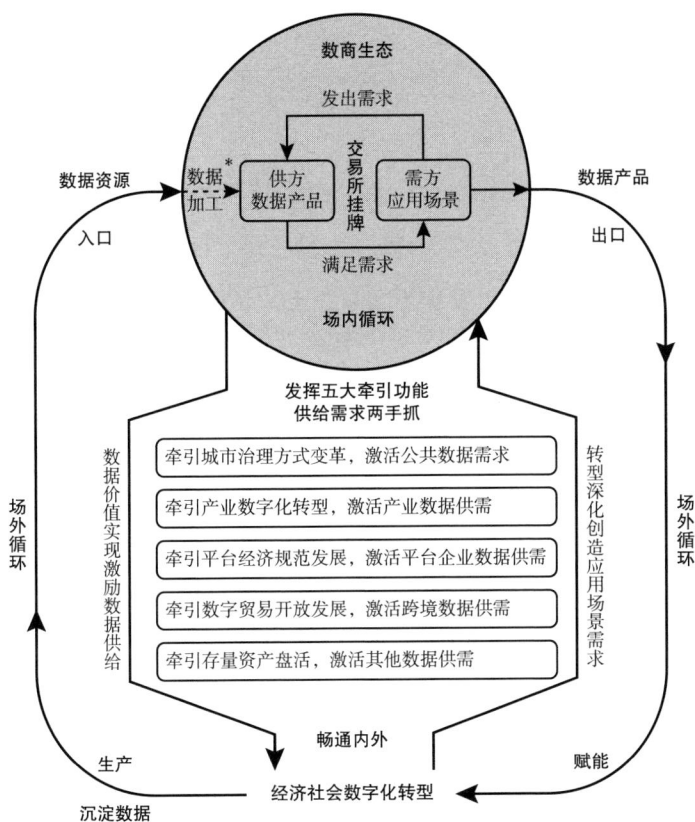

图 5-1　数据驱动经济社会发展大循环（场内循环+场外循环）

注：＊"数据加工"以虚线表示非必需活动，因为入场交易时，既可提供数据原料、经过数据服务商加工挖掘形成数据产品挂牌，也可由数据供给方自行根场景需求，开发数据产品入场挂牌。

一是在场内循环中，打造数商生态、实现数据市场价值是核心功能。交易所作为数据交易"中间人""裁判员"，通过技术与制度体系等创新，搭建交易平台基础设施，一端连接卖方数据产品、另一端连接买方场景应用需求，挂牌上架供需信息，实现场内供需小循环。究其根本，在提升交易所服务能力之外，做大场内循环的关键在于促进更多场景应用需求与数据产品入场，而高质量供需源头在于场外循环。

二是在场外循环中，经济社会数字化转型是关键。交易所作为数据资源市场化配置的枢纽型节点，既是数据资源进场实现市场价值的入口，又是数据产品赋能发展、生产新数据的出口。就本质而言，做大场外循环的关键在于经济社会的数字化转型，一方面作为消费者消费数据产品，另一方面作为生产者生产沉淀数据原料。

三是在数据驱动经济社会发展的大循环中，做大整体市场空间的关键一头在于以数据价值实现激发更多数据进场供给，另一头在于以数据产品赋能经济社会转型深化、激发更多应用场景需求，从而形成场内场外循环供需对接、畅通连接的良性循环。

二 数据交易牵引经济社会数字化转型的五大功能

根据数据驱动经济社会数字化转型的基本原理，借鉴上海数据交易所数据产品创新经验，结合北京实际，推动北京国际大数据交易所发展壮大，要将数据作为要素市场化配置综合改革的总牵引，从打通数据驱动经济社会数字化转型的大循环高度，发挥以下五大牵引功能，实现不同类别数据供给需求"两手抓"，做实做大交易所发展底盘。

一是牵引城市治理方式变革，激活公共数据供需，是撬动数据入场交易的首要突破口。在供给侧，城市治理产生的公共数据开放既是推动公共治理变革的重要途径，也是吸引数商入场的有效手段。当前，北京国际大数据交易所已与北京市政务资源网实现联通，对接全市公共服务、城市管理等数据，但在面向公众的官网展示和上架供给形式上，仍以数据要素为主。相比而言，上海数据交易所则于官网与新闻媒体宣传中，直接采用数据产品

（长远瞄准"上海数据"品牌打造），易理解易传播易扩大购买受众。① 在需求侧，公共部门采购数据产品既是推动智慧城市建设、推动超大城市治理体系与治理能力现代化的重要途径，也能改善营商环境，提升市民满意度与获得感，还能吸引激励更多数据汇聚实现商业价值。上海以《上海市数据条例》明确规定浦东新区政府部门和国有企业应当通过数据交易所进行数据采购与流通交易，支持力度大。

二是牵引产业数字化转型，激活产业数据供需，是培育数字化产业链供应链的重要途径。在供给侧，国企、总部企业、行业龙头企业为主要践行者。在上海首批挂牌的 20 个数据产品供给方中，国资控股企业占比高达 50%，总部企业占比 20%，行业龙头企业占比 15%，3 类企业共计占比 85%。值得关注的是，在 20 家数据供给方中，仅有 1 家企业非上海本地注册②，有 1 家企业为外地龙头企业全资控股③，前者作为外地注册企业，跨区域入场供给数据产品，赋能本地发展，后者作为全球知名企业④，将面向全国乃至全球的"跨行业"工业互联网平台落地上海，持续汇聚高能级数据资源，助力上海数据交易拓面提质。分行业来看，上海首批挂牌的 20 个数据产品中，交通航运类 5 个（占比 25%），金融类 4 个（占比 20%），通信类 3 个（占比 15%），工业互联网、地理信息、城市综合类各 2 个（分别占比 10%），电力能源类 1 个（占比 5%），商务服务类 1 个（占比 5%）。其中，交通航运、金融、通信、工业互联网、地理信息、城市综合数据均用途广泛、辐射带动强，赋能经济社会数字化转型作用明显。在需求侧，产业数据场景应用需求既需要更多企业数据入场交易得以满足，也需要公共数据等其他数据类型，或企业自带部分数据入场加工合成，推动构建数字化产业链供应链，提高产业效益。

三是牵引平台经济规范发展，激活平台企业数据供需，是推动平台经济

---

① 如在首批挂牌数据产品中，直接以"海情数知"数据产品展示事业单位（交通运输部东海航海保障中心上海海图中心）数据要素加工成果。
② 高德软件有限公司，注册地为北京昌平。
③ 海尔数字科技上海有限公司。
④ 在谷歌、凯度 BrandZ 发布的《2021 中国全球化品牌 50 强》中排第 8 名。

健康发展、消除"数据孤岛"的重要抓手。在供给侧，吸引鼓励平台企业入场供给数据，有利于规范数据交易行为（尤其是个人数据、隐私数据），释放数据规模优势，在"一对多"市场中实现更大市场价值。在需求侧，平台企业数据产品开发也需要其他数据补充。在上海首批挂牌的 20 个数据产品中，"京东城市数镜"是在京东自有数据基础上，融合其他数据加工形成的综合类数据，其供给方上海京东智联信息作为京东云数字经济上海区域总部，是平台企业巨头京东与上海普陀区战略合作成果，该种模式既有利于吸引优质总部企业入驻，带动地方经济发展，也能有效促进平台企业流通分享数据。

四是牵引数字贸易开放发展，激活跨境数据供需，是汇聚流通全球数据的重要保障。数字贸易是数字经济国际化的重要体现，主要包括贸易方式的数字化与贸易对象的数字化。通过对全球采购体系、生产体系、支付体系和物流体系等的影响带动，数字贸易已成为推动全球经济体系变革的新动力。在全球服务贸易体系中，数字贸易主要体现在贸易对象的数字化。2022 年，全球数字服务贸易规模为 3.82 万亿美元，同比增长 3.9%，2005~2022 年全球数字服务出口规模年均增长 8.1%。中国数字贸易发展规模、增速均位居世界前列，2022 年数字服务进出口总值 3710.8 亿美元，同比增长 3.2%，占服务进出口的比重为 41.7%。[1] 北京服务贸易优势突出，要加快数据跨境流通探索，更好服务数字贸易发展。在供给侧，北京国际大数据交易所主要以跨境托管模式，与朝阳区共建北京数据跨境流动服务试点平台，在医疗健康等数据跨境流动方面创新探索。[2] 在上海首批挂牌的 20 个数据产品中，无 1 个跨境数据产品（按照合规审查要求，上海数据交易所数据交易主要为境内主体），但航海、航空、口岸物流类等与数字贸易密切相关的数据产品有 4 个。在需求侧，2020 年，北京电信、计算机和信息服务出口占全市

---

[1] 《数字贸易发展与合作报告 2023》，http://tradeinservices.mofcom.gov.cn/article/gjszck/zjpl/202309/153331.html，2023 年 9 月 4 日。

[2] 以某跨国医疗公司跨境数据托管为例，通过对个人健康数据脱敏处理，个人隐私数据留存国内，非个人身份数据传到境外，再将跨境流入诊断结果数据与原始数据匹配，以保障医疗诊断业务合规稳步推进。

数字贸易出口的比重近四成；高端服务外包规模持续扩大，知识流程外包（KPO）同比增长高达 106%，是离岸服务外包增长的最大支撑；跨境电商发展强劲，全市培育了 15 个跨境电商产业园。与跨境数据应用需求相比，跨境数据产品的开发探索需要加快步伐。

五是牵引存量资产盘活，激活其他数据供需，是丰富数据供需的创新性、先锋性探索。数据要素本身既可作为生产要素，也能通过数字化表达其他要素，是促进生产要素高效配置的先导力量，是要素市场化配置综合改革的总牵引。在供给侧，企业或机构可将存量、闲置等资产类别（如实验设备、生产订单等）数据化后，进入市场交易推动资产高效配置；或以具备市场价值的数据产品赋能，在实物补偿、货币补偿等方式之外，创新性探索征地建设等项目的数据补偿模式，降低资金成本需求，推动相关项目进展；或创新发展数据期货、数据抵押等衍生业务，丰富数据产品类型。在需求侧，只要有利于盘活存量、优化投入、赋能经济社会发展的数据产品，就有相应的应用场景需求。当数据要素市场发展到一定阶段，这种以数据表达各类要素、辅助或驱动生产生活社会治理决策的模式将广泛得到应用。

第四节　京沪数据交易所建设对比分析

京沪作为中国最具代表性的两个超大城市，已相继成立数据交易所。北京国际大数据交易所作为北京全球数字经济标杆城市建设的六大标杆工程之一，于 2021 年 3 月组建，已在关键技术创新、规则体系顶层设计等方面实现了系列重要突破，并根据《关于更好发挥数据要素作用进一步加快发展数字经济的实施意见》，设立社会数据资产登记中心，推动数据资产质押融资、数据资产保险、数据资产证券化和数据资产入股等数据资产化探索，①

---

① 2023 年 10 月北京市人民政府办公厅印发的《北京市中关村国家自主创新示范区建设科创金融改革试验区建设实施方案》中明确提出，支持北京国际大数据交易所建设基于真实底层资产和交易场景的数字资产交易平台。

促进数据资源向数据资产的转化。上海数据交易所①于 2021 年 11 月揭牌成立后，持续保持增长态势，2023 年总成交额超 10 亿元，2025 年可能达到 100 亿元②，其推出的系列制度创新与政策组合拳打法促进数据要素市场加快发育，对北京具有重要的启示意义。

一 京沪数据交易所建设模式比较分析

在发展模式上，针对数据流通交易确权难、定价难、互信难、入场难、监管难五大共性痛点，北京国际大数据交易所和上海数据交易所以各具特色的场内交易解决方案推动数据有序流通，并结合各自城市发展定位与产业发展实际，创新探索数据交易服务，综合体现了北京模式的"技术"特色、上海模式的"市场"特色，主要表现为以下五个方面。

（一）确权难：北京以技术创新实现"数据可用不可见"，上海以地方立法从源头保障合法合规

数据确权是世界级的难题，导致政府、企业等开放数据意愿不足。北京国际大数据交易所采用联邦学习、加密计算等多种技术融合，实现数据所有权、使用权分离，保障数据可用不可见，从而规避数据权属难题。上海制定印发《上海市数据条例》③（以下简称《条例》），为数据交易提供法治保障。一是首次突破性明确了数据权益可交易，从立法层面保障数据交易合法财产权受保护，有效消除数据商用顾虑。二是"双证"发放（入场有数据产品登记凭证、场内成交有数据交易凭证）有法可依，在企业层面促进数据要素的资产化，探索数据交易的商业模式，拓宽企业融资渠道；④ 在城市

---

① 上海数据交易所由上海市经济信息化委会同浦东新区等单位筹建。作为数据流通交易的准公共机构，上海数据交易所采用公司制架构，以国资为主导，将由上海联和、上海信投、上海数据交易中心等作为发起单位，同步引入国家、市级和区级国资国企作为战略投资方。
② 《年成交首超 10 亿元，上海数据经济期望更多》，https：//baijiahao.baidu.com/s？id＝1783576265663084180&wfr＝spider&for＝pc，2023 年 11 月 26 日。
③ 《上海市数据条例》自 2022 年 1 月 1 日起施行。
④ 数据科技公司——数库科技首次凭借上海数据交易所发放的数据产品登记凭证，获得了工商银行的授信。

层面促进金融产品创新；在国家层面通过一数一码，实现数据可登记、可统计、可普查，为国家数据资产的统计普查先行先试。此外，《条例》涉及数据范围不局限于公共数据，为更广泛数据类型的交易提供法律依据①。

（二）定价难：北京依托技术支撑实现"用途可控可计量"，上海实行磋商式自主定价

数据交易所交易的并非数据本身，而是以数据产品和服务为载体的数据价值。北京国际大数据交易所根据公共数据、企业数据等不同数据性质与用途，采取多种交易与定价模式，通过技术创新应用形成覆盖数据全产业链的确权和定价框架，从而实现"用途可控可计量"。上海数据交易所在全国首发数据产品说明书，将抽象数据变为具象产品，把数据产品、服务的定价权交予交易主体自主磋商，有利于数据产品的价格发现②，激励数据要素市场化流通。

（三）互信难：北京以实名会员制严把准入关，保障"上市有审核、购买有资质"；上海以"不合规不挂牌"为原则保障挂牌即合规

与场外数据交易相比，数据交易所场内交易能够更好地解决交易双方信任问题。北京国际大数据交易所严把购需准入关，主要采用"实名会员制"注册模式，对上架数据进行合规性审核，并培育合规审查、数据资产定价、争议仲裁等业务的中介机构，降低信用风险。上海数据交易所制定数据交易系列配套制度，确立"不合规不挂牌"的基本原则③，突出体现了其提供"准公共服务"的公信力担当，为数据产品公开展示、询价、撮合、成交等提供安全交易环境，保障挂牌即合规，这对重要敏感数据的商用尤为具有吸引力④。

---

① 2021年1月28日，北京市大数据工作推进小组办公室印发《北京市公共数据管理办法》，明确了公共数据的采集、汇聚、共享、开放和监督考核等数据管理流程和规则制度，促进了公共数据共享开放。

② 更倾向于市场主体依法自主定价的底层考虑在于：监管层面提供目录并不能从实质上解决数据资产的估值难题，反而可能会影响数据资产入市交易意愿和数据要素市场化配置。

③ 合规不等于确权，合规是现有规则体系下不违规。

④ 上海数据交易所成立之日，国网电力上海公司之所以迈出数据商用第一步，上海数据交易所"不合规不挂牌，无场景不交易"的合规保障是重要因素，挂牌即合规，安心又放心。

（四）入场难：北京以"类电商"模式链接资源打通场景，上海促进"数""业""城"三联动三促进

从场外数据点对点交易到交易所进场交易，数源、服务是增加吸引力的重要因素。北京国际大数据交易所基于创新的技术与规则、独特的授权，通过数据交易平台 IDeX 系统[①]，以"类电商"模式为交易双方提供规范、便捷、安全的信息化平台，挖掘多元化应用场景，并通过"白名单"机制，推荐法律事务、评估、托管、审计监督、经纪机构、仲裁等服务合作机构，加强交易前、中、后服务保障。上海数据交易所针对应用场景需求，挂牌数据产品；以《条例》明确规定浦东新区政府部门和国有企业应当通过数据交易所进行数据采购与流通交易，既保障进场业务的稳定来源，起到先行示范作用，又丰富交易供需生态，增强进场交易吸引力；在全国首次明确提出构建"数商"体系，以"半年充分酝酿推进、集中签约百家"的宣贯模式，推动"数商"概念传播，提升上海数据交易所的品牌势能；发布浦东新区促进数商集聚创新发展政策，以交易所建设、数字化产业空间载体规划、集聚优惠政策等系统化政策工具箱，促进"数""业""城"联动互促，吸引数据要素入场流通。

（五）监管难：北京全国首创"数字交易合约"，上海经授权本身承担监管职责

为加强监管，北京国际大数据交易所与监管部门密切沟通，积极争取将数据创新融通应用探索纳入"监管沙盒"中。在技术支撑方面，北京国际大数据交易所首创基于区块链的"数字交易合约"模式，以可追溯、高可信"动态交易账本"，确保敢交易、真交易、多交易。与其他数据交易所中介撮合平台功能明显不同的是，上海数据交易所经政府授权承担了数据交易的监管职责，立足"合规为本"基本理念，根据《数据安全法》《条例》

---

① IDeX 系统基于分布式计算与存储技术建设而成，具有核心业务稳定、数据要素一致、数据交易安全、功能扩展灵活的特点，实现了企业开户以及数据资产登记、发布、交易、支付、结算等交易功能，上架了涵盖数据集、数据报告、数据服务等多种形式的数据产品，可提供上传下载、API接口、线下部署等灵活多样的交割方式，能够满足数据、算法、算力和集合而成的数据合约的交易需求。

指引，从交易主体、对象、流程等三个方面加强合规监管，重点通过数据合规挂牌到全数字化的数据交易系统打造、"双证"发放、"一数一码"等系统性创新，保证数据交易全流程安全可控可追溯、可统计可监管。

二　加快推进北京国际大数据交易所建设的对策建议

围绕首都功能定位，立足北京资源优势，瞄准国内领先、全球具有重要影响力的数据交易枢纽建设目标，在保障数据安全与合规管理基础上，加强市内—全国—跨境等分层次数据供需统筹对接，加大推动产业数字化转型和数字产业生态培育力度，辅以北京数据服务品牌宣贯传播，推动北京国际大数据交易所做实做大市场空间，为首都新质生产力打造提供重要支撑，为全国数据要素市场建设打造"北京样板"。

（一）优先用好用足市辖数据资源，赋能经济社会数字化转型

一是以稀缺高质数据升级打造北京特色服务包，优化数据赋能。梳理典型用数场景需求，探索公共数据开放、资质数商加工、交易场所挂牌上架、用数主体进场购买的数据赋能标准流程，打造特色服务包产品专区，增强存量企业的本地黏性。如交通运输部门开放交通出行数据，实行从部分园区向更大区域范围和低敏感度的高速道路数据等逐步扩围；卫生健康部门开放就医病种、住院时长、支付能力等相关数据，带动显示设备、智慧医疗加快发展；民政部门开放养老送餐需求等数据，打造互联网为老助餐服务新模式，深化优化互联网养老服务探索。二是创新数据赋能模式，吸引异地注册企业回流。针对耕地占补平衡刚性约束强、征地难拆迁难、减税让利空间趋紧等现实困境，充分发挥北京数据资源优势，探索从"给地"、"减税"向"给数"模式转型，逐步形成经由交易所挂牌数据产品赋能企业发展的市场化手段，更好吸引集聚国内外优质产业企业资源。三是引导支持具有数据和专业技术优势的事业单位开发面向市场的数据产品。四是打造市属国企数字治理标杆，以数字化转型、数据资产入表为抓手，加快推动数据资产治理探索，引导支持基础设施、水电气热、粮食、科创、贸易等战略性、稀缺性数据资源进入交易所交易流通，扩大可信数源供给。五是以智慧城市建设为抓手，聚焦

智慧校园、互联网医院、智能托育养老社区等关系市民获得感幸福感的重点建设领域，开发应用场景需求，满足个性化、多元化、高品质服务要求。六是试点探索在数字化基础较好、应用场景含金量高的"三城一区"、城市副中心、大兴国际机场等重点区域，政府部门和国有企事业单位原则上通过北京国际大数据交易所进行数据采购与流通交易，丰富应用场景需求。

（二）着眼首都安全稳定，争取国家级数据资源入场汇聚流通

以保障首都安全稳定为着力点，按照"分类分级分品"总体原则，在城市安全运行、能源资源、生物安全等方面加强数据对接汇聚，加快打造服务全国的安全信息战略枢纽。加快汇聚服务中央、辐射全国的应急数据。加强央地战略合作，系统梳理垂直管理部门、综合管理部门现有应急安全管理数据资源①，按照不同类型公共安全事件、不同等级突发事件、不同品类应急物资分类，以点带面、先行探索北京国际大数据交易所与相关部委或下属机构（包括授权应用数据的三产公司）合作开发垂直数据专区，打造分类、分级、分品应急安全数据产品矩阵，以市场化供给满足首都应急安全采购需求。二是加强与央企开展城市安全运行数据合作。聚焦物资保障、能源资源保供、碳减排、交通运输等重点领域，加大与数字化转型程度深、数据资源丰富的央企合作力度，在京成立数据总部，探索数据资源市场化流通与数据资产保值增值。

（三）加强与平台企业、龙头企业的合作对接，逐步打通"数据孤岛"

一是引导鼓励信用数据产品供给，服务恶意拖欠账款和逃废债行为治理。发挥金融类平台企业、生产类龙头企业等多元化生产服务数据优势，融合政府公共数据，共同开发信用评级数据产品，对于信用评级不达标的体制内机构要从严追责问责。二是以规范发展为导向，鼓励平台类企业与交易所以托管共建模式打造个人数据银行，解决个人数据授权痛点，加强数据资源共享流通与产品开发，拓展平台企业业务范围与营收来源。三是支持鼓励各区、园区与平台企业加强战略合作，以数据流通赋能为抓手，吸引平台企业

---

① 包括但不限于气象、地震、消防、水利、能源、生物、生产安全等方面。

自带数据开发多源数据融合产品，更好地挖掘并释放数据价值。四是通过公共数据开放、定制化数据服务供给等多种合作方式，吸引龙头企业区域总部、分公司、子公司入驻，以提升数据汇集流通能级、扩大数据服务品牌影响力。

（四）加快推动产业数字化转型，为盘活资产、激活其他数据供需夯实基础

一是深化推动产业数字化智能化绿色化升级改造，促进数据采集、存储、加工、交易、应用等全链条发展，从供需两端激活数据交易市场。二是以顺义、海淀、朝阳、石景山国家新型工业化产业示范基地建设为抓手，引导吸引智能工厂标杆企业、工业互联网平台通过交易所流通交易数据，辐射带动产业链上更多企业数字化转型和资源配置效率提升。三是引导鼓励交通航运、人工智能、自动驾驶、金融、通信、工业互联网、地理信息、城市综合服务等数据沉淀多、用数需求大、带动作用强的重点产业入场交易，打造一批隐私计算、区块链、网络安全等方面的大数据产业服务商，带动北京服务业转型升级。四是瞄准存量市场盘活，助力应对需求收缩、提振消费。聚焦科技创新、能源消耗指标、土地住房空间、二手车等高价值存量资源，引导鼓励租用流转类数据产品开发与入场交易。五是加快推动数据资产抵押等数据资产化进程，创新数据价值生成实现机制。

（五）加快数据跨境流通探索，更好服务企业出海与引进外资

一是引导鼓励航海、航空、口岸物流等跨境类（如仓单、仓位等）数据产品入场交易，服务赋能数字贸易发展。二是深化跨境托管模式探索。依托北京"两区"建设政策优势，交易所联合数字贸易需求旺盛的朝阳区、海淀区等地，共同打造北京商务中心区跨国企业数据流通服务中心，实现数据与模型系统加密后托管、敏感数据审批后流通，为安全、合规、便捷跨境流通数据提供创新型解决方案。持续优化医疗健康、跨境电商等典型数据跨境流动安全评估标准与流程，推动合规、高效、便利的跨境数据托管体系和能力建设，为中国企业出海和外资引入提供优质服务，服务双循环格局下的数据要素跨境流通。三是以推动服务外包转型升级为抓手，充分利用自贸区先行先试权利，按照 RCEP（《区域全面经济伙伴关系协定》）和 CPTPP

（《全面与进步跨太平洋伙伴关系协定》）框架下的跨境数据流动规则，构建优化跨境数据分级分类管理体系。四是提升数字贸易总部集聚功能，做大做优数据跨境流通市场。依托中关村软件园国家数字服务出口基地、金盏国际合作服务区、自贸区大兴机场片区、北京经济技术开发区，根据联合国贸易和发展会议等权威机构对数字贸易的界定划分，围绕保险服务、金融服务、知识产权服务、ICT 服务、其他商业服务、个人文化娱乐服务等数字贸易重点领域，吸引和集聚一批跨国企业总部，并支持建立亚太乃至全球创新中心、研发中心、运营中心、应用中心、数据中心和培训中心。五是加强国际合作。依托北京国际大数据交易所建设，加强同香港①、新加坡②数据交易与资产管理机构合作，推动商业数据、个人数据标准界定与跨境流动分类监管模式创新，促进双方数据资源与项目对接，增强对共建"一带一路"国家的辐射力。依托中英产业园、中德产业园、中日产业园等园区建设，研究启动若干跨境数据互联互通项目，在确保数据安全可控的前提下，研究开通跨境数据专线网络，推动双方在协同设计、联合研发、数据处理、远程检测等方面的深度融合。通过政府购买服务等多种方式，吸引集聚全球顶尖法律、商务、知识产权、信息安全、仲裁、综合咨询等服务机构入驻自贸区，提升数据合规评估、跨境数据流通交易服务的国际化、专业化水平。配合国家与欧盟、新加坡、日本及"一带一路"相关国家和地区建立沟通机制，签订数据安全应用互信协议，并在自贸区试点落地。

（六）加大数字产业生态培育力度，提升数据流通汇聚综合竞争力

与诸多高端产业类似，数据流通汇聚的竞争归根结底依然是基础设施、人才、技术和政策制度的竞争。在当前全球数据流通难度日益加大形势下，

---

① 香港是中外数据流通的重要驿站。作为我国主要的数据枢纽，香港连接着 18 个国际海缆系统，连接线路的多元化（多样性）使得网络具有冗余和弹性，能够保证数据传输的稳定性和安全性，在跨法域商业数据传输方面积累了丰富的经验。

② 新加坡汇集了东南亚超过 50% 的商业数据托管及中立运营商数据中心，数据保护工作走在亚洲前沿。2012 年新加坡通过《个人数据保护法》（PDPA），对个人数据跨境流动做了相应限制，除非接收国可以提供充分性保护，否则在一般情况下禁止数据跨境传输，与 GDPR 类似。

谁能前瞻性布局打造领先的基础设施、高度创新制度完备的合规体系、高品质低成本提供便捷高效的数据服务，谁就能在全球竞争中占有先机。一是推动新型基础设施投资建设。依托中日国际合作产业园等中外合作园区、海外园区、海外仓等空间载体，研究建设国际互联网数据专用通道，推动建设功能型绿色数据中心等新型基础设施，探索在自贸区大兴机场片区建设离岸数据中心，支持企业在确保数据安全的情况下，开展相关数据处理活动。二是研究制定北京支持数据产业生态培育政策体系，优化人才、创新、资金等相关配套政策。在功能机构培育方面，重点引进一批数据运营商、数据服务商、第三方咨询机构等，提升数据经纪、合规审核、资产评估、数据交付等合规服务品质；在制度创新方面，建立健全北京国际大数据交易所与中关村软件园国家数字服务出口基地联动机制，探索建立与国际接轨的数据标准和知识产权评估体系。三是加快探索试点将数据资产纳入企业资产负债表，为国家数据资产盘点、数字税收征管、数据资产交易夯实基底。四是持续织牢数据安全"防护网"。加快完善数字知识产权保护制度，促进在人脸识别、互联网金融、人工智能等数字化典型应用场景的安保技术研发创新与知识产权保护。对于不同规模、不同类型的数据企业，加快研究分级精准监管，对涉及用户个人信息处理、数据跨境流动，尤其涉及国家和社会公共利益的数据开发行为，加强与国家相关职能部门对接，构建完善的数据安全预警和应急处置机制，加强常态化监管能力建设。

（七）加大宣传推广力度，打造北京数据服务品牌

一是以具象数据产品替代抽象数据资源，降低理解难度、增加传播广度、扩大购买受众，打造大众易理解、好挑选的数据产品超市。二是加大北京国际大数据交易所建设进展与活动宣传力度，提升在国际国内的品牌势能和影响力。

同时，要持续深化落实《北京市数字经济促进条例》，强化资源统筹联动与政策集成，加强规划引导监督，在隐私保护、安全监测、风险管理、知识产权确权等问题上，通过部门监管、行业联盟、自觉规范等多元化方式，营造鼓励创新和包容审慎监管的数据交易流通环境。

第六章　数字经济治理赋能首都
新质生产力发展

　　习近平总书记在坚持马克思主义政治经济学基本原理的基础上，结合中国实践提出了系统全面的数字经济治理体系，为我国做强做优做大数字经济指明了方向。北京作为全国数字经济发展高地，在习近平总书记关于数字经济治理重要论述指引下，以全球数字经济标杆城市建设、"两区"建设为抓手，以开放、改革、创新、规范为关键词，在数据治理、平台经济、网络市场监管与服务等方面加快探索示范，积极对接国际高标准经贸规则，为全国乃至全球数字经济治理贡献"北京方案"，为北京培育壮大新质生产力提供体制变革支撑。

第一节　关于数字经济治理重要论述的价值意蕴

　　随着新一轮科技变革与产业变革浪潮的席卷，数字经济在推动经济社会变革的同时，也对传统治理框架与方式提出了严峻挑战。习近平总书记高度重视数字经济的健康有序发展，深刻洞察全球经济社会变革大势，从国家治理与经济社会发展更好相适应的战略高度，多次强调"要完善数字经济治理体系"，为推动我国数字经济治理体系的完善提供了科学指南和行动纲领。2021年12月，国务院印发《"十四五"数字经济发展规划》，明确提出到2025年"数字经济治理体系更加完善"的发展目标，并从治理方式、安全保障、公共服务、国际合作等多个方面落实习近平总书记相关指示精神，促进数字经济治理体系和治理能力现代化水平不断提升。

一　探索建立与数字经济持续健康发展相适应的治理方式

（一）坚持发展与规范并重

发展与规范是数字经济的"两翼"。一方面，中国数字经济蓬勃发展，我国数字经济规模从 2014 年的 16.2 万元增长至 2023 年的 56.1 万元[①]，年均增长近 15%，占 GDP 的比重从 25%提高至 44%，数字经济在国民经济中的占比不断提升。另一方面，与美国等世界数字经济强国、大国相比，我国数字经济大而不强、快而不优特征明显，仍然缺乏符合数字经济发展特点和规律的治理框架和规则体系，在数字经济发展实践中一些新问题新挑战不断涌现，网络犯罪、个人隐私泄露、知识产权侵权、数据"黑市"倒卖和黑客等现象时有发生，滥用市场支配地位、大数据"杀熟"、垄断资本无序扩张、非法收集和使用用户数据、不正当竞争、偷税漏税等问题日益突出，加强数字治理刻不容缓。习近平总书记高度关注数字经济治理，早在 2016 年在网络安全和信息化工作座谈会上就提出，让企业持续健康发展，既是企业家奋斗的目标，也是国家发展的需要。2021 年 10 月，在中共中央政治局第三十四次集体学习时，习近平总书记强调，规范数字经济发展，坚持促进发展和监管规范两手抓、两手都要硬，在发展中规范、在规范中发展，[②] 基于中国数字经济发展实践实际，科学阐释规范与发展的辩证统一关系，为中国数字经济治理提供基本准绳，推动数字经济治理从反垄断等较为强硬的监管举措逐步向包容审慎监管方式进化，为数字经济发展提供更好的营商环境与生态土壤。

[①]　《推动中国经济加"数"跑》，https：//www.cac.gov.cn/2024-03/12/c_ 1711914435806252. htm，2024 年 3 月 12 日。

[②]　《习近平主持召开中央全面深化改革委员会第二十一次会议强调 加强反垄断反不正当竞争监管力度 完善物资储备体制机制 深入打好污染防治攻坚战》，https：//www.gov.cn/xin wen/2021-08/30/content_ 5634220. htm，2021 年 8 月 30 日。

一是为我国数字经济治理现代化框架体系构建提供了理论指南。坚持以制度建设为主线、坚持全面依法治国是推进国家治理体系和治理能力现代化、实现中国式现代化的重要原则。习近平总书记强调，健全法律法规和政策制度，完善体制机制，提高我国数字经济治理体系和治理能力现代化水平。近年来，《中华人民共和国网络安全法》《中华人民共和国数据安全法》《关键信息基础设施安全保护条例》《中华人民共和国个人信息保护法》等法律法规陆续发布实施，从国家法治建设的高度提升数字经济治理能力。2021年12月，国务院印发《"十四五"数字经济发展规划》，明确提出我国数字经济转向规范发展新阶段，将坚持促进发展和监管规范并重，建立健全适应数字经济发展的政策法规体系，为"十四五"时期数字经济的全面扩展与健康有序发展提供保障。

二是为数字经济突出问题的治理提供了行动导向。在习近平总书记数字经济相关重要论述指导下，我国数字经济治理突出竞争政策基础地位，鼓励公平竞争，加强对行业垄断、价格保护、侵犯知识产权等不正当竞争行为的预警和防范，引导建设数字产业相关信用体系，更好维护市场主体权益、保护消费者权益。2017年，修订《中华人民共和国反不正当竞争法》，专门增加互联网条目，以更好规制数字经济时代新型不正当竞争行为，保障公平竞争和市场秩序。2022年，修订《中华人民共和国反垄断法》，新增数字经济反垄断条目，规范数字经济竞争秩序。此外，《互联网信息服务深度合成管理规定》《互联网弹窗信息推送服务管理规定》等新规陆续出台，"清朗"系列专项行动持续开展，重拳整治网络生态突出问题，新技术新业态规范发展。

（二）加强平台经济治理

平台经济是数字经济发展的重要组成，也是实现高质量发展的重点领域。中国数字经济平台总价值占全球的22.5%，位列世界第2，市场价值超过10亿美元的数字平台企业数量超过200家。① 不同于传统经济形态，平

---

① 《坚持发展与规范并重 推动平台经济高质量发展》，https：//www.samr.gov.cn/wljys/ptjjyj/art/2024/art_ f0e71494d3744450a5f04ba 25e189243.html，2024年2月8日。

台经济具有独特的组织形态与行业特性，在数据和流量等方面具有典型的马太效应，在功能方面具备介于政府与企业之间的准公共属性，呈现强渗透、广覆盖、快迭代等发展特性，网络效应、规模经济与范围经济效应、零边际成本等新经济特性在实践中易引发"赢家通吃"、行业垄断等系列问题，导致市场失灵与无序竞争。2019年8月，国务院办公厅印发《关于促进平台经济规范健康发展的指导意见》，明确提出持续深化"放管服"改革，围绕更大激发市场活力，聚焦市场准入、创新监管、鼓励新业态发展、保护平台经济参与者合法权益等平台经济发展面临的突出问题，营造公平竞争市场环境。2020年11月，市场监管总局发布《关于平台经济领域的反垄断指南（征求意见稿）》，释放出国家加强平台经济反垄断的政策信号。2021年3月，习近平总书记在主持召开中央财经委员会第九次会议时科学研判"我国平台经济发展正处在关键时期""总体态势是好的、作用是积极的"，明确要求"要坚持正确政治方向，从构筑国家竞争新优势的战略高度出发，建立健全平台经济治理体系"。2021年8月，习近平总书记在主持中央全面深化改革委员会第二十一次会议时指出，党的十八大以来，加大了反垄断监管力度，"依法查处有关平台企业垄断和不正当竞争行为，防止资本无序扩张初见成效"，并强调"引导督促企业服从和服务于经济社会发展大局"。①习近平总书记关于平台经济发展的系列指导思想，为如何答好平台经济治理"时代之问"提供了思想指引。

　　一是为规范平台行为、维护市场秩序提供了理论指导。公平竞争是市场经济发展的关键，是资源要素有效配置、提高市场效率的根本保障。垄断与不正当竞争是平台经济"成长中的烦恼"的主要体现，数字经济发展的高速迭代与市场结构的高度复杂对平台治理提出了更高要求。2021年8月，习近平总书记在审议《关于强化反垄断深入推进公平竞争政策实施的意见》时强调，"针对一些平台企业存在野蛮生长、无序扩张等突出问题"加大反

---

① 《习近平主持召开中央全面深化改革委员会第二十一次会议强调 加强反垄断反不正当竞争监管力度 完善物资储备体制机制 深入打好污染防治攻坚战》，https://www.gov.cn/xinwen/2021-08/30/content_5634220.htm，2021年8月30日。

垄断监管力度，要"明确规则，划出底线""要加快健全市场准入制度、公平竞争审查机制等"，为"反什么""怎么反"提供了根本遵循。2021 年 12 月，国家发展改革委等九部门联合印发《关于推动平台经济规范健康持续发展的若干意见》，进一步落实细化习近平总书记关于平台经济治理的思想，明确提出适应平台经济发展规律，建立健全规则制度，推动平台企业有序健康发展。2022 年 10 月，"加强反垄断和反不正当竞争"被写入党的二十大报告，反垄断成为完善社会主义市场经济体制的长期任务，并通过国务院机构改革、设立健全反垄断部门等务实性举措，推动各项制度法规的持续完善，平台经济从野蛮生长进入规范化发展新阶段。

二是为引导平台经济发挥积极作用提供行动指南。当前，平台经济是国际竞争的重要力量。《财富》世界 500 强排行榜显示，亚马逊、苹果等平台企业常年位居榜单前列，京东、阿里巴巴、腾讯、拼多多等中国企业均在榜单上占据一席之地，是技术创新、产品创新、商业模式创新的先锋力量，并在海外市场拓展中发挥重要带动作用，推动我国出口模式从产品输出向模式输出、技术输出转变，不断提升国际竞争力和话语权。习近平总书记在审议《关于强化反垄断深入推进公平竞争政策实施的意见》时强调，鼓励支持企业在促进科技进步、繁荣市场经济、便利人民生活、参与国际竞争中发挥积极作用，为平台企业如何更好服从和服务于我国经济社会发展大局指明了方向。近年来，平台企业在芯片、人工智能等高水平科技自立自强关键领域积极参与、加大投入，在专利方面，截至 2023 年 9 月，全球下一代互联网相关技术专利申请总量中，中国申请量占比超四成，其中，腾讯作为平台企业，专利有效量位居全球前十主体之首，平台企业在提升自身市场竞争力的同时，在促进技术创新突破与产业竞争力提升方面的正向带动作用愈加凸显。

三是为平台监管体制机制创新指明了方向。平台经济的监管是世界性难题，如何平衡规范和发展的对立统一关系仍处于探索过程中。其中，美欧监管模式最具代表性。美国更多强调第三方责任，对平台企业采用"避风港"原则，通过豁免平台直接责任，更好支持平台企业发展，增强其全球竞争力。欧盟本土缺乏具有全球竞争力的头部平台企业，更多强调对超大平台"守门人"责任的监管，[①] 通过《通用数据保护条例》《数字服务法》《数字市场法》《网络活力法》等法律法规的出台，强化对数字服务内容、市场竞争等方面的监督审查，以增强与大型国际互联网平台企业的博弈能力。习近平总书记高度重视平台监管体系建设，2021 年 8 月在审议《关于强化反垄断深入推进公平竞争政策实施的意见》时强调，要加快建立全方位、多层次、立体化监管体系。2024 年 7 月，《中共中央关于进一步全面深化改革 推进中国式现代化的决定》明确提出，健全平台经济常态化监管制度，平台经济治理进入常态化监管新阶段。需加快深化细化习近平总书记关于平台经济监管的系列指示精神，推动常态化监管理念、模式、技术等改革创新，探索建立与国际通行规则相衔接的平台经济监管体系，更好服务于国家竞争新优势的构筑。

（三）完善多元共治模式

由于强渗透性、高融合性、广覆盖性等数字经济特性，数字经济的发展涉及多行业领域、多利益主体，尤其是一些新兴业态、新就业群体，对现代化治理模式提出更高要求。2022 年 1 月，习近平总书记于《求是》撰文提出"完善数字经济治理体系"，并从完善体制机制、健全部门职责、改进监管技术手段、加强行业自律、形成监督合力等多方面提出了具体要求，为我国数字经济治理提供了明确导向。

一是为优化不同治理工具指明了方向。数字经济治理的最终目标是要形成统一公平、竞争有序的现代市场体系。习近平总书记主持召开中央全面深化改革委员会第二十一次会议时强调，要加快健全数字经济公平竞争监管制度，从制度建设角度提升治理能力。"十四五"数字经济发展规划进一步对此予以深化落实，以数字经济治理能力提升工程建设为具体抓手，提出加强数字经济统计监测、重大问题研判和风险预警、数字服务监管体系构建等方面的任务要求，通过法律法规、政策、技术标准等多种政策工具共同发力，

---

① 刘诚：《美欧平台经济监管的四大趋势》，《经济观察报》2024 年 4 月 18 日。

精准、有效地做好数字经济治理工作。

二是为逐步形成多元共治新格局指明了方向。数字经济的治理既需要政府各部门各负其责，通过规划、监管、引导等方式实现发展与规范并重，也需要平台等多方力量共同参与，维护数字经济发展良好生态环境。习近平总书记明确提出，要明确平台企业主体责任和义务，建立行业自律机制，并强调开展社会监督、媒体监督、公众监督，形成监督合力。① 在习近平总书记系列重要论述指引下，政府主导、企业履责、社会监督的多元主体参与的数字经济治理新格局不断形成。

二 强化数字经济安全保障

数字经济的快速发展伴随着网络安全、数据安全等一系列新问题新挑战，数字经济安全成为国家安全的重要组成部分。习近平总书记强调，完善国家安全制度体系，重点加强数字经济安全风险预警、防控机制和能力建设，并明确提出"实现核心技术、重要产业、关键设施、战略资源、重大科技、头部企业等"重点领域重点主体的安全可控。习近平总书记对于数字经济安全的高度重视及对筑牢数字安全屏障的系列指示精神，是从全球要素资源博弈、全球经济结构重塑、全球竞争格局改变的战略全局考量，为我国数字经济安全保障实践提供了行动指南。

（一）加强网络安全防护

网络安全是实现数字经济安全的基本保障。随着新一代信息技术的快速发展迭代，网络攻击、窃密及诈骗等非法违规现象频频出现，网络安全风险正在被技术不断放大，网络安全威胁态势日益严峻，严重的网络攻击事件从未间断，众多组织与机构主体遭遇勒索软件、数据窃取和隐私泄密等攻击威胁。一是随着国际博弈的加剧，美国等外部势力高强度打压不断升级，通过裹挟欧洲、日本、印度等国家或地区组建"反华技术同盟"，

---

① 习近平：《不断做强做优做大我国数字经济》，《求是》2022 年第 2 期。

以众暴寡对中国实行科技霸凌与技术讹诈，[①] 并通过建立"网攻武器库"，长期对我国军事、金融、电信、科研、能源等关键领域及国家重点部门、大学与科技企业等关键主体进行体系化、平台化、规模化恶意网络侵袭。国家安全部相关资料显示，2022 年以来，美国情报部门通过"电幕行动""量子"等多款网络攻击武器，对中国等 45 个国家和地区进行了长达 10 年以上的网络攻击与间谍侵袭行动，严重威胁国家网络安全。[②] 二是勒索攻击越来越成为网络安全的重要挑战。《2023 互联网安全报告》显示，2023 年企业办公网络遭遇勒索攻击事件同比增长超过 1 倍，同时人工智能技术催生新型网络犯罪，更加精准智能的钓鱼软件引发数量更多、隐蔽性更强的诈骗事件。[③] 城市基础设施、金融、医疗卫生、教育等关键领域、关键机构一旦被攻击导致系统中断瘫痪，将对国家经济与社会安全造成巨大冲击。

党的十八大以来，党中央高度重视网络安全问题，围绕"网络强国"建设，习近平总书记把握全局、审时度势、深谋远虑，作出系列重大决策部署，不断探索中国特色治网之道，强调"网络安全对国家安全牵一发而动全身""没有网络安全就没有国家安全""坚持统筹发展和安全""坚持网络安全为人民、网络安全靠人民"，要求从全面落实打防管控各项措施、加强法律制度建设、落实行业监管主体责任、加强社会宣传教育防范等多方面维护国家网络安全，对中国网络安全治理具有开创性、前瞻性指导意义，为网络安全"四梁八柱"搭建指明了方向。一是在法律法规方面，《网络安全法》《关键信息基础设施安全保护条例》等陆续出台，为关键信息基础设施保护、个人信息保护等提供了法治保障。二是在政策方面，《网络安全审查办法》《云计算服务安全评估办法》《互联网信息服务深度合成管理规定》

---

① 磨惟伟：《2023 年国家网络安全总体态势分析与趋势研判》，《中国信息安全》2023 年第 12 期。

② 《起底美国情报机关网攻窃密的主要卑劣手段》，https：//m. youth. cn/qwtx/xxl/202407/t20240709_ 15369603. htm，2024 年 7 月 9 日。

③ 《〈2023 互联网安全报告〉："体系化主动安全"建设势在必行》，http：//www. jjckb. cn/20240802/8083906a5b554d73ba5f02b170ac68b4/c. html，2024 年 8 月 2 日。

《生成式人工智能服务管理暂行办法》等相继印发，进一步明确了网络安全防护方面的监管要求和实施细则，压实了关键行业部门、重要主体的安全责任与义务。三是在标准规范方面，自 2014 年提出"网络强国"建设目标以来，近 10 年制定发布超过 300 项网络安全领域的国家标准，[①] 不断增强新技术新应用的风险防范能力。同时，通过促进网络安全技术创新突破、支持网络安全产业发展、设立"中国国家网络安全宣传周"等多元化方式，促进网络安全技术、产业与宣传教育的协同发力，不断提高网络安全防护意识与能力，共同守护网络安全。

（二）加强数据安全防护

数据作为国家基础性战略资源、数字经济发展的关键要素，具有泛在性、虚拟性、强流动性、低成本可复制性等要素特性，导致数据泄露、数据篡改丢失、数据损坏等安全事件频发，对国家安全、企业资产、个人隐私造成严重影响。一是在数据跨境流动方面，数据非法利用风险凸显。如随着国内大量平台企业赴美上市，需要按照美方对外国企业管理要求及时披露储存、应用数据，涉及面广、规模大的平台数据一旦被他国非法获得利用，将对国家安全造成极大威胁。二是暗网数据交易隐匿猖獗。《经济参考报》相关调研发现，每年在暗网平台出售的数据总量高达数十亿条、交易金额超 10 亿元人民币，[②] 涉及医疗、金融、通信等多行业领域，受害范围、敏感程度、数据规模惊人。三是数据泄露日益增长。《2024 年上半年数据泄露风险态势报告》显示，2024 年 1～6 月全网数据泄露事件同比增加近 60%，既反映了数据泄露的高频度，也反映了数据安全防护的脆弱性与形势的严峻性。

不同于网络安全，数据安全的关键在于保障不同主体、不同类型数据在存储、传输、使用等不同环节的安全，以保障国家安全、商业秘密及个人隐

① 《国家网信办：我国已制定 380 多项网络安全领域国家标准》，https：//baijiahao. baidu. com/s？id＝1809078682043929805&wfr＝spider&for＝pc，2024 年 9 月 2 日。
② 《"暗网"不暗，数十亿条个人信息明码标价售卖》，https：//baijiahao. baidu. com/s？id＝1697423066526779900&wfr＝spider&for＝pc，2021 年 4 月 19 日。

私，让海量数据合规有序流通复用，释放数据资源红利。自 2015 年国务院发布《促进大数据发展行动纲要》、明确研判"数据已成为国家基础性战略资源"以来，习近平总书记多次强调数据安全问题，2018 年 4 月，在全国网络安全和信息化工作会议上，明确要求加强数据安全管理，加大个人信息保护力度，特别是做好数据跨境流动的安全评估和监管；2022 年 6 月，在主持召开的中央全面深化改革委员会第二十六次会议上，要求维护国家数据安全，保护个人信息和商业秘密，促进数据高效流通使用、赋能实体经济，深刻阐明保障数据安全前提下促进数据有序流通、赋能经济发展的主体导向，有力消除各类数据开放流动隐忧，为我国数据安全保护、数字经济做强做优做大提供了明确指向。一是为数据安全保护法律法规的完善指明了方向。近年来，《数据安全法》《密码法》《个人信息保护法》《数据安全管理办法》等多项法律法规相继出台，《信息安全技术 个人信息安全规范》《信息安全技术 数据安全风险评估方法》《数据出境安全评估办法》《个人信息出境标准合同办法》《促进和规范数据跨境流动规定》等系列规章制度加快制定印发，为数据分类分级保护、数据出境与跨境传输、数据安全审查等设立了法治框架、提供了政策法规依据。尤其是在数据跨境方面，深化细化习近平总书记关于跨境数据安全评估监管的重要指示精神，分类分级管理，顶层设计配套数据出境安全评估、个人信息出境标准合同、个人信息保护认证等具体办法，明确数据跨境流动管理的具体路径，基本构建起具有中国特色的数据跨境流动管理体系。二是为促进提升数据在流动中的安全防护能力提供了思想指引。强调数据安全，目的是让数据放心安心流动起来、用起来，赋能经济社会发展、实现更大价值，因而，保护数据安全并非把数据管死，而是在数据流动与应用中不断提升安全治理能力。2022 年 12 月，《中共中央 国务院关于构建数据基础制度更好发挥数据要素作用的意见》明确提出，"建立安全可控、弹性包容的数据要素治理制度"，明确在维护好数据安全的同时，为创新发展留足空间的发展导向。2024 年 1 月印发，《"数据要素×"三年行动计划（2024—2026 年）》，明确提出"坚持把安全贯穿数据要素价值创造和实现全过程，严守数据安全底线"，以数据要素的高水平应用促进高水平安全。如在工业领域，2024 年 2 月，工业和信息化部印发《工业领域数据安全能力提升实施方案（2024—2026 年）》，旨在解决新型工业化进程中工业数据流通共享与开发利用实践中存在的安全问题。在组织架构方面，2023 年 10 月揭牌成立国家数据局以来，全国多地成立省级数据局，围绕数据要素开放、数据资产管理、个人信息保护、数据跨境流通等方面加快探索，在实践中推动数据开放利用与安全治理的统筹走深走实。

（三）提升重点领域风险防范能力

数字经济具有不稳定性、高关联性等特点，[①] 易形成传播面广、破坏性大的系统性风险。尤其是平台企业在业务拓展中纷纷开展各类金融活动，引发 P2P 坍塌式爆雷、平台跑路倒闭等各类极端事件，造成群众财产受损，影响社会和谐稳定。2022 年 6 月，习近平总书记在主持召开中央全面深化改革委员会第二十六次会议时强调，要推动大型支付和金融科技平台企业回归本源，健全监管规则，防范化解系统性金融风险隐患，为防范数字金融风险、提升常态化金融监管能力提供了根本遵循。近年来，从维护金融市场有序发展、保障消费者权益角度，金融管理部门不断加强平台企业金融监管制度建设，并从推动平台企业金融业务集中整改阶段转入常态化监管阶段。2024 年 5 月，国家金融监督管理总局印发《关于银行业保险业做好金融"五篇大文章"的指导意见》，明确提出要"聚焦效能和安全促进数字金融发展"，防范新技术应用带来的风险，将数字金融重点监管范围从平台企业拓展至银行业保险业等各类机构，为做好数字金融文章、守牢金融风险底线提供了操作性指导，数字金融风险防范能力建设持续推进。此外，随着数字经济的发展，灵活就业、零工经济等新就业形态成为就业新引擎，是就业市场重要的"蓄水池"和"稳定器"。2022 年，微信、抖音、京东、淘宝、美团等头部平台企业净创造就业超过 2 亿人。《中国灵活用工发展报告（2021）》显示，2020 年中国企业采用灵活用工比例超过 55%，比上年提

---

① 谢鹏远、何志红：《数字经济市场风险的结构展开、成因分析与法治应对》，《云南民族大学学报》（哲学社会科学版）2024 年第 2 期。

高近 11 个百分点，近三成企业计划稳定或扩大灵活用工规模。① 与此同时，新就业也存在劳动关系、社会保障、员工权益等无序违规乱象，易引发社会公平正义、安全稳定等各类风险。2024 年 5 月，习近平总书记在二十届中共中央政治局第十四次集体学习时强调，加强灵活就业和新就业形态劳动者权益保障，扩大职业伤害保障试点范围，为我国新就业劳动群体权益保障的制度化指明了方向。试点示范是我国改革开放取得成功的重要法宝，也是探索新就业形态治理的重要路径，通过小范围试点总结经验，有利于逐步形成契合我国发展阶段特点的灵活就业和新就业制度体系，在促进就业的同时有效防范各类风险。

三　提升数字化公共服务效能

公共服务是与人民群众获得感、幸福感联系最紧密、利益最相关的领域。数字技术的革新、数字经济的发展壮大为数字化便民利民惠民提供了新机遇。党的十八大以来，习近平总书记深刻把握数字化浪潮下公共服务变革的规律与特点，始终把增进人民福祉作为数字经济发展的出发点和落脚点，多次强调"要适应人民期待和需求，加快信息化服务普及"② "加快建设数字中国，更好地服务我国经济社会发展和人民生活改善"③ "要运用大数据促进保障和改善民生"等重要论述，充分彰显了数字经济发展建设鲜明的民生底色，为我国加快推动数字化公共服务能力建设指明了奋斗方向。

（一）推动数字政府建设

数字政府建设是提升数字化公共服务效能的基本支撑。2019 年，党的十九届四中全会首次提出推进数字政府建设。2020 年 4 月，习近平总书记

---

① 《灵活就业成大学生就业新形态》，http：//www.moe.gov.cn/jyb_ xwfb/s5147/202201/t2022
0117_ 594898.html，2022 年 1 月 17 日。

② 《习近平：为老百姓提供用得上用得起用得好的信息服务》，https：//news.cctv.com/2016/
04/25/ARTIK6SZdq4kwQiio05wD5HB160425.shtml，2016 年 4 月 25 日。

③ 《习近平主持中共中央政治局第二次集体学习》，https：//www.gov.cn/guowuyuan/2017-12/
09/content_ 5245520.htm，2017 年 12 月 9 日。

在中央财经委员会第七次会议上要求，加快数字经济、数字社会、数字政府建设；2022 年 4 月，习近平总书记在主持召开中央全面深化改革委员会第二十五次会议时强调，把数字技术广泛应用于政府管理服务，并在海南、上海、浙江等地调研时，多次就强化互联网思维、推进城市治理现代化等重要问题作出重要指示，[①] 彰显了利民为本的初心本色，为我国数字政府建设提供了科学指引。

一是为政务服务效能的持续提升精进提供了思想指引。政务服务事关营商环境优化与服务公众"神经末梢"成效。2019 年 5 月，着眼于推动政府数字化转型，全国一体化政务服务平台正式上线运行，通过该总枢纽的设置，贯通全国各地区各部门政务服务平台，目标是面向全国人民及所有经营主体，打造覆盖全国、连接地方的政务服务"一张网"。2021 年 3 月，国家"十四五"规划明确提出"提高数字政府建设水平"的建设任务，要求推动政府治理流程再造和模式优化。2021 年 12 月，《"十四五"数字经济发展规划》重点聚焦"互联网+政务服务"效能，进一步明确提出 5 年规划周期内，要全面提升全国一体化政务服务平台功能，实现利企便民高频事务事项"一网通办"。2022 年 6 月，国务院正式印发《关于加强数字政府建设的指导意见》，深入贯彻落实习近平总书记指示，对数字政府建设的目标、任务及路线进行了全面总体部署与规划。2024 年 1 月，国务院印发《关于进一步优化政务服务提升行政效能推动"高效办成一件事"的指导意见》，聚焦"事难办"的阻点，将"高效办成一件事"作为抓手，持续优化政务服务、提升行政效能。《联合国电子政务调查报告2022》显示，我国电子政务发展指数（EGDI）的全球排名从 2012 年的第78 位跃升至 2022 年的第 43 位。截至 2024 年 5 月 31 日，国家政务服务平台"五周年"之际，实名注册近 9 亿用户，联通 32 个地方平台、46 个国务院部门平台，提供身份证核验服务超 107 亿次、电子证照共享服务超

---

① 《致广大而尽精微——习近平总书记指引数字政府建设述评》，《中国网信》2023 年第11 期。

108 亿次,① 政务服务效能提升成绩显著。

二是为公共数据开放共享指明了方向。公共数据规模大、质量高,消除"数据孤岛",促进数据采集、流通、应用,能为数字政务、企业经商、群众办事提供更精准、有效、便利的服务。2017 年 12 月,习近平总书记在十九届中央政治局集体学习时强调,要加快公共服务领域数据集中和共享,与社会数据平台对接,形成社会治理强大合力。按照习近平总书记的指示,近年来,从国家层面到地方层面,纷纷出台数据条例,在明确无条件开放、有条件开放、不予开放等公共数据分类基础上,探索自行开发、购买服务、授权运营、入场交易等多种机制与模式,并以高质量公共数据开放牵引社会数据共享,促进多元数据融合,更好促进公共服务质量提升与实体经济发展。总体来看,我国公共数据开放仍处于起步阶段,在各地实践探索基础上,国家层面将出台细化公共数据开放利用的相关政策,② 更好促进公共服务效能提升。

（二）提升社会服务数字化普惠水平

中国人口规模高居世界前列,2023 年超过 14 亿人,教育、医疗、文化等社会服务需求庞大、结构复杂。伴随我国经济社会的发展,人民对美好生活的需求日益增加,利益诉求愈加复杂多样,社会治理挑战大、矛盾多、任务重,成为治好国理好政的重要考验。加快深化数字技术应用,推动社会治理的数字化、智能化是必然趋势。习近平总书记高度重视数字化在助力民生保障中的作用发挥,多次就社会服务重点领域的数字化转型发表重要讲话,强调通过"互联网+教育""互联网+医疗""互联网+文化"等方式,运用大数据促进保障和改善民生,为我国推进社会服务普惠化便捷化指明了方向。

一是为补民生短板、强民生服务指明了方向。坚持问题导向、抓主要矛

---

① 《国家政务服务平台上线运行五周年 传递"温度"与"热度"》,http://www.xinhuanet.com/politics/20240531/6fdcca8573a1423b843e5d791d8fc99f/c.html,2024 年 5 月 31 日。

② 《公共数据开发利用将迎重磅政策 数据要素资产化进程将会"更进一步"》,http://www.cinic.org.cn/xw/schj/1545047.html,2024 年 7 月 9 日。

盾是做好社会服务的重要思路。习近平总书记强调，要推进教育、就业、社保等领域的大数据普及应用。2023 年 2 月，中共中央、国务院印发《数字中国建设整体布局规划》，明确提出到 2025 年，数字社会精准化、普惠化、便捷化取得显著成效，并就教育、医疗健康、文化等重点领域的数字化建设提出要求。在教育方面，我国正加快建设以数字化为支撑的高质量教育体系，全国中小学全部接入互联网，慕课数量与学习人数均居世界第一，建成世界第一大教育教学资源库，发布一系列教育数字化的标准规范，[1] 数字教学环境全面提档升级，数字化加快赋能教育均等化、优质化。在医疗健康方面，国务院办公厅发布《关于促进"互联网+医疗健康"发展的意见》，全国统一的医保信息平台全面建成，国家远程医疗服务平台覆盖率地市级达 100%。[2] 在文化方面，按照国家文化数字化战略部署，数字文化建设全面推进，故宫博物院、中国美术馆等文化资源的数字化采集和"中华古籍资源库"、数字博物馆等数字文化内容供给不断扩容增质，[3] 文化惠民向纵深推进。

二是为城乡精细化治理指明了方向。城市和乡村是做好公共服务、提升精细化治理水平的重要空间载体。在城市治理方面，党的二十大报告明确提出"打造宜居、韧性、智慧城市"。习近平总书记围绕雄安新区建设，明确要求要把智能、绿色、创新打造成为亮丽名片，推动雄安新区从"一张白纸"变成我国城市建设史上首个全域数字城市与现实城市同步建设的城市典范，实现物理城市与数字城市精准映射、智慧治理。全国多地也纷纷通过建设城市大脑、深化网格化管理等多元化措施，推动跨地区、跨部门、跨领域数据联通共享、服务联结联动，破解治理碎片化等痛点难点，提升城市"智理"精细化现代化水平。在乡村治理方面，早在 2017 年 12 月习近平总书记在中央农村工作会议上就提出，探索在村庄建立网上服务站点，加快健

---

[1] 《我国建成世界第一大教育教学资源库》，http://www.moe.gov.cn/fbh/live/2024/55785/mtbd/202401/t20240129_1113156.html，2024 年 1 月 29 日。

[2] 《无边光景时时新——习近平总书记指引数字社会建设述评》，《中国网信》2023 年第 5 期。

[3] 国家数据局：《数字中国发展报告（2023 年）》，2024 年 6 月。

全乡村便民服务体系。2018 年 1 月，中共中央、国务院印发《关于实施乡村振兴战略的意见》，首次提出实施数字乡村战略，明确提出"加快推进乡村治理体系和治理能力现代化"。2019 年 5 月，中共中央办公厅、国务院办公厅印发《数字乡村发展战略纲要》，并于 2020 年、2024 年开展两批国家数字乡村试点工作，乡村数字化、精细化治理不断深化实化，行政村"村村通宽带"已全面实现，浙江、北京等多地探索建立县—乡—村三级全域网格化服务管理平台，打通乡村治理"最后一公里"，让农村居民共享数字化发展成果。

（三）打造新型数字生活

推动生活的数字化、智慧化、智能化是数字经济发展浪潮下提升人民群众获得感与幸福感的必然要求，也是将提升公共服务效能融入日常生活的具体体现。习近平总书记高度关注社区工作，多次走访考察社区建设，强调社区在基层自治、国家治理中的基础性作用，强调"强化社区为民、便民、安民功能"，为做好社区治理智慧化转型、服务好千家万户提供了思想指引。继国家"十四五"规划明确提出推进智慧社区建设之后，2022 年 5 月，民政部等九部门印发《关于深入推进智慧社区建设的意见》，进一步明确智慧社区建设的要求与任务，推动我国智慧社区建设进入"快车道"。全国多地积极试点建设基层治理数据库，加快新一代信息技术在安防、停车、适老化改造、便民生活圈建设等方面的应用推广，并通过《提升全民数字素养与技能行动纲要》等政策规划的印发实施，努力构建"无处不智慧"的良好生活氛围。

四　积极参与数字经济国际合作

党的十八大以来，习近平总书记敏锐洞察全球互联网发展大势，着眼信息化时代人类共同前途命运与发展福祉，在 2015 年 12 月第二届世界互联网大会开幕式重要讲话中首次提出"构建网络空间命运共同体"治网战略理念，擘画了网络空间人类美好未来共同愿景。数字经济是衍生于互联网的新经济形态。近年来，习近平总书记在外事活动、国际会议等对外活动中，始终高度关注并推动数字经济国际合作，倡议"让数字文明造福各国人民，推动构建人类命运共同体"，[①] 鲜明表达中国深化改革开放、积极参与国际合作、为推动全球数字经济治理提供中国方案发出中国声音贡献中国力量的坚定决心。习近平总书记的系列讲话和指示精神对我国深化数字经济开放合作提出了要求、明确了路径，为我国积极打造全球数字经济公共产品、推动构建全球数字经济治理体系把稳了思想之舵。

（一）构建良好数字经济国际合作环境

随着互联网的发展进化，人类经济活动越来越多地转移到网络空间、数字空间，但世界各国或地区的发展不平衡，在信息基础设施建设联通、公民数字素养等方面存在明显的"数字鸿沟"，在数字经济治理方面缺少规制。一是缺乏全球性治理议程。联合国对于互联网治理具有明确的概念界定，早于 2006 年 11 月就设立联合国互联网治理论坛（Internet Governance Forum，IGF），每年举办一届，促进全球各利益相关方讨论对话互联网公共政策。2018 年，联合国秘书长首次提及数字经济全球治理，但尚未建立全球数字经济商讨机制。二是大量地区性规则互相交织、孤立零散，难以达成共识。数据跨境传输、垄断治理等数字经济关键领域仍处于各自立法、关门立法阶段，政策工具主要为罚款、禁入等强制性措施，不利于资源的全球化配置与流动。三是发展中国家参与治理不足。由于发展阶段所限，部分国家仍处于工业化进程中，在数字经济红利共享与治理规则参与方面明显滞后，不利于构建开放、公平、非歧视的全球数字经济治理体系。

作为数字经济大国，近年来我国积极推动数字经济国际合作，与世界人民共享发展红利。2016 年 9 月，在二十国集团工商峰会开幕式演讲中，习近平总书记提到，中方推动制定《二十国集团创新增长蓝图》，目的是把握创新、新科技革命和产业变革、数字经济的历史性机遇，共同寻找世界经济持续增长之道。这是数字经济首次被纳入二十国集团议程，[②] 并通

① 《习近平向 2021 年世界互联网大会乌镇峰会致贺信》，《人民日报》2021 年 9 月 27 日。
② 《习近平总书记指引数字化推动高质量发展述评》，《中国网信》2023 年第 1 期。

过《二十国集团数字经济发展与合作倡议》，将在信息基础设施联通、信息流动、尊重知识产权、信息技术引进、增强数字包容性等方面，[1] 共同创造有利条件释放数字经济发展潜力。2017 年 12 月，习近平总书记在致第四届世界互联网大会的贺信中强调，中国希望推动各国共同搭乘数字经济发展快车，《"一带一路"数字经济国际合作倡议》作为该届大会重要成果，为"数字丝绸之路"互联互通提供了良好环境。2021 年 10 月，在十九届中央政治局第三十四次集体学习中，习近平总书记明确要求，主动参与国际组织数字经济议题谈判，开展多双边数字治理合作，维护和完善多边数字经济治理机制，[2] 进一步为中国展现数字时代大国担当、贡献中国智慧力量指明了方向。当年 11 月，中国正式提出加入《数字经济伙伴关系协定》（DEPA）申请，并于 2022 年 8 月，启动 DEPA 谈判，通过多轮谈判磋商积极推动数字经济合作取得新进展。在习近平总书记掌舵领航下，中国数字经济国际合作在一个个关键节点部署好、落实好，主动参与、积极融入全球数字经济合作框架，为我国数字经济"引进来""走出去"争取更好国际环境的同时，以开放姿态与世界各国共赢发展机遇、共享发展成果。

（二）推动服务贸易数字化进程

数字经济时代，数据作为新型生产要素，其跨境流动可以带动信息、技术、资本、商品等要素的全球流动，促进在全球范围内配置资源，提升经济效率与效益，同时也驱动全球贸易对象、贸易方式和贸易场景的数字化转型。根据世界贸易组织（WTO）、经合组织（OECD）、国际货币基金组织（IMF）等国际机构对数字贸易的概念界定，按交付方式分类，数字贸易包括数字订购和数字交付两种；按交易内容分类，包括以货物为载体的跨境电商和以服务为载体的数字服务贸易。一方面，数据的跨境流动促进了可数字化交付的数字服务贸易增长，提升了服务的可贸易性。《全球贸易展望与统计》显示，2023 年全球可数字化交付服务出口额同比增长 9%，占全球货物

① 《G20 杭州峰会成果解读》，https://www.miit.gov.cn/jgsj/zfs/xxyd/art/_248bfa94f1b945c6848480caee3d8480.html，2016 年 9 月 8 日。

② 《习近平总书记指引推动构建网络空间命运共同体纪实》，《中国网信》2022 年第 9 期。

和服务出口总额的 13.8%。另一方面，数据的跨境流动、数字经济的国际合作也带来国际投资模式的变革、国际贸易规则的重构。普华永道"2024全球市值 100 强上市公司"排行榜显示，全球市值排名前 10 强企业中，数字平台型跨国企业占据 7 强，依托云基础设施、平台数据、算法优势，通过在线平台等轻资产模式而非商业实体的传统模式进行海外市场布局。在此背景下，数据、技术、资本的跨国流动监管与治理难度加大，尤其是数据权属与定价等国际相关制度的缺失，使得以 WTO 及关税与贸易总协定（GATT，WTO 的前身）为主体框架的国际经贸规则难以解决数字贸易中产生的新问题。中美欧等主要经济体在数据流动、数字贸易和知识产权等问题方面展开博弈，并试图制定平衡各自利益的相关规则和协议。

2020 年 9 月，在新冠疫情全球大流行尚未得到全面控制的背景下，习近平总书记在全球服务贸易峰会上致辞中提议，共同助推服务贸易数字化进程。2022 年 10 月，习近平总书记在中国共产党第二十次全国代表大会上作报告，明确提出"发展数字贸易，加快建设贸易强国"，为推动我国数字贸易发展壮大指明了方向。一是为打造数字贸易国际公共服务平台提供了思想指引。2022 年 12 月，为深化落实党的二十大精神、助力贸易强国建设，浙江作为中国数字经济与数字贸易发展"先行区"，与商务部共同发起举办全球数字贸易博览会（下文简称"数贸会"），这是全国唯一以数字贸易为主题的国际性展会，每年举办一次，为全球提供数字贸易共商共建国际公共服务产品。习近平总书记在致 2023 年第二届全球数贸会贺信中提议，充分利用数贸会平台，携手将数字贸易打造成为共同发展的新引擎。数贸会的举办扩大了数字贸易国际交流朋友圈，两届现场签约项目金额均超过 1500 亿元，成为中国数字贸易发展的重要展示窗口、全球数字贸易发展红利共享凝聚共识的重要公共平台。二是为数字贸易政策深化、体制机制改革深化提供了思想指引。在近年服贸会发表视频致辞中，习近平总书记多次提及创新发展数字贸易，要求"打造数字贸易示范区""促进数字贸易改革创新发展"。2024 年 7 月，《中共中央关于进一步全面深化改革 推进中国式现代化的决定》审议通过，从深化外贸体制改革高度，要求创新发展数字贸易，推进跨境电商综合试验区建设。当月，商务部等四部门联合印发《关于加强商务和金融协同 更大力度支持跨境贸易和投资高质量发展的意见》，明确提出将从积极开展无形资产质押融资服务、把更多数据要素纳入承保评审服务等方面，加快推动数字贸易创新发展。2024 年 8 月，国务院办公厅印发《关于以高水平开放推动服务贸易高质量发展的意见》，要求从推动数据跨境高效便利安全流动方面，优化服务贸易数字化发展环境，推进航运贸易数字化，加强共建"一带一路"国家服务贸易和数字贸易合作，为数字贸易的高质量发展明确了方向与任务。

（三）加强数字技术国际交流合作

数字技术是创新驱动的根本支撑，数字技术的国际交流合作是实现技术成果共享、文明交流借鉴的重要抓手。从全球技术与经济变革史看，历次全球化浪潮及国际竞争格局的演变均由重大技术革命引发。21 世纪以来，以移动通信、区块链、人工智能为代表的数字技术快速崛起，使得商品和服务跨越空间的便利性增强、成本降低，数字技术创新成为各国提升国际竞争力的关键所在。数字领域的大国博弈逐渐演化为技术标准与规则制定的竞争，[1] 技术封锁、供应链脱钩等技术非均质化扩散因素增加，[2] 拉大"数字先进"经济体与"数字落后"经济体之间的"数字鸿沟"，数字领域风险从个人隐私泄露向国家主权安全扩展延伸。[3] 国际电信联盟《2023 年事实与数据》显示，全球约 26 亿人仍互联网断联，占全球总人口的比重超过三成，获取信息和机会的不均衡问题突出，低收入国家人口难以分享现代数字技术发展红利，亟待构建更具包容性、可持续性的国际交流合作政策框架。

习近平总书记高度重视数字技术创新，一方面，强调要把技术和发展的主动权牢牢掌握在自己手里，2016 年 4 月，在网络安全和信息化工作座谈

---

[1] 张茉楠：《全球数字治理博弈与中国的应对》，《当代世界》2022 年第 3 期。

[2] 王春英、李金培、黄亦炫：《数字鸿沟的分类、影响及应对》，《财政科学》2022 年第 4 期。

[3] 史丹、聂新伟、齐飞：《数字经济全球化：技术竞争、规则博弈与中国选择》，《管理世界》2023 年第 9 期。

会上，将技术"卡脖子"比作在别人的强基上砌房子，经不起风雨甚至不堪一击，2020 年 8 月，在主持召开经济社会领域专家座谈时，强调要大力提升自主创新能力，这是关系我国发展全局的重大问题。另一方面，在对外活动中，多次强调要消除数字鸿沟，向世界传达展示中国愿与各国携手共享技术进步成果的博大胸襟和大国担当，2023 年 11 月，在世界互联网大会乌镇峰会开幕式视频致辞中倡导，深化数字领域国际交流合作，加速科技成果转化，[①] 2024 年 9 月，在中非合作论坛北京峰会开幕式主旨讲话中提议，共建中非数字技术合作中心，建设 20 个数字示范项目。习近平总书记关于数字技术创新的系列讲话充分体现了马克思主义哲学的科学辩证智慧，契合全球技术竞争实际，同时也充分体现了大国担当、中国气派，为数字技术国际交流合作提供了强有力的理论思想指导。一是为数字技术标准国际突围提供有力的思想指引。技术发展，标准为先为上。2016 年 9 月，习近平总书记在致第 39 届国际标准化组织（ISO）大会贺信中强调，愿同世界各国一道，共同完善国际标准体系。近年来，我国积极参与信息技术国际标准制定，实现了从"1G 空白"到"5G 领跑"的突破。国际标准化组织相关数据显示，中国制定的国际标准数量从 2000 年前的 13 项大幅跃升至 2015～2020 年 6 年内超 800 项，国际标准制定的"跟随"地位已发生变化。[②] 二是为对外数字技术援助提供有力的思想指引。2017 年 5 月，习近平总书记在首届"一带一路"国际合作高峰论坛开幕式主旨演讲中提出，推动大数据、云计算、智慧城市建设，连接成 21 世纪的"数字丝绸之路"。近年来，按照习近平总书记关于建设数字丝绸之路的总体部署，中国与沿线国家在数字基础设施建设、双边技术转移、丝路电商发展等多方面开展合作，扎实推进数字技术难题破解与推广应用。《世界互联网发展报告 2023》显示，老挝、缅甸等

---

① 《习近平向 2023 年世界互联网大会乌镇峰会开幕式发表视频致辞》，《人民日报》2023 年 11 月 9 日。

② 《习近平总书记指引推动构建网络空间命运共同体纪实》，《中国网信》2022 年第 9 期。

15 个沿线国家的互联网应用发展速度快于 21 个欠发达调查国家的平均增速，[①] 体现了数字丝绸之路建设对沿线国家的带动作用，也彰显了我国在缩小数字鸿沟、技术造福人类方面的大国意愿与能力。

第二节　北京完善数字经济治理体系的主要做法与成效

一　以制度创新为主线，探索构建高标准数字经济治理体系

坚持以"为国家试制度"为导向，在数据跨境流通、人工智能安全监管、营商环境优化等方面率先探索，一批制度与政策创新涌现，为统筹发展和安全、促进数字经济蓬勃发展提供良好支撑。

一是针对数据跨境流动，聚焦场景需求推动制度创新持续突破。北京跨国企业数量多、跨境电商平台发达、跨境数据传输需求大。为此，依托"两区"建设，北京在全国率先搭建数据跨境服务平台，聚焦数据出境需求迫切、场景典型企业，开展数据出境安全评估制度先行先试。以北京友谊医院与荷兰阿姆斯特丹大学医学中心的结直肠研究项目为载体，2023 年落地全国首个数据出境安全评估项目，数据存储服务器设在中国，在最小化个人信息收集前提原则下，保障医疗数据项目期内跨境传输；在金融服务场景，按照《个人信息出境标准合同办法》要求，探索落地全国首个通过订立标准合同实现个人信息合规出境案例；在贸易数字化场景，以"中国制造网"外贸电商平台为载体，落地全国首个跨境电商领域数据合规出境案例。在不同场景试点基础上，北京率先探索外资企业数据出境安全评估申报"绿色通道"，以医药这个北京服务外包典型场景为突破，率先构建数据跨境"绿色通道"服务机制，数据出境安全评估时长平均缩短近 50%。2024 年 8 月，印发《中国（北京）自由贸易试验区数据出境管理清单（负面清单）

① 《述评｜数字丝绸之路迸发生机活力》，https：//www.cac.gov.cn/2024-04/10/c_171442
2232912405.htm，2024 年 4 月 10 日。

（2024 版）》及其配套管理办法、政策文件，按照"急用先行、小步快跑、动态管理"原则，首期围绕汽车、医药、零售、民航、人工智能等 5 个行业领域，编制场景化、字段级负面清单，在保障安全的前提下，满足企业合理必要的数据跨境传输诉求，北京数据跨境便利化服务改革取得新突破，为全国数据安全高效便利跨境传输提供了"北京样板"。

二是针对人工智能新兴领域，积极探索数据监管沙盒制度。人工智能是全球竞争的前沿阵地，也是数字经济领域渗透性强、带动性广的代表性产业。监管沙盒是针对创新的柔性监管制度，既有利于创新在真实场景中的测试应用，又能将创新的扩散设定于受监督的可控安全区域内。从全球来看，2024 年 3 月，欧盟颁布《人工智能法案》，明确要求成员国创建人工智能监管沙盒，保障人工智能创新与安全。从全国来看，北京率先探索，按照《北京市关于加快建设全球数字经济标杆城市的实施方案》《关于更好发挥数据要素作用进一步加快发展数字经济的实施意见》等打造监管沙盒创新机制的部署要求，印发《北京市数据流通与安全治理监管沙盒通用实施方案》，制定智能网联汽车、医疗健康、人工智能大模型三个数字经济重点领域监管沙盒实施方案等，进一步细化相关监管创新内容。2024 年 4 月，依托人工智能数据训练基地，北京发布全国首例人工智能监管沙盒，通过弱版权保护、通知移除等创新政策，支撑基地内数据确权、流通、收益分配等机制创新、先行先试，为大模型训练与价值挖掘提供丰富合规数据语料的同时，降低监管风险，推动北京人工智能产业加快发展壮大。

三是针对高水平开放，积极搭建国际合作平台。2023 年 7 月，北京与 18 个伙伴城市代表共同发布《全球数字经济伙伴城市合作倡议》，依托全球数字经济大会等平台，伙伴城市总数增长至近 30 个，[①] 并共同落实数字基础设施互联互通、数字规则和标准先行先试、数字人才培养、试点示范项目

---

① 《北京与 18 个伙伴城市代表共同发布〈全球数字经济伙伴城市合作倡议〉》，http：//www.bjrd.gov.cn/xwzx/bjyw/202307/t20230706_ 3156249.html，2023 年 7 月 6 日。

合作、发起成立数字经济企业"出海"服务基地、开展数字经济城市标准研究等 6 项行动计划，加强城市层面的数字经济合作。在商协会组织层面，2024 年启动"国内外商协会合作网络"，增强沟通联系、理解信任，并促成项目合作落地，为北京数字经济发展构建拓宽国际合作渠道的网络。

二　坚持发展与规范并重，持续完善平台经济治理体系

平台经济是数字经济发展的主力军，也是发展新质生产力的重要载体。北京平台企业数量与规模高居全国前列，为数字经济发展提供强大动力的同时，也为规范与监管带来严峻挑战。通过加强反垄断治理、合规治理、网络市场治理等制度创新，北京不断完善平台经济常态化监管机制，促进规范健康发展。

一是加强反垄断治理。平台企业在市场竞争中处于强支配地位，易引发恶意并购、强制"二选一"、大数据"杀熟"、侵犯消费者权益等市场乱象。2021 年 4 月，在京企业阿里巴巴集团由于滥用市场支配地位被市场监管总局作出行政处罚决定，被责令停止违法行为、全面自查整改，连续 3 年提交自查合规报告，并被处以 182.28 亿元罚款。根据《中华人民共和国反垄断法》《国务院反垄断委员会关于平台经济领域的反垄断指南》等国家层面的法规政策，2021 年 12 月，《北京市平台经济领域反垄断合规指引》（2021年版）发布，对涉嫌垄断行为、全球反垄断执法公开处罚案件、合规重点、风险预警提示、法律责任等方面进行了说明，精准指导企业加强反垄断制度建设，引导企业自觉规范经营行为。2023 年 9 月，北京市市场监督管理局发布《北京市反垄断合规指引》，顺应全球强化反垄断合规管理趋势，同时结合北京特点与执法重点，重点关注数字经济领域合规问题，积极回应数据、算法、平台规则等垄断热点，助力经营主体识别并防范垄断风险，优化市场竞争环境与创新生态。

二是加强平台经济规范健康发展治理。遵照习近平总书记关于推动平台经济规范健康持续发展的重要指示批示精神，根据市场监管总局发布的《关于开展"百家电商平台点亮"行动的通知》要求，2022 年 9 月，印发

《北京市市场监督管理局扎实开展"百家电商平台点亮"行动促进平台经济规范健康发展》，通过全国 12315 平台、北京市 12345 市民热线平台、总局网络交易监测监管五级贯通系统等多渠道，① 查找"点亮"短板，督促平台自查整改。同时，组织平台企业"一对一"精准培训，督促落实"亮照、亮证、亮规则"，提升平台合规水平，主动防范化解潜在经营风险。2023 年 8 月，北京市市场监督管理局印发《关于支持平台企业持续健康发展的若干措施》，通过优化营商环境、稳定市场秩序、支持合规生态建设等三方面十四条措施，尤其是试行平台执法合规承诺制、推进"柔性"监管等创新性举措，支持平台企业持续健康发展。

三是完善平台经济常态化监管机制。在全国率先建设平台经济综合监管服务系统，定期开展平台经济运行监测和风险评估，探索构建常态化监测分析机制，推动线上线下一体化、事前事中事后全链条监管。健全重点平台企业"服务包"机制，"一业一册"编制重点行业平台企业合规手册，以"一企一策"精准对企服务，稳定企业预期、增强企业信心，指导重点平台企业合规发展、加快向硬科技转型。

三 依托全国网络市场监管与服务示范区创建，以治理模式创新推动数字经济有序健康发展

近年来，电子商务、直播经济、共享经济等新业态蓬勃发展，对网络治理与数字经济发展提出新要求。2022 年 4 月，国家市场监督管理总局印发《网络市场监管与服务示范区创建管理办法（试行）》，北京市海淀区获批创建全国网络市场监管与服务示范区，探索完善"首善引领、创新驱动、智慧赋能"治理模式，为数字经济高质量发展提供制度保障。"首善引领"方面，充分发挥中关村改革创新试验田作用，以最高标准、最严要求、最好效果打造全球数字经济标杆城市引领区，着力构建"党建引领、多元协同、

---

① 《北京市市场监管局扎实开展"百家电商平台点亮"行动促进平台经济规范健康发展》，https://scjgj.beijing.gov.cn/zwxx/scjgdt/202209/t20220922_2821020.html，2022 年 9 月 22 日。

政企共治、社会参与"的网络市场治理体系。

一是创新服务理念、准入流程、维权机制等"三个模式"。服务理念上，坚持"服务管家"模式，作为"创新合伙人"与企业形成新伙伴关系，以无处不在、无微不至的标准深化管服一体化改革，实现对企业问题的全周期精准解决。准入流程上，坚持"高效准入"模式，创新"容缺受理""集群注册""结果登记"等制度，打造网络市场准入极简审批环境。维权机制上，坚持"诉求响应"模式，在试点头部平台企业创新"绿色通道""热线转接"机制，规范反映集中、问题突出领域，从源头化解消费纠纷，提升网络市场消费体验。

二是促进联防联控、风险预警、规则治理等监管方式"三个转变"。联防联考控面，促进分散式监管向场景化监管转变，开展电子商务领域跨平台联防联控工作全国首试点，政府部门开放行政处罚等风险数据，应用于平台企业商户入驻审核、定期抽查、供应链管理等场景，实现一处违法、处处受限的信用管理目标。风险预警方面，促进事后干预惩治向事前风险预警转变，试点违法风险预警机制，各行业领域依托风险和信用评价结果开展分级分类监管，对于不同违法风险的企业开展行政指导、行政约谈、定向培训等工作，依据不同风险等级对企业进行不同频次的抽查，实现差异化监管。治理规则方面，促进个体行为规制向行业规则治理转变，鼓励行业协会在新兴领域开展团体标准制定，推动互联网新业态自律自治，促进合规经营。

三是"智慧赋能"，建成国内首个自主可控的区块链软硬件技术体系"长安链"，开发"长安链+政务服务"全场景应用，充分利用科技创新提升政务服务质量，提高审批效率。

从总体成效来看，创建全国"网络市场监管与服务示范区"，有利于以点带面促进全市网络交易市场监管、服务机制创新。"无处不在、无事不扰、无微不至"的管理模式，让服务有温度、服务出效率，有利于平台企业健康发展，有利于互联网创新创业生态培育优化，有利于监管服务工作的常态化、精细化、规范化，更好服务于全球数字经济标杆城市建设。

第三节　北京数字经济治理体系建设面临的主要问题

一　推进更高水平改革开放仍面临较大困难

一是"两区"数字贸易制度创新有待深入推动。在体制机制方面，在我国现行"自上而下"授权管理体制背景下，当前"自下而上"制度改革面临创新碎片化浅层化、协调成本高等困难，更宽领域、更深层次的制度创新有待进一步深入。在服务贸易开放方面，与国际高标准经贸规则相比仍有较大差距。电信业等行业开放度明显低于经济合作与发展组织（OECD）平均水平，服务贸易重点领域在外资股权比例、跨境资本活动、跨境数据流动等方面限制较严，法律、金融、会计等行业对企业法律形态、提供服务模式、董事会成员居民身份与职业资格等有要求，制约了更高水平开放。

二是"两区"开放空间载体建设有待进一步加强。自贸试验区包括三片区七组团，空间分散、阶段不一，片区管理体制机制存在不协调、不适应等问题，部分自贸组团难以聚焦特色开展制度创新，制约数字贸易发展壮大。从综合保税区来看，大兴机场综合保税区一体化运营尚未实现，京冀两地片区"管委会+平台公司"的管理体制机制协调成本高、政策协同难，不利于政策红利释放、优质资源集聚。

三是知识产权保护、争议解决机制的国际化水平有待提升。《全面与进步跨太平洋伙伴关系协定》（CPTPP）在知识产权方面遵循"宽领域、高标准、严规则"原则，进一步扩大了商标和著作权的保护范围，延长了发明创造不丧失新颖性的宽限期，知识产权边境保护措施更严格，侵权损害赔偿力度更大。在仲裁方面，众多国际规则、公约承认临时仲裁，我国仅在自贸试验区开展特定仲裁地、仲裁规则、仲裁员等"三特仲裁"，临时仲裁仍由法院执行，与由仲裁庭执行的国际通行做法存在差异。

四是风险防控能力亟待进一步提升。在当前技术快速迭代演进、大国博弈竞争激烈背景下，网络安全、数据安全对风险预警研判与安全防控能力提出更高要求，当前对改革发展、开放发展的具体风险点和针对性防控举措缺乏系统深入的研究部署。

二 平台经济治理体系亟待进一步完善

随着数字技术的演进、平台经济的扩张，短视频、网购、网约车、社交等不同类型的平台经济发展涌现出新问题新矛盾，对治理形成较大挑战。

一是监管细则不明确。《反垄断法》增强了对平台经营者滥用市场支配地位或利用数据算法实施垄断等行为的约束，但在市级层面，具体执法落实缺乏可操作性的配套细则，存在对猎杀式并购等非法行为规制不力等问题。

二是监管协调机制有待完善。按地域、按部门划分监管职责的传统条块化体制机制，难以适应平台经济跨行业、跨地域特点，监管主体之间存在权责界限不清、分工模糊等问题，易导致执法空白或多头管理等情况，制约监管效能。尤其是属地治理的监管体制，导致平台消费者异地维权难度大。在治理数据方面，央地、区域、部门之间数据共享不畅，实践中易出现多地多部门重复调取数据、重复执法情况，浪费监管资源的同时，也影响平台经济的健康可持续发展。

三是监管技术相对滞后。平台经济属创新型经济，处于大数据、区块链、人工智能等新一代信息技术的最前沿，对其监管与治理有较高的技术门槛要求。相比而言，政府技术治理相对滞后，对于隐蔽性强、技术壁垒高的违法违规行为，难以及时予以有效监测监管，执法专业性不够，事前预警、事中引导能力不足。

此外，平台经济跨界经营、规模超越传统线下经济的天然特性，增加了垄断判别等监管复杂性，亟待加快构建适应平台经济发展规律与特点的监管理念、机制与技术能力。

三 数字经济治理区域协同有待进一步增强

一是数字基础设施建设协同有待进一步增强。在网络基础设施的普及、信息设备的使用等数字经济的接入方面，京津冀存在"数字鸿沟"，《2022

年中国 IDC（互联网数据中心）行业全景图谱》显示，在互联网数据中心机房规模、服务商规模方面，北京超过津冀之和。

二是数据要素跨区域流通机制不畅。当前，京津冀跨区域数据共享开放流通尚处于起步阶段，围绕非首都功能疏解、跨区域产业转移、企业异地证照办理等核心需求，聚焦社会信用代码数据，《法人和其他组织统一社会信用代码数据元交换规范》《法人和其他组织统一社会信用代码数据共享应用规范》的发布为跨区域、跨部门数据调用共享提供了保障，但在政务云互联互通、数据基础设施制度改革、数据安全联防联控等方面，深化跨区域合作仍有巨大空间。

第四节　北京完善数字经济治理体系的相关建议

一　深化数字贸易体制机制改革，稳步扩大制度型开放

一是持续创新数据跨境传输体制机制。以需求为导向，围绕国际科技创新中心建设、全球数字经济标杆城市建设、"两区"建设，动态优化迭代《中国（北京）自由贸易试验区数据出境管理清单（负面清单）（2024 版）》及相关政策体系，深化探索完善数据出境安全治理机制。深化对接 CPTPP、《数字经济伙伴关系协定》（DEPA）等国际高标准经贸规则，打造国际数据口岸，探索电子签名和电子合同跨境互认，促进在数字产品安全检测与认证、数据服务市场安全有序开放、数据跨境传输等方面实现互惠互利、合作共赢。

二是推动数字贸易创新发展。积极落实全国版和自贸试验区版跨境服务贸易负面清单，提升负面清单管理和风险防控能力。落实外商投资准入前国民待遇加负面清单管理制度，推动电信、互联网、医疗等服务领域有序扩大开放，允许有条件的地方率先探索"外商投资＋跨境服务贸易"一张负面清单。探索贸易全链条数字化实现路径，持续推进跨境电商综试区建设，探索开展"前店后仓"跨境电商体验消费新模式。稳步推进金融市场双向开放，探索深化跨境融资便利化试点。着力提升知识产权保护水平，优化知识产权

快速协同保护、纠纷多元化解决机制。继续探索完善数字贸易统计、数据产权、数据要素流通交易等规则体系，统筹推进经贸摩擦预警网络建设，支持国际商事争端预防与解决组织在京运行，拓展提升国际商事法律、会计服务能力。

三是深化"两区"建设管理体制机制改革创新。强化改革整体谋划和系统集成，以重大平台、重点项目、重要制度创新为抓手，推动自贸试验区各组团持续优化服务体系、招商体系等体制机制，引导各园区结合主导产业与发展特色，制定数字贸易专项促进政策。加强综合保税区建设，探索打造"一市两场"空港智慧口岸综合服务平台，试点推动口岸货物与服务智能监管。加快破解大兴机场综合保税区一体化运营难题，促进京津两地协同招商、产业联动，更好释放开放政策红利。

四是强化风险防控。牢固树立总体国家安全观，坚持高质量发展和高水平安全良性互动，落实好外商投资安全审查、出口管制、网络安全审查、数据跨境审查、反垄断审查等管理措施，细化风险评估、预防预警、管理处置等机制，为更高水平开放保驾护航。

二　完善平台经济治理体系，健全平台经济常态化监管机制

一是细化反垄断执法规则，提升反垄断治理能力。以鼓励创新、包容审慎、保护市场公平竞争为原则，针对新业态新模式违法违规行为，完善相关认定条件、判定依据、审查流程、调查期限、处罚认定等执法细则。配合国家层面，推动确认大型平台、超级平台未达《国务院关于经营者集中申报标准的规定》申报条件但实施经营者集中申报行为的义务，更好打击猎杀式并购。借鉴发达国家平台经济反垄断相关法律法规，跟进国际动向、国家导向与北京平台经济发展前沿，修订完善《北京市平台经济领域反垄断合规指引》，更好助力平台企业识别防范垄断风险，引导自觉规范经营行为，维护良好市场竞争环境。

二是明晰权责界限，构建分工有序、协同高效的监管机制。根据平台经济监管特点与需求，厘清行业部门、监管部门职责，明晰事前、事中、事后

全链条监管与线上线下一体化监管权责体系，避免监管真空、多头管理。依托平台经济综合监管服务系统，加强分析预警研判，提升精细化监管治理能力。持续优化重点平台企业"服务包"机制，提升对企服务能力，做好合规发展、创新发展引导，为创建世界一流企业、增强国际竞争力提供有力服务保障。在人工智能等技术前沿领域，探索引入第三方机构评估平台，提升对数据、算法等隐蔽性违法违规行为的技术治理能力；充分发挥广大平台用户的监督作用，畅通举报投诉渠道，加强与国家平台监管热线的对接协调，降低跨区域平台投诉维权难度，共同构建"政府+第三方机构+用户"多元化监管共治格局。

三是聚焦人才与技术，持续加强数字化监管服务能力建设。加强高端数字人才引育，通过社会招引、联合培养、在职培训等多元化方式，加强数字化人才队伍建设，夯实平台经济监管服务的人才"底座"。推动平台经济综合监管服务系统升级优化，深化大数据、人工智能大模型、区块链等数字技术的应用，逐步实现平台经济监测监管的智能化、敏捷化，不断提升主动监管能力。

三　提升数字经济治理区域协同效能，高质量服务京津冀协同发展

一是以"同事同标"为原则，提升区域数字政务协同水平。以数字化变革驱动政府治理方式变革，加强区域数字政务协同。以产业园区共建、产业转移项目建设等为抓手，探索跨区域数据共享的利益协调与激励机制，在社会信用代码数据标准统一、共享开放基础上，加快推动政务云互联互通、政务数据共享流通、政务服务协同办理，提高跨区域"一网通办"能力，更好服务非首都功能疏解与京津冀协同发展。

二是加强跨区域数字基础设施协同，畅通数字化"大动脉"。以全国一体化算力网络国家枢纽节点建设为依托，梳理识别京津冀地区新型基础设施建设短板弱项，统筹协同建设集约高效的算力基础设施，夯实跨区域数据流通交互基础设施底座。围绕"五群六链五廊"区域产业协同发展部署，加快 5G、6G 等网络基础设施在京津冀区域的协同规划与深化应用，提升区域

高速宽带网络覆盖率与传输速度，降低跨区域网络时延，更好地服务于数字经济发展。加快推动传统基础设施的数字化、智能化改造，加强跨区域基础设施数字化平台协同共建，促进公共数据在采集、储存、入场交易、流通应用等关键环节的一体化，更好赋能经济社会高质量发展。

三是建立健全跨区域协同联动机制，提升数字经济治理区域协同水平。推动构建京津冀区域网络空间治理协同委员会，在网络安全、数据安全等方面加强技术创新、平台建设、制度创新合作，提升预测预警、联防联控治理能力，共建安全有序区域网络空间。充分发挥市场力量，共同推动建立跨区域中小企业数字化转型公共平台，整合盘点资金、项目等资源，以购买服务等创新方式，助力中小企业加快数字化转型。联合开展数字素养和技能提升行动，整合区域高校、研究院所、企业等多方力量，探索构建数字技术教育培养体系，加大区域高端数字人才培养力度，提升民众数字化技术运用能力，努力提升数字生产、数字生活水平。

参考文献

白清：《生产性服务业促进制造业升级的机制分析——基于全球价值链视角》，《财经问题研究》2015 年第 4 期。

北京市经济和信息化局课题组：《北京节能环保产业制造业与服务业融合发展研究新型工业化》，《新型工业化》2019 年第 10 期。

北京市科学技术委员会、中关村科技园区管理委员会：《北京市人工智能行业大模型创新应用白皮书（2023 年）》，2023 年 11 月。

蔡万焕、张晓芬：《新质生产力与中国式现代化——基于产业革命视角的分析》，《浙江工商大学学报》，http://kns.cnki.net/kcms/detail/33.1337.C.20240307.0831.002.html。

曹博、李佳璐、何念：《关于数据要素交易激励机制的初步探讨》，《民主与科学》2022 年第 4 期。

常艳、刘作丽：《探索数据要素合规交易新范式》，《前线》2022 年第 8 期。

陈凯华、冯卓、郭锐等：《加强数据要素治理在国家治理现代化中的基础作用》，《中国科学院院刊》2022 年第 12 期。

陈堂、陈光、陈鹏羽：《中国数字化转型：发展历程、运行机制与展望》，《中国科技论坛》2022 年第 1 期。

陈雨露：《数字经济与实体经济融合发展的理论探索》，《经济研究》2023 年第 9 期。

迟福林：《以高水平开放推动先进制造业和现代服务业深度融合》，《经济参考报》2019年9月16日。

邓洲：《制造业与服务业融合发展的历史逻辑、现实意义与路径探索》，《北京工业大学学报》（社会科学版）2019年第4期。

窦悦、易成岐、黄倩倩等：《打造面向全国统一数据要素市场体系的国家数据要素流通共性基础设施平台——构建国家"数联网"根服务体系的技术路径与若干思考》，《数据分析与知识发现》2022年第1期。

杜晓明、赵晔蕾、张媛玥等：《大模型数据集现状与对电信运营商的启示》，《互联网天地》2023年第9期。

范玉吉、张楠：《大数据鸿沟下的意识形态安全风险及其治理》，《河北师范大学学报》（哲学社会科学版）2024年第2期。

丰晓旭、雷尚君：《先进制造业和现代服务业深度融合发展的模式与建议》，《全球化》2020年第6期。

傅为忠、金敏、刘芳芳：《工业4.0背景下我国高技术服务业与装备制造业协同发展及效应评价研究——基于AHP—信息熵耦联评价模型》，《工业技术经济》2017年第12期。

韩强、吴涛：《论数据要素收益分配的制度基础——基于用益补偿的视角》，《行政管理改革》2023年第5期。

何宝宏：《数据要素技术概览》，"数据要素发展座谈会暨数据要素公共服务平台上线仪式"主题演讲，2023年9月1日。

胡雨朦：《制造业与生产性服务业融合：理论分析和水平测度》，中国社会科学院研究生院硕士学位论文，2020。

黄汉权、洪群联等：《推动先进制造业和现代服务业深度融合研究》，经济科学出版社，2021。

黄群慧：《读懂新质生产力》，中信出版集团，2024。

胡晓鹏、李庆科：《生产性服务业与制造业共生关系研究：对苏、浙、沪投入产出表的动态比较》，《数量经济技术经济研究》2009年第2期。

江小涓：《数据交易与数据交互：顶层设计与探索创新》，2023年全球数商大会主旨演讲，2023 年 11 月。

金晟：《生产性服务业与制造业协同发展的理论与政策研究》，华南理工大学出版社，2018。

李稻葵、厉克奥博、李冰等：《稳中求进 以进促稳 先立后破——当前中国经济形势分析与 2024 年展望》，《改革》2024 年第 1 期。

李二玲、覃成林：《中国南北区域经济差异研究》，《地理学与国土研究》2022 年第 11 期。

李政、廖晓东：《发展"新质生产力"的理论、历史和现实"三重"逻辑》，《政治经济学评论》2023 年第 6 期。

厉无畏：《产业融合与产业创新》，《上海管理科学》2002 年第 4 期。

李勇坚：《建立体现效率促进公平的数据要素收益分配制度》，《中国党政干部论坛》2022 年第 8 期。

梁圣蓉、罗良文：《新时代加快形成新质生产力的焦点难点与关键路径》，《当代经济管理》2024 年第 7 期。

林毅夫等：《新质生产力》，中信出版集团，2024。

刘方、吕云龙：《健全我国数据产权制度的政策建议》，《当代经济管理》2022 年第 7 期。

刘伟：《科学认识与切实发展新质生产力》，《经济研究》2024 年第 3 期。

刘艳红：《合规驱动：民行刑协同共治数字经济安全风险防范体系构建》，《江苏社会科学》2024 年第 1 期。

吕慧文、王英：《装备制造业与现代服务业融合度测算》，《广义虚拟经济》2016 年第 1 期。

孟庆国、王友奎：《网上政务服务平台集约化建设研究：理念、框架与路径》，《中国行政管理》2024 年第 2 期。

米加宁、李大宇、董昌其：《算力驱动的新质生产力：本质特征、基础逻辑与国家治理现代化》，《公共管理学报》2024 年第 4 期。

磨惟伟：《2023 年国家网络安全总体态势分析与趋势研判》，《中国信息安全》2023 年第 12 期。

蒲清平、黄媛媛：《习近平总书记关于新质生产力重要论述的生成逻辑、理论创新与时代价值》，《西南大学学报》（社会科学版）2023 年第 6 期。

任保平、豆渊博：《新质生产力：文献综述与研究展望》，《经济与管理评论》2024 年第 3 期。

任保平、王子月：《数字新质生产力推动经济高质量发展的逻辑与路径》，《湘潭大学学报》（哲学社会科学版）2023 年第 6 期。

孙静、王建冬：《多级市场体系下形成数据要素资源化、资产化、资本化政策闭环的总体设想》，《电子政务》2024 年第 2 期。

唐涛：《大模型开启 AI 新时代》，《中国安防》2023 年第 9 期。

童洁、张旭梅、但斌：《制造业与生产性服务业融合发展的模式与策略研究》，《软科学》2010 年第 2 期。

王驰、曹劲松：《数字新型基础设施建设下的安全风险及其治理》，《江苏社会科学》2021 年第 5 期。

王飞、韩晓媛、陈瑞华：《新质生产力赋能现代化产业体系：内在逻辑与实现路径》，《当代经济管理》2024 年第 6 期。

王璟璇、窦悦、黄倩倩、童楠楠：《全国一体化大数据中心引领下超大规模数据要素市场的体系架构与推进路径》，《电子政务》2021 年第 6 期。

魏崇辉：《新质生产力的基本意涵、历史演进与实践路径》，《理论与改革》2023 年第 6 期。

习近平：《不断做强做优做大我国数字经济》，《求是》2022 年第 2 期。

夏杰长等：《中国现代服务业发展战略研究》，经济管理出版社，2019。

谢鹏远、何志红：《数字经济市场风险的结构展开、成因分析与法治应对》，《云南民族大学学报》（哲学社会科学版）2024 年第 2 期。

熊丙万、何娟：《论数据要素市场的基础制度体系》，《学术月刊》2024 年第 1 期。

徐政、郑霖豪、程梦瑶：《新质生产力赋能高质量发展的内在逻辑与实践构想》，《当代经济研究》2023 年第 11 期。

　　杨仁发：《产业融合——中国生产性服务业与制造业竞争力研究》，北京大学出版社，2018。

　　杨新洪：《先进制造业与现代服务业融合发展评价研究——以广东省为例》，《调研世界》2021 年第 4 期。

　　杨志恒、苏昕：《新质生产力的理论溯源、内涵表现与实践路径》，《改革与战略》2024 年第 3 期。

　　姚昊炜：《学习贯彻习近平关于数据要素的重要论述》，《上海经济研究》2024 年第 1 期。

　　姚前：《关于大模型生态建设的若干思考》，《中国金融》2023 年第 13 期。

　　于施洋、黄倩倩、虞洋等：《数据要素市场的价值增值研究：理论构建与实施路径》，《电子政务》2024 年第 2 期。

　　于施洋、王建冬、郭巧敏：《我国构建数据新型要素市场体系面临的挑战与对策》，《电子政务》2020 年第 3 期。

　　于洋、杨明月、肖宇：《生产性服务业与制造业融合发展：沿革、趋势与国际比较》，《国际贸易》2021 年第 1 期。

　　周文、许凌云：《论新质生产力：内涵特征与重要着力点》，《改革》2023 年第 10 期。

　　周小亮、王子成：《政治经济学视域下数字新质生产力的形成逻辑与内涵研究》，《电子科技大学学报》（社科版）2024 年第 3 期。

　　曾立、谢鹏俊：《加快形成新质生产力的出场语境、功能定位与实践进路》，《经济纵横》2023 年第 12 期。

　　曾铮、王磊：《数据要素市场基础性制度：突出问题与构建思路》，《宏观经济研究》2021 年第 3 期。

　　张建锋：《国企数字化转型的思考与探索》，《数字经济》2021 年第 12 期。

　　张姣玉、徐政、丁守海：《数实深度融合与新质生产力双向交互的逻辑机理、战略价值与实践路径》，《北京工业大学学报》（社会科学版）2024年第3期。

张可云、庄宗武：《数字经济：京津冀协同发展的抓手与雄安新区的发展方向》，《金融理论探索》2023年第6期。

张林、蒲清平：《新质生产力的内涵特征、理论创新与价值意蕴》，《重庆大学学报》（社会科学版）2023年第6期。

张夏恒、马妍：《新质生产力驱动数字经济高质量发展的机理、困境与路径》，《西北工业大学学报》（社会科学版）2024年第3期。

赵磊：《数据产权类型化的法律意义》，《中国政法大学学报》2021年第3期。

周晓波、陈璋、王继源：《中国南北方经济分化的现状、原因与对策——一个需要重视的新趋势》，《河北经贸大学学报》2019年第3期。

祝艳春：《江苏现代服务业高质量发展的基本思路和策略》，《商场现代化》2023年第13期。

Bingwan Xiong, Jiangqiu Ge, Li Chen, "Unpacking Data: China's 'Bundle of Rights' Approach to the Commercialization of Data," *International Data Privacy Law*, Volume 13, Issue 2, May 2023.

Kling R., "Computerization and Social Transformations," *Science, Technology & Human Values*, 1991, 16 (3).

Nitzberg M., Zysman J. Algorithms, "Data and Platforms: The Diverse Challenges of Governing AI," *Journal of European Public Policy*, 2022, 29 (11).

Philbeck T., Dams N., "The Fourth Industrial Revolution," *Journal of International Affairs*, 2018, 72 (1).

Schafer M., "The Fourth Industrial Revolution: How the EU Can Lead It," *European View*, 2018, 17 (1).

Stone M., "Computing Power Revolution and New Algorithms: GP-GPUs, Clouds and More: General Discussion," *Dynamics*, 2013, 497.

Syverson C., "What Determines Productivity?" *Journal of Economic Literature*, 2011, 49 (2).

Venturini F., "Intelligent Technologies and Productivity Spillovers: Evidence from the Fourth Industrial Revolution," *Journal of Economic Behavior & Organization*, 2022, 194.

Xu Y., Liu X., Cao X., et al., "Artificial Intelligence: A Powerful Paradigm for Scientific Research," *The Innovation*, 2021, 2 (4).

图书在版编目（CIP）数据

新质生产力发展：新时代新征程的首都实践／常艳
著 .--北京：社会科学文献出版社，2024.12.（2025.6 重印）
ISBN 978-7-5228-4352-0

Ⅰ.F120.2

中国国家版本馆 CIP 数据核字第 20248LG506 号

新质生产力发展

新时代新征程的首都实践

著　　者／常　艳

出　版　人／冀祥德
责任编辑／吴　敏
责任印制／岳　阳

出　　版／社会科学文献出版社（010）59367127
　　　　　　地址：北京市北三环中路甲 29 号院华龙大厦　邮编：100029
　　　　　　网址：www.ssap.com.cn
发　　行／社会科学文献出版社（010）59367028
印　　装／唐山玺诚印务有限公司

规　　格／开本：787mm×1092mm　1/16
　　　　　　印　张：15.5　字　数：237 千字
版　　次／2024 年 12 月第 1 版　2025 年 6 月第 2 次印刷
书　　号／ISBN 978-7-5228-4352-0
定　　价／89.00 元

读者服务电话：4008918866